# THE POETRY OF FRANCE

# The
# Poetry of France

VOLUME I 1400–1600

AN ANTHOLOGY
WITH INTRODUCTION AND NOTES
BY
ALAN BOASE

LONDON
Methuen & Co Ltd
11 NEW FETTER LANE EC4

*First published 1964*
*S.B.N. 416 27510 9*
*1.1*
*First published as a University Paperback 1964*
*Reprinted 1968*
*S.B.N. 416 68390 8*
*1.2*
*Editorial matter © 1964 Alan Boase*
*Printed in Great Britain by*
*Richard Clay (The Chaucer Press), Ltd,*
*Bungay, Suffolk*

DISTRIBUTED IN THE U.S.A. BY
BARNES & NOBLE INC

# CONTENTS

*(An asterisk indicates poems which are incomplete)*

# Contents

# Contents

## Clément Marot

## Maurice Scève

# Contents

## Pernette du Guillet

## Charles Fontaine

## Pontus de Tyard

## Louise Labé

## Pierre de Ronsard

# Contents

# Contents

# Contents

## Jean-Antoine de Baïf

## Jean Passerat

## Guillaume Saluste du Bartas

## Jacques Grévin

## Philippe Desportes

## Robert Garnier

## Agrippa d'Aubigné

# Contents

## Jacques Davy du Perron

## Jean de la Ceppède

## Philippe du Plessis-Mornay

## Jean de Sponde

# Contents

xiii

# FOREWORD

The companion volume to my *Poetry of France: from André Chénier to Pierre Emmanuel* has been maturing for more than the canonical term of nine years. This has brought in its train one or two changes of plan or of emphasis. It was originally intended that this book should cover French verse from the fifteenth to the end of the eighteenth century. For a number of reasons it has seemed preferable to divide this long period into two separate parts. The seventeenth and eighteenth centuries will therefore be dealt with in a third volume which should be available quite soon.

One gain has been enough elbow room to observe a more just balance between greater and lesser figures. Nevertheless, there can never be quite enough room to allow the anthologist of Renaissance or Pre-Renaissance poetry to stick completely to the sound, general principle of giving only unabridged poems. To have done so could be to diminish perceptibly the true stature of Ronsard and completely alter our view of Villon or D'Aubigné. It will be found, however, not only that all omissions are clearly indicated in the text and, where extensive, commented upon in the notes, but each of these truncated poems has been starred with an asterisk in the table of contents.

There has been also room to include both a handful of medieval lyrics and a few folk-songs and *noëls*. This is not as arbitrary as it might seem. Though it is over a hundred years ago since Gérard de Nerval opened the eyes of Frenchmen to the admirable poetry of many of the old *chansons populaires*, the first person to put them in an anthology alongside sophisticated verse was another poet, Paul Eluard, only just over a dozen years ago.[1] Eluard's book reflected, of course, his own admirably individual choice but also the general revival of interest in the folk-song which marked the German occupation, and in particular the influence of the fascinating and scholarly *Livre des Chansons. Introduction à la Chanson Populaire Française* of Henry Davenson.[2]

[1] *Première Anthologie Vivante de la Poésie du Passé*, 1951.
[2] Published 1943. Henry Davenson is the pseudonym of Professor Marrou of the Sorbonne.

## Foreword

However, as Davenson has shown, both words and airs testify to a long-standing two-way exchange of influence between folk poetry and sophisticated poetry, as between folk music and learned music. The twelfth-century narrative *chansons de toile* are relevant to a *complainte* such as *Le Roi Renaud*, and the *reverdies* to various poems of Charles d'Orléans or the Pléiade.

No apology is needed, I feel, for the modernization of spelling adopted. The fetish of an absolute fidelity to archaic orthography has little to commend it, above all for the general reader. Modernization is, of course, impossible to carry out completely. Where, in particular, rhymes would have disappeared the original spellings have been left (and pronunciation sometimes indicated). Any apparent lack of system will be found to be due to this factor – the only exception being the five early texts, where I frankly admit to a compromise treatment which may displease the medievalist without smoothing away all difficulties for others.

For the rest I still stand by the principles which I tried to state in 1953. This anthology is intended both for the general reader and the undergraduate. Its introduction attempts to link French poetry with our own heritage wherever possible, and at the outset to situate it in relation to the main stream of earlier European poetry. I have again concentrated attention on individual poems but less often indulged in specific exegesis. I still defend 'close reading' while remaining critical of that so frequently stuffy mechanical exercise, the French *explication littéraire*. There are still a good many notes, but fewer which are concerned with mere elucidation. However, I have occasionally thought it worth while to allow the reader to judge for himself the achievement of Ronsard or Du Bellay when adopting a Classical or an Italian original to his own ends. Originality and plagiarism as applied to the Renaissance are perhaps largely meaningless terms, but they can be given no sort of sense at all until one has indulged once or twice in such a comparison. Footnotes have been in general reserved for words or phrases not to be found in a dictionary of Modern French.

My choice of poems is, I hope, sufficiently personal without being arbitrary. It reflects, of course, the process of revaluation which has been going on in this last twenty-five years and which has affected our view of Ronsard no less than our rating of D'Aubigné – a revaluation in which my own discovery of Jean de Sponde over thirty years ago has also its place.

In choosing to make 1600 a terminal point for the present volume I am not oblivious to the fact that this may appear to conflict with the conception of an 'age of the Baroque' running from the beginnings of the Counter-reformation to the time of the Fronde or later. Perhaps I should have subscribed to such a conception in the 1930's when I first discussed with a French publisher an abortive *Anthologie du Baroque*. Today I would rather argue for the distinctness of these two periods, in poetry as in all else. If labels there must be, let us follow the art critics again, and distinguish sixteenth-century Mannerism from seventeenth-century Baroque.[1] It is, of course, against the background of Malherbe that the whole question will later call for a full discussion. I am glad to say I have found it possible to avoid this terminology in the present book.

Finally, I have again presumed to offer a few notes on French versification and verse-forms. Though less fundamental than my previous remarks, a slightly different approach – simplified even to the absence of any schematic musical notation – may provide some useful light for those who need such elementary aid. To them at least I owe no apology. Others can take these pages as read.

It remains to thank my many Glasgow colleagues warmly for their advice and assistance, and especially Dr Jones and Dr Leakey for their help in proof-reading.

---

[1] Compare p. xcv. Also my article 'The Definition of Mannerism' in *Actes du 3ᵉ Congrès de l'Association Internationale de Littérature Comparée* (La Haye, 1962).

# INTRODUCTION

## I

There are several practical reasons for making an anthology of French verse begin with Charles d'Orléans and Villon. Their language is not too far removed from Modern French. The poems of Villon have never ceased to be read since they were written, and if Charles d'Orléans has not had that privilege, it is by an accident which rightly astonished the eighteenth-century public which rediscovered him. With a couple of doubtful exceptions these are the first unmistakable personalities in French poetry. Villon's verse is, in general, the first in French not definitely written to be sung, and the same is true of a part at least of the poetry of his aristocratic contemporary. Yet, from a more absolute standpoint, it may well be asked whether there are no objections to choosing such a point of departure.

If one takes a bird's eye view of French poetry it is not wholly absurd to ignore the whole of the Middle Ages. It is arguable that the greatest achievements of Medieval France are not to be sought in literature at all, but in architecture and sculpture. And if this is too sweeping a judgement, it is rather French narrative verse – the *Chansons de Geste* and the *Roman Courtois* – which caught the imagination of the rest of Europe. In lyrical poetry the *langue d'oïl* can only offer a pale reflection of the great art of the Troubadours. The *trubar clus* of the twelfth-century Provençal poets belongs to another civilization, as well as to another tongue – a civilization which a French king was to do his best to destroy in the so-called Albigensian crusade. Yet the Troubadours do constitute one of the major landmarks of European literature. It is not Ezra Pound but so sober a scholar as W. P. Ker, who claimed in a volume written fifty years ago: "Everything that is commonly called poetry in the modern tongue, may in some way or other trace its pedigree back to William, Count of Poitou, the first of a school that includes every modern poet . . . By contrast with what precedes 1100, the whole of modern poetry since then appears like one community." Of what precedes that date, only the liturgical poetry of the Church calls for the briefest reference – and merely for technical considerations which concern the origins of French verse and French prosody. Indeed, the fact that the earliest Vernacular poetry owes its very basis to the great Latin hymns of Ambrose and his disciples not only reminds us of the part which the Church and its liturgy played in the very infancy of Western Civilization but also throws into relief the astonishingly secular culture which expressed itself in the work of the Troubadours.

It is in their verse, in the songs of Jaufré Rudel, Bernard de Ventadour, and their successors, that we first find expressed a new conception of love. Romantic love or Courtly love are perhaps the usual expressions, though in the modern journalese which infects our speech these terms, no doubt, have today different associations, 'courtly' evoking a quaint or even empty social etiquette, and 'romantic' the tawdry bohemianism which Flaubert once satirized in his Emma Bovary. In a different guise, these ideas, that of a love which in terms of a special aristocratic code of accepted rules becomes itself the principle of noble action, of *service* to the loved-one – and in second place that of "the world well lost", of an all-absorbing passion which can know no rule but its own consummation – both are present in the chivalric world of the Troubadours. Both are also foreign, not merely to earlier Christian consciousness, but equally to the whole pagan world of Antiquity. Greek or Roman myth may recognize in Eros (and his mother) a cosmic reality, and not merely the mischievous boy of the Greek Anthology. Yet if we ask ourselves what expression of the individual experience of love at its most profound or intense is offered by Classical poetry, we can quote the anguished emotion of an Ode of Sappho, the heartache of a famous epigram of Meleager, Theocritus' picture of the love-lorn Simaetha, naïvely preparing her magic spells, certain pages of Propertius, or again in Catullus, a few unforgettably idyllic poems – succeeded by those elementary variations on *Odi et amo* which remain indeed "the expense of spirit in a waste of shame". But this is a sparse harvest for so many rich centuries! In general, the Greeks and Romans, not unlike the Chinese, regarded love as a sickness, as soon as it overstepped the bounds of that sensual pleasure which was regarded as its natural expression. This attitude is still more inimical to passion than the almost pathological reprobation of sex which was that of patristic Christianity.

To appreciate this is to begin to measure the significance which has been attributed to the Troubadours. Through one of the greatest of their disciples they lie at the very fountainhead of what becomes the immense delta of Renaissance love-poetry. Before them the experience of being 'in love' (if it occurred) inspired no literature in Western Europe. Since then it has always been one of the major themes of literature and often regarded as one of the fundamental experiences of life. Nor are life and literature perhaps here so distinct as some imagine. In this domain it is indeed writers – and poets in particular – who have made articulate certain patterns of feeling, and bestowed them on succeeding generations, thus being responsible at one moment for fixing certain conventions and at others for putting into circulation new or neglected potentialities of the heart.

Poets apart, no one indeed carries more responsibilities in this respect than Plato, whose very name is a reminder that we cannot dismiss the contribution of the Ancient World to our ideas of love so easily. It is not improbable that the Troubadours themselves owe something to him. In the *Symposium* and the *Phaedrus*, Plato provided Western Civilization with the most influential idealization of sex which it has known, though 'Platonic Love' is so misleading a term that we may be excused for providing a gloss on a conception which keeps turning up throughout the whole Renaissance.

Plato's self-indulgent Alcibiades offers us one answer to "What is love?" with the fable of the Androgyne – less an allegory of pre-destined 'soul-mates' (horrible phrase!) than a pleasing if grotesque image echoed by the closer embraces of every courting couple. It is Socrates rather who speaks for Plato himself and makes it plain that the ascension from human to divine love begins (in the words of the wise-woman, Diotima) with "the desire of a beautiful body"; and the wish to achieve some kind of immortality by (literally or metaphorically) engendering some "child" from a union with it.[1] There is nothing anti-sensual in the Christian sense here.

Plato goes on, of course, to show that love should "pass from beautiful bodies to beautiful actions", that in Donne's words we should:

> Virtue attir'd in woman see
> And dare love that, and say so too,
> And forget the He and She . . .

[1] "From fairest creatures we desire increase/That thereby beauty's rose might never die." (Shakespeare, Sonnet I)

Yet on the ladder which leads further to the "knowledge of Beauty itself" there is no room in Plato for that other conviction of Donne that bodily love must have its part:

Else a great Prince in prison lies . . .

nor is there room for jealousy as having any connexion with love. What distinguishes the Platonic Eros is that, precisely in the measure in which it has been divorced from sexual attraction, it becomes a literally insatiable passion for which any individual creature can only be an illusory pretext. Its fundamental urge is to be seen in the great saints' longing for a total mystical union with God.

It is thus that the line of descent which links the remote Orphic cults of antiquity with the Gnostic mysticism of the early centuries of our own era passes through Plato, however much more the Gnostics owed to Plato's Alexandrian disciples. And if Gnosticism was never a force in the West the not dissimilar Manichean heresies did reach Western Europe. They did so in the shape of the Cathars in the twelfth century; and are found to coincide both in time and place with the Provençal civilization which saw the rise of the Troubadours. What links unite the austere Cathar mystics, starving themselves to death in order to achieve perfect union with God, and the subtle sensuality of the Troubadour poets, is a highly controversial problem. It is hardly in doubt, however, that the Arab forerunners of these poets are to be found in ninth-century Andalusia and in the great Ibn Haz'm of *The Dove's Necklace* – who incidentally knew his Plato at a time when the philosopher was a mere name to the Christian West.

The Courtly Love of the Troubadours became rapidly an 'erotic institution' with elaborate conventions largely modelled on the feudal code itself, as we can see in the famous treatise of Andreas Capellanus. Yet the new cult of woman was in its origin so revolutionary that only such an imitation of feudal customs and terminology could give it wide currency. The elementary principles of modern European manners in their deference to women have no other source than the 'Courtly' tradition. We must note, too, that three-quarters of the Troubadour poems celebrate what is almost always mutual passion unhappy, unsatisfied. This romantic and passionate love is essentially outside marriage, so much so that the one man who cannot conceivably be regarded as the lover's rival is the lady's husband.

# Introduction

Whatever psychological complexity frustration may lend it, however elegant and respectful its (usual) terminology, whatever religious concepts come occasionally to colour it, the Provençal service of love is essentially sensuous. Paradox in a radically Christian monogamous society, it is an 'idealization of adultery' because any idealization of sexual love must be so "in a society where marriage is purely utilitarian".[1]

The emotional pattern and the ideas of the twelfth-century *amour courtois* descend through three channels. For two of them Northern France was responsible. In the story of Tristan and Iseult, as the Normans, Béroul and Thomas, developed it under Courtly influence, the old Celtic legend became the appropriate myth of a fatal passion which is seen to reveal some of the deeper, unconscious levels of mind – the linked themes of love and death, for example – just because neither the characters nor the storytellers themselves seem fully aware of their implications. But a century later the *Roman de la Rose* is also, in the original conception of Guillaume de Lorris, an allegorical development, elaborate but often subtle, of the winning of a heart within the conventions of *l'amour courtois*. The rose is the symbol of that heart and not (as sometimes supposed) of the heroine's virginity. Indeed, true to the Provençal pattern, it is sometimes implied that she is already the wife of some other man.

Pervasive as these two influences have been, neither brings a *direct* contribution to French lyrical poetry beyond the end of the Middle Ages. There is, however, another offshoot from the Troubadour stem, the Italian branch, which gave rise both to the Tuscan poetry of Dante and his immediate predecessors and, a generation later, to Petrarch. In Dante himself the lady and her perfections are wholly resolved, one might say dissolved, into the symbol of transcendent beauty and ideal love. Petrarch is the true *point de rencontre* of the Provençal lyric and the Tuscan sonnet. He not only brings back into love poetry the element of personal experience, he embodies it in a higher degree than ever before. It is he who, over a hundred and fifty years after his death, becomes indeed the presiding genius of Renaissance poetry in France, as in almost every country in Europe. It is through Petrarch that some of the assumptions, the conventions, the patterns of love poetry that we have been at pains to analyse, flow in upon the French poets like a

[1] C. S. Lewis, *The Allegory of Love*, p. 13.

xxiii

tide, augmented by the hundred Italian imitators of the great Florentine himself. These imitators are, no doubt, largely responsible for the somewhat ungrateful denigration with which French critics have too often been content to dismiss him and his influence.

The girl whom Petrarch first saw on 6 April 1327 in the church of St Clara at Avignon was soon to become the wife of another, but the passion she inspired survived her own short life, and some of the noblest of the *Rime* are those written after her death in 1348. The poet's complaints of Laura's cruel chastity, and his grief in absence echo the *amour courtois* pattern. Even the lived experience, the triangular situation, which lie behind Petrarch's *canzoniere*, seem to follow the same convention, yet with the freshness and enrichment which come from a great poet and a remarkable personality. As an old man he was to write in a philosophical treatise:

> To Laura I owe all I am; if love had not caused the seeds of virtue which Nature had sown in my soul to bloom, I should never have reached the least degree of fame. It was she who saved my Youth from the stain of vice: it was she who caused me to aspire to heaven, she who caused me to love God. Through her I became virtuous, for love transforms lovers and makes them resemble what they love.

There is more, however, than the conviction of his love as an ennobling passion in Petrarch, there is, as Shelley said of him, the subtler "pleasure of the grief of love".

Perhaps today we are only moved by those sonnets which record some unforgettably precise memory of Laura, as when, trembling at his own emotion, he recognizes her shadow on the ground; or sees her pass, laughing, in a boat with eleven other girls, or, through his friend's report, has to picture her with her eyes full of tears at a brutal order to keep the house. Despite this occasional lyrical immediacy, his poetry tends to generalize, and not to present the precise, particular image. This is why we rarely find more than traces of the incidental, the 'free' simile. Petrarch's typical mode of imagery is nearer to allegory, as when he pictures his destiny as a ship fraught with memories and at whose helm sits his master, and perhaps his enemy, Love. It is, above all, the sustained metaphor, as we find it in the famous sonnet on the Rhône: which figures there for its own sake, and also as the image of his passion, so that spiritual states and natural phenomena are given as "dual aspects of a visionary truth". This intellectual type of imagery is, of course, peculiarly well suited to the sonnet form, whose very structure reflects the combination of lyrical spontaneity, on the one hand, and a certain reflective or philosophical digestion of experience, on the other. Even Petrarch's incidental images tend to suppose something less direct than a sensory *rapprochement*. Thus, if spring is *candida e vermiglia* – and not as we might expect 'green' – it is because the personification suggests the hues of a girlish complexion. In a sense the 'conceit', the *concetto ideale* of later Italian criticism, has its origin in Petrarch.

Compared with the main European stream of poetical tradition, running through the Provençal poets, and thence through Dante and Petrarch, the medieval France of the North offers only the minor prettinesses of songs whose appeal depends largely on their airs – a fact which our growing familiarity with medieval music has served to make clear. It is perhaps significant that Petrarch's exact French contemporary, Guillaume de Machaut, poet and composer (once chaplain, moreover, to the blind King of Bohemia who met his heroic death at Crécy), should figure more and more in our eyes as a great figure in the evolution of medieval counterpoint, and not merely as the originator of the *ballade* form. While it would be too much to subscribe to the eighteenth-century wit who writes: *Après les Troubadours on traverse ce qu'on peut appeler nos Landes poétiques*, what appeals to us today are perhaps the most anonymous and unpretentious of these songs, those nearest (in appearance at least) to folk-song or popular art; such *chansons de toile* as *Bele Erembors* or *Gaiete et Oriour*, with their ballad-like narrative economy: or the fairy-tale description of *En avril au temps pascor* with the apparition of *li dieus d'amors* like Oberon himself. Often it is just the magic of a single verse, as when the unknown *belle* of another song replies:

> Le rossignol est mon père
> qui chante sur la ramée
>   au plus haut bocage;
> La Sirène elle est ma mère
> qui chante en la mer salée
>   au plus haut rivage.

It is indeed in the folk-song tradition that these qualities and these notes are struck again in songs most of which, at least in their present form, belong to more recent centuries, and therefore fall almost entirely outside the scope of the present volume.

## II

Charles d'Orléans and Villon, the poets with whom our selection truly begins, could hardly have been more different in their origins, in the pattern of their lives, and in their temperament. Yet between them they epitomize the medieval poetic tradition at a moment in history when the Renaissance had already dawned beyond the Alps and was soon to affect every country in Europe. It is strange to think that Charles's mother, Valentina Visconti, was the daughter of the great Gian Galeazzo, Duke of Milan, and grand-daughter of Petrarch's chief benefactor. But if Charles was half Italian by birth, the poetic art which the prisoner of Agincourt was to bring to its exquisite perfection during his long twenty-five years of exile in England is exclusively French. No doubt, from our own twentieth-century point of view, the most extraordinary thing about the medieval writer is the way in which he was content for generation after generation to repeat with only surface variations – and often increasing long-windedness – what his predecessors had written. Yet one of the critics who has most fruitfully emphasised this point remarks that: *le moyen âge a pu donner au XIIe siècle de grandes œuvres, mais c'est seulement au XVe siècle qu'il a donné de petits chefs-d'œuvre*.[1] To no one does this apply more evidently than to Charles d'Orléans, and surely we may add that the *chef-d'œuvre*, however miniature its dimensions, can be on occasion as irreplaceable as the inchoate nobility of larger conceptions. It is less material to discuss what he owed to the dull professional poets of the fourteenth century like Machault and Deschamps, or to his own once celebrated contemporary, Alain Chartier, than to realize how much of his individuality derives from a happy balance between the unconstraint of the dilettante great lord and an exacting artistic conscience – a combination whose value can be measured only when we think of what *la Grande Rhétorique* was to do to those contemporaries of his who, like Molinet or Chastelain, were too prone to identify inspiration

[1] I. Siciliano, *François Villon et les Thèmes Poétiques du Moyen Age*, 1934.

and acrostics. If he adopted without change or variation the fashionable *ballade* (and still more the eight-line stanza on which it is based), he used the smaller repetitive pattern of the *rondel* to such effect that the modern reader has come to regard it as almost his own invention.

This, however, is only to think of the most formal and external aspect of his poetry. To go deeper is to see Charles against a wider horizon. He reflects, in his own career and in the evolution of his poetry, a late if not final stage in the transformation of the Courtly Love of the Troubadour tradition into something easier for us to understand, just as his characteristic mode of expression shows a stage in the transformation into ordinary metaphor of the allegorical personifications of the *Roman de la Rose*.

The five hundred lines of his earliest poem *La Retenue d'Amours* give us indeed a 'radical allegory', that is an allegorical narrative in which we see the poet led before *le Dieu d'Amours* by *Bel Accueil* and *Jeunesse*, and learn how, falling victim to *Beauté*, he ends by swearing a solemn oath under ten heads to *Dieu Cupido et Vénus la Déesse*. Though followed here only in miniature (and simplified) form, the model of the *Rose* itself is clear enough: as is also the *raison d'être* of the allegorical form. The *Bel Accueil* of the *Roman de la Rose* is a psychological reality – the mere ordinary friendliness of the heroine, just as *Franchise*, or *Pitié* are among her other moods and highly relevant to the winning of her heart. And the heroine herself otherwise disappears because, as the late C. S. Lewis has pointed out, "you cannot really have the lady, and say, the lady's Pride, walking about the same stage as if they were entities on the same plane".[1]

We should note, however, that already in this poem of Charles d'Orléans, if *Beauté* is the effect of *her* beauty on the lover, *Jeunesse* is *his* own youth, *Enfance his* own childhood, in other words, hardly more than familiar figures of speech. And apart from the *Songe en Complainte*, where, a quarter of a century later, Charles imagines his release from the amorous oath, we shall find little or nothing of elaborated allegory in his mature poems.

Allegory had no doubt performed its task. It had aided the growth of a certain element of psychological analysis, and was now withering away into a mere decorative embellishment.

In Charles d'Orléans's *livre de prison*, framed between these two

[1] C. S. Lewis, *The Allegory of Love*, pp. 118 *et seq.*

longer poems, we find something which might have surprised the Troubadours or the poets of the *Rose*. The *Fraîche beauté, très riche de jeunesse* of his *ballades* is poor little Bonne d'Armagnac, the girl-wife whom he left for the Agincourt campaign after a bare year of marriage and was never to see again. It is she whose death (between 1430 and 1432) is mourned in *Dans la Forêt d'Ennuyeuse Tristesse* (p. 11). Like Henry V's other royal prisoner and poet, James of Scotland (whose *Kingis Quair* commemorates Jane Beaufort, his future Queen), Charles d'Orléans marks again in this respect a significant shift in the medieval tradition. And does so, whatever part we assign to the captivity, which also makes him transform *Dangier*, the personification of feminine modesty or 'stand-offishness', into a mere external obstacle, often indistinguishable from his English jailers.

> – Dangier, je vous jette mon gant . . .
> Qui . . .
>               me faites loin demeurer
> De la non-pareille France.[1]

It is not, however, primarily as a poet of love that we naturally think of Charles d'Orléans, but as the perfector of those varied thimblefuls of poetry which have some quality of fine distillation lent them by the residue of the allegorical mode.

We find him desiring to be buried in the *chapelle de Loyauté*, or seeking the *emplâtre* of *Nonchaloir mon médecin*, or returning to *Nonchaloir*'s *ancien manoir*, or whimsically speaking of *Mon cœur, Pensée et moi, nous trois*. In all these instances (as in a host of others) some element of the personification of moral entities lends point and a certain heightening to the expression. Still more typical are the changes

---

[1] Ballade 44 (ed. Champion). Or again:

> Ne souffrez pas que Dangier soit seigneur
> En conquêtant sous son obeissance
> Ce que tenez en votre gouvernance
> Avancez-vous et gardez votre honneur,
> Rafraîchissez le châtel de mon cœur.
>
>                    (Chanson 14, ed. Champion)

The allegory of the poet's heart besieged (not the loved one's) has been quoted as typical preciosity (O. de Mourgues, *Metaphysical, Baroque and Précieux Poetry* p. 119). I think this is to ignore the transformation of the theme just referred to.

which he rings on expressions which conjoin certain material metaphors such as *forêt*, *jardin*, *livre* with abstracts. For example, apart from the *Forêt d'Ennuyeuse Tristesse*, we find elsewhere the *Forêt de Longue Attente*, *En la forêt de ma Pensée*. The important word in each case is *forêt*, conveying well enough the notion of a mysterious, unending labyrinth. Similarly, *mon jardin de Pensée*, or elsewhere *Souci* described as *geôlier des prisons de Pensée*. He speaks of his heart *qui lit au roman de Plaisant Penser*, or yet again it is in *mon livre de Pensée* that he finds:

> La vraie histoire de douleurs
> De larmes toute enluminée[1]

When we collect these examples and others which merely display an ordinary sustained metaphor, such as the *fourriers d'Eté* hanging *tapis velus De verte herbe*, it seems fair to say that Charles d'Orléans evolves a mode of poetic expression which is indeed his own. Sometimes curiously modern in their preoccupation with psychological truth, many successful *rondels* define a mood whether grave or gay; modern, too, perhaps in the lesson of *Nonchaloir* – that detached resignation which is the last word of his wisdom.

Was that wisdom too easily learnt as some have maintained? Were the sufferings of France and the tragic history of the Maid of Orleans too easily ignored by a prince on whom the restrictions of imprisonment sat lightly? This is to forget the eight years' close confinement after which his position only slowly improved. Nor can we read either:

> En regardant vers le Pays de France
> Un jour m'advint à Douvres sur la mer

or the admirable *ballade: Très chrétien, franc royaume de France* (v. p. 9) – with its evocation of Charlemagne and Roland – without detecting a directness and an urgency which, as also in *Priez pour Paix, le vrai trésor de joye*, belies the assumption.

How odd to note that although the elder Saint Gelais paid Charles the compliment of blatant plagiarism, not even an adequate selection of his poems was published until the mid-eighteenth century (1740). The oblivion in which he had so long remained then amazed the *Annales Poétiques* (1778). That mine of neglected information asks in astonishment

[1] See p. 15.

> Pourquoi Marot qui a donné une édition du Roman de la Rose n'a-t-il fait aucune mention de Charles d'Orléans? Pourquoi François Premier, qui avoit engagé Marot à revoir les poésies de Villon, ne lui a-t-il point recommandé Charles d'Orléans qui devoit l'intéresser en qualité de Prince, de Poète et de Parent?

The same publication sums up what is still our essential impression of the poet with the remark: *Il a l'air de trouver tout sans rien chercher.*

This spontaneity is precisely why Charles d'Orléans so rarely strikes us as 'precious'. Indeed, he is a poet who may well help us to narrow a term which has been often misused, just as he is among the first to use the term in the social meaning of 'prudish' (which the French society of Louis XIV's minority was to render so famous).[1] In his later years at the little Court at Blois the whole household and visitors high or low – including on one occasion Villon – had to rhyme with the Duke their master. This presents indeed the basic situation essential to *la poésie précieuse* – which presupposes a special relationship between the writer and a closed circle of initiates for whom he or she writes. It is also true that much of his verse is consequently occasional, and that the element of the private esoteric joke is often there. Even the *fontaine* series of *ballades* to which Villon contributed had its origin in the water shortage of the château. The armoury of the *Rose*, as has been sufficiently indicated, was at hand to offer imagery at once elaborate and highly conventionalized. In point of fact we should rather be surprised that Charles so seldom seems to indulge in the *jeu poétique* without some note of irony (*Jeunes assotés amoureux, Par Dieu j'ai été l'un de ceux*), some self-advice, some internal dialogue with *Pensée*, which seem to me at least to render the epithet *précieux* inappropriate. There is little change of manner too between the earlier prison poems, for which none of the circumstances we have mentioned obtain, and his later work. Charles is the last person whom one would have thought to hear exclaim:

> Fruit suis d'hiver qui a moins de tendresse
> Que fruit d'Eté: si suis[2] en garnison
> (Pour amollir ma trop verte duresse)
> Mis pour mûrir au feurre[3] de prison.

[1] Rondeau 200 "*Aussi bien laides que belles/Contrefont les dangereuses* [*c'est à dire les difficiles* – see above p. xxvi] *Et souvent les précieuses. . .*"

[2] *pourtant je suis.*        [3] Straw.

## Introduction

Unlike Charles d'Orléans, Villon has been read without interruption ince the day when his verse was first published in 1489. It was to enjoy o less than thirty editions in fifty years, and when Fontenelle in 1692 repared the first historical anthology of French poetry he was to give ride of place to Villon as the earliest poet worthy of inclusion. Nor oes Fontenelle's liberal choice of pieces differ greatly from what autier and the Romantics, or later, Verlaine and the Symbolists were ill to admire. Since the 1880s the patient work of scholars has enabled s to lift a few corners of the veil of ignorance which covers the life f the poet, and to make a good deal more sense of the facetious lusions with which his poetry is constantly interlarded – for their bscurity was found baffling by Marot less than seventy years after illon disappeared from view. I doubt whether this process has hanged our view of the qualities which lend to the best of Villon an contestable greatness, but it enables us to see his originality more learly. He was not the first to give an autobiographical, confessional uality to his poetry – nor to combine, in this mode, pathos and satire. 1 this respect Rutebœuf more than a century earlier had opened the ay, and in Villon's own day we can point to Michault Taillevent's *assetemps*. These points of comparison only emphasize, however, 1e sheer superiority of his talent.

The short dozen to fourteen years of his adult life (as we know it) 10w rapid development from the waggish and even parodic vein of 1e *Lais* – that collection of fictitious bequests [*legs*], to those moving assages at the beginning of the *Testament*, now considered the latest of is writings. In the *Lais* the poet's 'touching' solicitude for *trois petis nfans tous nus Nommez en ce traité* no longer brings a tear to our eye, or we know them as the three chief usurers of Villon's Paris, and can ppreciate and assess more accurately the whole tone of this mock erious poem. Similarly, the avowed pretext of the *amant martir*, off to ngers to forget his unkind lady, can be demonstrably shown to have a urely ironic intention, for we know that the un-avowable reason for his journey was the wisdom of leaving Paris after the theft of 500 olden crowns from the Collège de Navarre – and especially for one vho (despite a recent pardon) had manslaughter to his discredit.

What the *Lais* – and some of the earlier *ballades* – reveal too is the oet's skill in that eight-line stanza in which (with occasional variations rom octosyllabic to decasyllabic verse) practically the whole of his poetry is written. The discipline of that fixed form – the habit of finding within it rhythmical resources and exploiting them – these are no small part of the technical secret of Villon. To that must be added the experience of the years which the locust had eaten, the ups-and-downs of his five summers and winters mostly 'on the roads' or in jail: and, when out of it, not improbably linked with some robber band such as the Coquillards as known to us from the Dijon court records. Such is the man who *en l'an trentième de mon âge* does much more than repeat in another key and at thrice the length the pattern of his earlier work. Satire, invective have still their place, and variety is lent by the way in which Villon has woven into the fabric of his 173 *huitains* a number of *ballades* and other lyrics, some of which are probably the best known of all his verse. Yet it is by its real testamentary quality, the pathos of its confession of error and failure, its expression of the great tragic themes of Fortune and of Death that the *Testament* survives.

Villon wrote in the very period which saw the vogue of the *danse macabre* (or *macabré*) reach its height. Indeed, the earliest and most famous French mural of the 'dance of death' was painted on the walls of the Cemetery of the Holy Innocents only a few years before his birth. His evocation of that charnel-house towards the end of the *Testament* emphasizes the essential theme of the *danse*; the equality of all, the obliteration of every difference of worth and rank in mortal dust.

This theme and others repeatedly expressed throughout the *Testament* or the intercalated *ballades* receive in the long opening passage of the work a final articulation. The regret for past folly loses its touch of self-pity, as it broadens at once here into lament for the *gracieux galant* of his student years, and the more general contrast of those who beg in rags with the prosperous and well-fed, whether priests or laymen. Elsewhere – for example in an *Epître* (*Ayez pitié, ayez pitié de moy*) – it is Fortune; elsewhere again the influence of Saturn to which Villon ascribes the injustice of his fate. Here, if there lurks in the background comprehensible envy of those more fortunate and no more deserving than himself, we must admire the discretion of *Laissons le moutier où il est* and admit the excuse of the natural indiscretion that comes from poverty. However, the real *revanche* of the poor and humble, of the *triste, failli, plus noir que meure*, such as the poet himself, is to be seen in death – Death the Leveller. The great commonplace (like all great commonplaces) inevitably takes on the spirit of the age, an age when death was prominent not only on the Place de Grève or in the charnel house. It is not surprising that the physical agony of dying, and elsewhere the corruption of the flesh, haunts Villon. He, too, "saw the skull beneath the skin". Curious, in what was still an age of implicit faith, and in the mouth of a man who shared these unquestioning convictions, that death should never be presented as a liberation or as an end to all earthly ills. The unanswered question of the most famous of all the *ballades*: *Mais où sont les neiges d'antan?* is the essence of its quality (as it is indeed of the two companion pieces which follow). Their implied "gone for ever" could not be offset by any consoling theological glow without destroying their direct, naïve simplicity. Villon, too, like Mr Eliot's Donne, "found no substitute for sense", and that is why death is in his verse a fully tragic theme.

When it comes to what the poet regrets in life, then perhaps his sensuality may sometimes seem to cheapen the lament which rises so often to his lips. For Villon is an unabashed 'good-timer' (let us admit it), with all the unsatisfied lustfulness so excusable in an ex-tramp . . .

Il n'est trésor que de vivre à son aise . . .

and the gross canon with Margot on his knee in his parody of the pastoral is a picture painted not without envy. The sincerity of his self-reproach should not hide from us the possibility that he was a vile scoundrel and not improbably the willing accomplice of the ruthless gang for whom the *ballades en jargon* were written. His filial feeling for his mother, his naïve faith, his patriotic sentiments (witness *Jeanne La Bonne Lorraine* with whose rehabilitation Guillaume Villon and his friends were then busy) are none of them facts incompatible with that record. Indeed, we should realize that the human understanding which he can show for that aged light o' love – *La Belle Heaumière* – contemplating her withered charms, has perhaps no other source. As in Dostoievski's heroes, there is in Villon a deep-seated connexion between his own consciousness of sin and his wide humanity. It is in this sense that the poet's morals are here still relevant. The gruesome *ballade des pendus* assumes its real meaning in the light of the repeated words the poet lends to the poor scarified corpses: *Mais priez Dieu que tous nous veuille absoudre*, because all men, whatever their merits or vocations, need, like these forgotten ciphers, the benefit of God's mercy. Yet there is no Russian *mystique* of sin in Villon. If we are to evoke writers of a more recent age, it should be someone like Robert Burns – another weak but worthier man and perhaps lesser poet. Not only because both react in the name of a wider humanity against the narrowly ethical and didactic judgements of their age (that is the sense of *The Jolly Beggars*), but because both use humour – often sardonic enough – as part of their formula for coming to terms with life.

The fact that one can refer in such language to Villon is in the final analysis the most important thing about him historically speaking. The *povre escolier* is the first French poet who has used poetry in an attempt to express, fully, profoundly, and intensely, his own experience. This lends to poetry a different function than the arrangement of a posy of rhymes and metaphors. Or even the fitting to an intricate dance of words of those sentiments and meanings which tradition – the *trubar clus* of the Troubadours or the immemorial customs of folk-lore – had assigned to them. Medieval man needed forms and formulae as channels through which his often intense emotivity could find an outlet. A great historian, Huizinga, has described in a few unforgettable pages, at the beginning of his *Waning of the Middle Ages*, this patterned quality which the whole of life possessed. Villon himself needed the small-scale pattern of the *huitain*, and its occasional elaboration into the *ballade*, in order to reach the finished poetic expression of his joys and sorrows, just as Charles d'Orléans needed the pattern of the *rondel*. Despite their differences, both reach and sustain some sort of memorability of utterance for verses at a time (and that is to say in Charles' case for whole poems at a time), and it is in this that they are the first indicators of a great transformation incomplete even in the Renaissance poets, whose most satisfying work is still cast within the limits of fixed poetic form.

For another sixty or seventy years after the disappearance of Villon and the death of Charles d'Orléans, the *Rhétoriqueur* tradition was to hold the day. It has been customary for French critics to expatiate on the absurdity of an art which set such store by a mechanical ingenuity of rhyming with its *rimes batelées, brisées, enchaînées, équivoquées*, etc., etc., and to find their 'aureate' latinity merely quaint. But to be 'put off' by quaintness is, as a good English critic has recently reminded us, the *pons asinorum* of criticism, and poetry of this kind can

possess all the splendour and energy of Dunbar and those compeers
of his who have been misnamed the Scottish Chaucerians – the only
connexion being that they, like Chaucer, derive from the French
*rhétoriqueur* tradition. What is the matter with rich aureation and
rhyming in the following fine lines of Dunbar?

> Hail sterne superne! Hail in eterne
>   In Goddis sight to shine!
> Lucerne in dern [dole], for to discern
>   Be glory and grace divine:
> Hodiern, modern, sempitern,
>   Angelical Regine . . .

If it is true that no poetry of this quality was being then produced
south of the Border, in France too it may well be that Meschinot,
Chastelain, and Crétin deserve in the main the disdain that it has been
the custom to reserve for them. Jean Lemaire des Belges has profited,
on the other hand, precisely because his work is the meeting-place of a
number of streams. The author of *Les Illustrations des Gaules et
Singularités de Troie* (that *summa* of fable and history from which
Ronsard was to quarry for his *Franciade* the tale of Francus, son of
Hector) shows in his verse the wish to experiment with new forms
like the Italian *terza rima*. He has something of the intellectual avidity
of the New Learning. He pays lip service to Petrarch, names Bellini, Perugino, and Leonardo and gives a place to the new music of
Josquin and Ockeghem in his *Temple de Vénus*. In some passages of the
famous *Epîtres de l'Amant Vert* there is not only a charming fluidity of
rich description but the outwardly frivolous theme of the dead parrot's
message to his beloved mistress, Margaret of Austria, has a lightness of
touch which announces Marot. To our modern taste it is, however, too
long-winded, and we may well prefer Skelton's *Philip Sparrow*.

In reading him we can never forget that this Fleming learnt his
poetic skill from the Burgundian Molinet and practised it for so many
years at Marguerite's Court at Malines and then, when she became
Duchess of Savoy, at Pont d'Ain near Brou. An early poem such as
*Notre Age* shows not only the charm of internal rhymes which make a
pattern for the ear but also elaborates according to heraldic convention
the symbolism of three flowers, three colours, and three virtues to a
slightly tiresome conclusion. The *locus classicus* in Lemaire of this

accumulation of meanings is to be found in the *Couronne marguéritique*. A few stanzas of the *Chanson de Galathée* show the descriptive vein as well as the variety of rhythms and richness of rhyme which remain one of the assets of this Janus-like figure.

The moment of transition is related to the new phenomenon of the printing press, and thus the oral tradition of the folk-song comes to deposit a few of its treasures on the printed page. It does so, of course, only in the form they had then reached. In many cases – such as *Le roi Renaud de guerre revint* – what may clearly be the finest and possibly the oldest of the *complaintes* (or ballads) are known to us only as the eighteenth century remade them, and it might seem inappropriate to reprint them in a Renaissance Anthology. Yet they perfectly offset the sophisticated poetry of the age. It is also true that these years saw the emergence of the *Noël* as a semi-popular, or pseudo-popular form, sometimes expressing rustic piety with picturesque charm, sometimes already doing so too self-consciously.[1] Indeed, we can see Marot 'playing it straight' (as one might say) and then in the parodic form (see p. 47 and notes p. 211) which the patois *noëls* of the sixteenth and seventeenth centuries were to elaborate *ad nauseam*.

### III

To pass from the somewhat solemn and pedantic world of Lemaire to the lightness and the relative elegance of certain poems of Mellin de Saint-Gelais or of Clément Marot is to sense the whole difference of two epochs. And yet the more we see them in the round and take their poetry in bulk, the more we may feel that the changes are superficial. Both Saint-Gelais and Marot were sons of poets in the good old tradition of *pleine rhétorique*, even if the father of one was a bishop of noble birth and of the other a *marchand de bonnets* whose versifying obtained for him a post at Court. Both sons share the paternal admiration for the *Rose* and for Lemaire (to whom Marot attributes the soul of *Homère le Grégois* and whom he rates far above Villon). It is the world into which these poets were born which was already transformed.    What differs is the nature of their experience, rather than any new conception of poetry. In this case the character of the new Court is perhaps the crucial

[1] The words of the *Noëls* were sung to existing airs or *timbres* as they are called, and thus belong to the *vau-de-ville* or *voix-de-ville* tradition (v. Davenson op. cit., p. 51).

factor. Francis himself, the amateur poet, the builder of Fontainebleau and the importer of Italian talent, was the dilettante prince *par excellence*. The vast caravanserai which was almost constantly on the move from one half-constructed château to another had still an informality which was to begin to vanish only in the time of Henry II and his sons.

It is certainly in this context that one can situate Mellin, himself one of the first Frenchmen to study in Italy, and who from the moment of his return seems to have enjoyed royal patronage. Mellin's poems – *Cartels, Etrennes, Rondeaux* or pieces of greater length – are essentially those of a Court poet – but of a Court which demanded to be amused with some measure of wit, even if occasionally spiced with a bawdiness which later generations might have banished from polite society. Mellin is, however, with Marot, the first to introduce certain Italian forms, the sonnet and the madrigal, to France. He corresponds exactly enough in his inspiration and taste to the *Strambottisti* of the Italian late fifteenth century – neither Serafino d'Aquila, Tebaldeo, nor even Cariteo ever entirely gave up the sonnet for the pseudo-rusticity of the *strambotto*. It is their spirit, at once ingenious and frivolous, which Mellin reflects. A sonnet such as *Il n'est point tant de barques* with its picturesque elaboration of an indulgent, half-tender irony at the expense of feminine foibles makes us feel Pasquier was too severe in his general verdict on Mellin: *petites fleurs et non fruits d'aucune durée*. It is immaterial that an epigram of the neo-Latin Marullus is the inspiration of the poem, for it is only in an age such as ours which considers originality *per se* as the supreme literary virtue that this kind of debt (so characteristic of the Renaissance) is necessarily considered a defect. The fact is worth recording simply as a reminder that Saint Gelais carried more humanist ballast than one would think. When we read his rendering of Horace's *Diffugere Nives* (IV, 7), with its charmingly apt rhythm and the adapted allusion to Aeneas and Tullus:

> Mais aussitôt que nous sommes rués sus
> Là où Roland ou Lancelot sont chus
> Rien que poudre ne sommes

we may regret the laziness of Ronsard's predecessor. The *pulvis et umbra sumus* of his own *Par l'ample Mer*, while far inferior to such a piece as Raleigh's *What is our life?*, has something of the same quality.

Compared with Mellin, Clément Marot may sometimes appear the professional poet as against the gifted amateur. He was certainly diligent, some would say garrulous. Less well educated – though *Marotus latine nescivit* is a gross exaggeration – he inherited his father's natural gift, and, it would seem,[1] the knowledge that his career in that courtly world in whose lower ranks he was brought up was likely to depend on his poetic talent. The *ease* which is often Marot's only merit has a social origin as well as an aesthetic and an individual one. The storms and eventual shipwreck of his life have a strange disparity with the temperament which is revealed in his poetry.

Look at a song such as *Dieu gard' ma Maîtresse et Régente* (p. 46). This pretty trifle owes everything to a clever juggling with rhymes, and what could be more *rhétoriqueur* than this trait? But Marot is artist enough to change the trick in each of the three stanzas of his *chanson*. Sophistication in this degree, where the chosen public are invited to share the pleasure of *la difficulté vaincue*, becomes indeed a form of *préciosité*. Or take such a *rondeau* as *Fausse Fortune, O que je te vis belle* (p. 50). What could be more medieval than the allegorical sisters, Fortune and Death? Apart from the slight differences between the placing of the refrain, this poem might well be by Charles d'Orléans. It is only perhaps in the wry humour of Death's 'vengeance' on Fortune *Mais enfin Mort mort me fera gésir* that the tone differs, and that we realize that the dancing pattern of words and the final jest may have as their object the half-deprecating suggestion of a genuine anxiety.

In this type of poetry the simplest evocation of a succession of ideas or sentiments can make their effect by proportion and juxtaposition. No startling imagery, only the wedding of simple speech to a rhythmical pattern is required. In this Marot often renews and extends the miracle of Charles d'Orléans. Yet this comes about only when the pattern of form is there as a tune to which words must be fitted, and this perhaps explains the impatience which the modern reader feels with the long admired and so often quoted *Epîtres* – those garrulous, waggish, shapeless solicitations of some service or other – *Au Roi pour être délivré de prison, Au Roi pour avoir été dérobé* – with their humours that have worn no better than many of Shakespeare's drolleries. The *Epîtres* have, no doubt, their historical importance. In them the purely *colloquial* poem comes near to being achieved, and this in itself is enough to reveal where Marot represents a real reaction from the

[1] See the charming *Eglogue sous le nom de Pan et de Robin*.

pedantry of the then existing tradition. (Actually in at least one instance he took the colloquial manner a stage further: the racy *Dialogue de Deux Amoureux* is too long for inclusion here, but it illustrates a kind of dramatic talent which was to find too little outlet in Marot's work.) The platitude into which octosyllabic or decasyllabic rhymed couplets tend to degenerate was to provoke in its turn the Pléiade's demand for poetic intensity, elevation or distinction. As a compromise I have chosen the poem written for Pierre Vuyart, equerry of the Duc de Guise, which, begging letter as it is, ends, literally, on a sudden unexpected note of glory!

Most of what Marot, later, called his 'elegies' (and which take the same verse form), were written for or put into the mouths of others. It is not indeed usually his own love-suit, or the confidences of his own heart, which he expresses. It is rather, however, the absence of humour – ill compensated for by rather maladroit 'psychological' banalities – and the diffuseness which explain the drabness of these poems.

Love for Marot is a kind of game and so is poetry. In both respects he reflects the atmosphere of Francis's Court, and indeed of the Courts of the more enlightened Italian princes. For the king himself and his sister Marguerite, turning a set of verses on any or every occasion had become almost a family tradition. And poetry which has this character of garland or enhancement to be draped or hung as a device on any episode or event, can have its own beauty. Nor is it necessarily futile. It is with Francis too that a certain tradition of gallantry, born of the mixture of the old chivalry and the new Italian ideal of the 'courtier', imprints itself on French society. *Précieux* and *galant* were destined to become the theme of nuanced distinctions in the following century. For the moment they remain indistinct, and it is in this register that some of Marot's most typical utterances fall. *A la Bouche de Diane* (p. 49) is certainly not the poet's own plea to Diane d'Etampes, the king's mistress, if indeed she is the Diane of the title. More significantly the theme: *Dites Nenni en me baisant* is one which had in its – perhaps slightly elementary – refinement of pleasure caught the imagination of the Court, and apart from Marot's own *Un doux Nenni avec un doux sourire* provoked a number of similar poems. *A la bouche de Diane* uses the theme of *Nenni* as its final point, but to the brief *dizain* the poet has imparted a fullness which may astonish us.

With this last poem we may feel inclined to contrast the group of little pieces addressed to his *sœur d'alliance*, Anne d'Alençon, daughter of Marguerite de Navarre's first husband's half-brother, Charles d'Alençon. It is of Anne he writes:

> Je pense en vous et au fallacieux
> Enfant Amour, qui par trop sottement
> A fait mon cœur aimer si hautement,
> Si hautement hélas! que de ma peine
> N'ose espérer un brin d'allègement
> Quelque douceur de quoy vous soyez pleine.

Circumstance thus gave to this sentimental attachment a depth which perhaps surprised the poet himself. These delicious miniature evocations of Anne (see pp. 48, 49) suggest an experience which gives a new sense to the easy 'philosophy' of *De l'Amour du Siècle Antique*, but any attempt to group the poems addressed to Anne reveals the extent to which Marot would have been incapable of a successful sequence of love poems. The same note, the same words almost, appear in too many of them. Only their simplicity prevents our immediately recognizing in them a form of preciosity. When, as in *D'une Alliance de Pensée*, private allusions are accumulated, we recognize the tone, and may prefer Marot's version to that of a poet such as Desportes.

It is in Marguerite d'Angoulême that one is tempted to see the influence which gave, as it were, another dimension to his poetry. Without her the imprudent Marot would often enough have indulged his satiric verve. After all, the 'heroic' Epigram on the execution of Semblançay (p. 48) is a good example of the *esprit frondeur* which was his by nature. Yet would he have been drawn to the ranks of the *Evangéliques*? Would he have done more than risk a few pleasantries about Frère Lubin and his like without the influence of his *tante d'Alliance*? She is thus in a real sense responsible for most of the troubles which led to his double exile. She also saved him almost certainly from a martyr's fate and was the instigator of his contribution to the Calvinist Reformation – his paraphrases of the Psalms, the first of which (Ps. 6) appeared among the *Cantiques Spirituels* at the end of her own *Miroir de l'Ame pécheresse* (1533). In this task he was to be followed by a whole series of other poets, notably Baïf and Desportes, and some may prefer their renderings. The very simplicity of Marot, clumsy as it may often seem, has, however, sometimes the advantage of suggesting far more powerfully the energy of the original Hebrew. It is thus that even in its flat and maladroit form Marot brings out the unforgettable imagery of "The Lord's my Shepherd", unrecognizable in the Vulgate rendering.

The final paradox of Marot lies in his extraordinarily long-lived popularity. While the whole body of sixteenth-century poetry was largely to be buried and forgotten for nearly two hundred years, Marot was still read and even imitated. Indeed, a set of facetious verses with a few archaic turns of speech defined for the age of Louis XIV and Louis XV *une poésie marotique*. In one way it would appear that Marot represents simply the lowest common denominator of what we might call *le jeu poétique* and came to owe his position in an anti-poetical epoch to the very limitations of his work. Yet Marot has another importance – apart from the intrinsic charm of some of his poems. He showed exactly how far the medieval tradition of the *rhétoriqueurs* could be renewed without being discarded. Humanist and Italian influence on him was quite negligible. If he translated the third *Canzone* and some six of Petrarch's Sonnets (and thus ranks with Mellin as the first to use the form in France) it was at the King's express invitation. The renewal had been above all in linking more closely poetry and speech, poetry and song. His paraphrases, for all their defects, were singable, and to this owed their immediate adoption by Calvin. His poetry helps to explain why the young men of the Pléiade were to feel that only in a total break with the immediate past lay the salvation of French poetry.

Marot's reputation, his influence with his contemporaries, is shown by the *Blasons du Corps Féminin*, the wildly successful (and, for the most part, tasteless) competition which he launched from his exile in Ferrara with a *Blason du Beau Tétin*. It is also attested by the long and pointless squabble with an obscure rhymster, François Sagon, which showed all the talents ranged on Marot's side. Yet neither Marot, nor his disciples, sum up entirely the poetry of his generation. In the intellectual upsurge of Renaissance and Reformation others were less obviously out of their depth, the most significant figure of them all being his own patroness Marguerite d'Angoulême.

Marguerite, Queen of Navarre, the King's sister, the great-niece of Charles d'Orléans, the grandmother of Henry of Navarre, is a key figure of the earlier French Renaissance: at once the disciple and the protectress of the first group of French reformers, who, like her, remained within the Church, but shared her sympathies and benefited by the influence she was able to exercise against persecution. That such influence was not always successful is illustrated in the shameful execution of her protégé, the scholar and printer, Etienne Dolet. That event is indeed a reminder too that humanists, translators, and poets, such as Marot and Antoine Héroet, also received her protection.

Marguerite claims attention in the last analysis as a poetess of very considerable distinction. She wrote prolix, but often profound, longer pieces, such as the *Miroir de l'Ame Pécheresse*, already published in 1531. Then there are the *Chansons Spirituelles*, which, whenever they were composed, were only collected sixteen years later in *Les Marguerites de la Marguerite*, together with a group of several verse dramas. Of these, the *Chansons Spirituelles* (such as the *Si Dieu m'a Christ pour chef donné*, printed here) have, for all their lack of the technical facility of a Marot, a high seriousness even in their simplicity, which was usually outside his range. The intention of Marguerite was not unlike that of Maître Clément in his paraphrases, and often she evokes the rhythm and tone of some popular air – *La Pernette s'en va*, *A la claire Fontenelle* or *Sur le pont d'Avignon* – so that the known tune (or *timbre*) might serve the fervour of a new evangelical piety. Yet there is something quite individual about Marguerite's religious feeling, with its confident emphasis on salvation which can rise at times to an ecstatic mysticism, as when she makes the *Bergère Ravie de Dieu* in one of her comedies cry out:

> Mon âme périr et noyer
> Oh! puisse en cette douce mer
> D'Amour, où n'y a point d'amer.
> Je ne sens corps, âme ni vie
> Sinon amour, ni n'ai envie
> De Paradis, ni d'Enfer crainte.

It is probably the latest of Marguerite's longer poems, *Le Navire*, with its deep distress at the death of Francis, her brother, or else *Les Prisons*, only printed in our own time, which give the most adequate idea of powers difficult to illustrate in any anthology, not only because of length but also because of the flat, run-on texture of the lines – despite the occasional striking phrase (Poetry is *ce doux feu sans ton-*

*ierre*). At first sight, one might feel that didacticism weighs heavily on this poem. In fact, however, the leisurely nature of its allegory is a positive asset. It centres on the tower where Love once chained a willing prisoner who cried:

> Ne vous ouvrez, fenêtre, pour le jour,
> Car j'ai ici la lumière d'amour.

- but which, eventually, the falseness of another was to reveal as a prison, a servitude, from which escape was a necessity. The subsequent prisons of Ambition and of Learning are equally effective in what is almost a revived medieval, allegorical mode, nor is one surprised to notice that Marguerite is one of the few French figures of her age to show the influence, and mention the name, of Dante. She has also been quoted as one of the great Platonizers of her generation. There is, perhaps, little that is specifically Platonic in *Les Prisons*, but there could be no more striking expression of the identity of Human and Divine Love than the words which Marguerite lends to Joseph in her Nativity play:

> Amour de nous jamais ne prend naissance
> Mais vient de Dieu, qui donne connaissance
> De son amour en nous, qui ne séjourne,
> Mais tout soudain dont elle vient retourne.
> La créature est bien audacieuse
> Qui sent en soi cette flamme amoureuse
> Et attribue à soi le sentiment
> Qui vient de Dieu, est Dieu purement.
> Dieu est Amour, qui en sa créature
> Se veut aimer par sa charité pure.

This is indeed the cosmic, Dantesque *Amor che move il sole e l'altre stelle*, of which she elaborates the psychological counterpart in some of the more condensed of her shorter poems (*La distinction du Vrai Amour par dizains*). But it is to her own tales, her *Heptaméron*, that we may turn for the clearest expression of her version of Platonic Love. For no one could make it more appealing than Marguerite with her conviction that (to quote her mentor, Bishop Briçonnet) *amour visceralle qui n'empêche la divine y est conforme*, or as she makes Parlamente, her own mouthpiece, declare: *Je crois encor que jamais personne n'a par-*

*faitement aimé Dieu, qui n'ait parfaitement aimé quelque créature d*
*monde.*

It is indeed this wide and tolerant acceptance of human behaviou
which distinguishes the *Heptaméron*, her contribution to what Frencl
historians have called *la querelle des femmes*. Every age has, no doubt
its crop of (mainly male) books on women, love, and marriage, bu
the new age, the Renaissance, which was transforming the position o
women in Society – or at least that upper-class society which increas
ingly modelled itself on Italy – brought forth in France during th
third and fourth decades of the century a veritable torrent of printed
matter to testify to this quickening of interest. Some of the most re
vealing exchanges of view are to be found in verse. Thus the *Ami*
*de Cour* of La Borderie (1542) and the protests which it aroused, th
latter all from members of Marguerite de Navarre's circle.

La Borderie's heroine is no prude. She enjoys the homage of a
men – even fools. As for love:

> Si c'est amour qui d'aimer tout cela,
> J'en aime plus de mille ça et là;
> Mais le plaisir d'aimer ainsi finit
> A mon oreille, à l'œil et à l'esprit.

When it comes to marriage – the final but far from urgent prospect –
worldly goods, if not enough in themselves, are a *sine qua non*. L
Borderie's *Amie* is perhaps the type of intelligent, slightly hard
hearted woman of whom France has always been prolific. Her shrewd
and often entertaining advice produced one indignant reply from Mas
ter Charles Fontaine, that amiable Parisian whose *Chant pour l*
*Naissance de Jean* (p. 59) reminds us for how long the poetic form
of the preceding century, and their spirit, remain in favour. Hi
*Contre-Amie de Cour* centres on the obvious answer that Honour is
sounder foundation for love and marriage than worldly goods and
self-interest. Another, Antoine Héroët's *Parfaite Amie de Cour*, i
equally didactic.

Héroët had already written in his *Androgyne*, a poetical adaptation
of Aristophanes' allegory from Plato's *Symposium*, a fable strangely
emasculated in the good bishop's vaguely christianized version. In th
*Parfaite Amie* he continues his textbook account of 'honest love' – on
the model supplied by Bembo or Castiglione. What is revealing is to

xliv

discover that Héroët has quite gratuitously made of his *Amie* a married woman, and in the second part of his book the man she loved is already supposed dead. This is then the old 'courtly' triangle – and almost the image in reverse of Petrarch surviving his Laura. 'Petrarchism' and 'Platonism' are thus quite deliberately combined. Héroet merits mention here chiefly because he reveals how misleading it is to try to contrast these two traditions, above all in the Italianate atmosphere of Lyons with which he was associated no less than with the perpetually itinerant Marguerite of Navarre.

## IV

Lyons has acquired through the ages the reputation of being a curiously secretive town where North and South have always met. Maurice Scève, the greatest Renaissance poet produced by Lyons, is symbolic of his birthplace. We know neither the year of his birth nor his death, and apart from his publications, the one recorded event of his life was his claim, while a law-student at Avignon, to have discovered the tomb of Petrarch's Laura in the Église des Cordeliers. There is little doubt Scève was also a close student of more recent Italian poets, and his first book was a translation of a Spanish continuation of Boccaccio's *Fiammetta*. For all that, there is also much in his whole cast of mind that reflects the Northern *rhétoriqueur* tradition – even to his preferred form, the *dizain*. Indeed, Scève's learning is medieval in many respects. His is a mind which has kept the medieval taste for curious fact, using it to detect symbolic appropriatenesses in every range of experience.

There is a strange archaic clumsiness about his poetry, which destroys the occasional happy touches of his pastoral dialogues, *La Saulsaye*, *Eglogue de la Vie Solitaire*, and still more the encyclopaedic poem *Le Microcosme* with which he was to end his career. But it is for his *Délie* that Scève counts, and there, this very defect becomes a quality, as he wrestles with the complexities of his own emotions inside the tight framework of a fixed poetic form. Indeed, he may remind us of the inelegant but expressive energy of contemporary wood-cuts – an energy which alas! the emblems which adorn *Délie* are far from possessing. The mention of these emblems leads us on directly to another point. Scève has indeed passed since his own day for a 'difficult' poet, but there is no need to accumulate imaginary difficulties.

One of these concerns the arrangement of the 449 *dizains* of *Délie*. It may well be that, from the point of view of a numerical symbolism, $5 + (9 \times 49) + 3$ is not without its significance. Yet, it is no less plausible to regard the series of the 50 emblematic wood-cuts which are the basis of this arrangement as an embellishment rather than as the key to the structure of this first French *canzionère*. More significant is the way in which Scève's preoccupation with the emblem – or more exactly the *device* or *empresa*, that is the emblem chosen for its personal application, as a knight chose his 'achievement' – has contributed to the habit of mind which produces the final emblematic images of his *dizains*.

The difficulty of reading Scève is the same kind of difficulty which led to long neglect of a poet like our own John Donne. He uses allusively a number of philosophical and other abstruse notions, and these, when fused by emotional tension, result, as in the case of Donne, in a quintessential kind of poetry which ever since Dryden we have called 'metaphysical'. Scève often achieves this successfully without the gift for suggesting the very inflexions and variety of the speaking voice which is one of the assets of the later English Metaphysicals. But that he should achieve it at all is due to the fact that behind the learned allusions there is lived experience. *Délie* is, no doubt, an allusion to Diana, born, like her brother Apollo, god of poets, on Delos. Scève's *Délie* is a figure triple in her attributes, like the goddess,[1] and standing sometimes for woman in general. But she is also, above all, the charming and clever Pernette du Guillet, who at sixteen was to meet a poet already nearly twice that age. If in his eyes she is Diane, in her own verse he appears as *Mon Jour*, her Apollo, and she herself his mere shadow counterpart, moon to his sun. Pernette's marriage and the painful evolution of the poet's passion towards the Platonic ideal of Ficino and Bembo provide *Délie* with what tenuous structure it has. Some of its recurrent themes are not perhaps fully comprehensible without references to their terminology.

What Scève achieves with these elements is seen in the dozen examples given here. *Si le désir* (*Dizain* 46) offers a good introduction. Desire defines itself as the obsessive *image-de-la-chose-que-plus-on aime*. It is therefore the mirror of the heart. And in that mirror appears, for him, the image of *Délie – esprit de sa vie*. These general 'abstract

[1] For *La Triple Diane* of Jodelle's well-known sonnet, see p. 131.

xlvi

psychological propositions, expressed, together with the conclusion to be drawn from them, in a single sinuous sentence, illustrate the basic 'metaphysical' quality of Scève. It is this set intention to understand in depth the complexity of emotional experience which makes the sense of the final lines – the vanity of any effort to *m'éloigner de ce qui plus me suit* – into something quite different from an epigrammatic antithesis.

Scève's familiar traits as a poet are well served by the *dizain*, where, in his hands, the stanza form of the old *chant royal* takes on many of the features of the sonnet. In this stanza the fifth line caps the fourth with a consecutive rhyme and the sixth modulates into a new rhyme, which then repeats the pattern in reverse, finishing with the same quatrain form of alternating rhymes with which it began. Thus, in the linkage of the middle lines there is a refinement over the 8 + 6 division of the sonnet. This 'modulation' is habitually used by Scève to move into another key and clinch the 'argument' by a striking image or an emblem – in this poem the Stag, whose useless flight sends him more certainly into the hunters' nets. The poet's final invocation to love as *Dieu de l'amaritude* sums up all the complementary contraries – presence (to the mind) and absence; flight and pursuit; the stirring to be free which only makes for surer servitude. If *le mal de ce doux bien* may seem too facile an echo of the Petrarchan 'pleasurable grief', surely the lovely coinage *amaritude* brings, as so often, an individual note.

Indeed, learned editors of Scève have, alas! done their best to give a false view of his relation to the Italians, whom he certainly admired. For example, the *oisiveté des délicates plumes*, the indolence of the feather-bed, which so strikingly opens the 100th dizain, has little or no relation to Petrarch's sarcastic reference (Sonnet 7) to *oziose piume* as a source of modern, soft-sitting decadence. Scève's phrase, preparing the way for, and redeeming, the homely *lit*, which he names and defines as his place, not of rest, but of mental strife and ardent desire, evokes without trace of irony the very softness which paradoxically keeps him tossing through the hours of darkness. The four closing lines, representing as they do a recurrent theme of *Délie*, with their metaphor of *vif* and *mort*, may gain by being seen as the reflection of certain odd logic-chopping on the part of Ficino and his disciple, the Leone Ebreo of the *Dialoghi d'Amore*. In the latter we read that, since the lover's

whole thought is of his beloved, *il ne demeure en soi mais hors de soi*
he exists only in what he loves and dotes upon. This is something more
than "My true love hath my heart and I have his"! Indeed, Ficino (the
fifteenth-century commentator of Plato) treats such metaphors with
a strange literality, even speaks of the lover as dead: "assuredly he
lives not in himself; now he who lives not in himself is dead", and
therefore "he who loves is dead". Only reciprocated love brings about
a 'rebirth' of both lovers. But the final *vers toi suis vif et vers moi je suis
mort* assumes a clear and quite unesoteric sense. When Sleep – 'Death'
twin-brother' – at last overtakes him, his mind is still wakeful, and
dreaming, lives with her.

The whole cycle is indeed a poem of Absence, and of that false
Presence which is represented by the dream, as when elsewhere:

> Il m'est avis, certes, que je la tiens,
> Mais ainsi comme Endymion la Lune.

Absence and Presence are directly treated in another *dizain* (No. 129)
where the moment of meeting is represented as an interval of bright
light and peace in the midst of winter. What his past happiness 'proves'
is given with a deliberate *distinguo* which is wholly characteristic. The
spiritual darkness of her absence is worse than a mere physical weariness
of life, but what was almost bare, arid statement is vividly materialized
in the last four lines. The crouching, immobile hare and the sensation
of an anguished spiritual darkness are linked in the tension of listening
only to hear unintelligible sound, the counterpart of darkest, God
accursed and thus 'Egyptian' night.

The conflicts, and hence the reality, of Scève's passion are perhaps
better shown in two consecutive poems (143 and 144). In the first of
these he begins by evoking the illusion of complete happiness which
the recollection of Délie gives him. Yet even when that sensual hunger
of which she is the cause gnaws at his heart, the remedy of his suffering
is still the thought of her, just as the Brazen Serpent (in itself a sexual
symbol) is in the hands of Moses the cure for the plague-stricken
Israelites. In the second, he attempts to state what has been described as
"one of the *essential* metaphysical problems of love": the presence of
lovers to each other, their union in absence, but still more "the im-
possibility when in each others' presence of realizing perfect unity,
since in this unison the lover loses his own individuality (*En toi je vis*

and yet retains it (*encore suis-je absent*)".[1] To explain this 'outrage to Nature' the poet proceeds to give a philosophical explanation in terms which recall both Plato and Aristotle. The soul infused by God into our body animates it, but the same power, foreseeing that his soul might come to lack its 'essence', has given to it as *actuality* in her all that was mere *potentiality* in him. Those qualities which are but aspired to or are merely potential in him, are realized in her, and this explains why even in her presence he is in a sense 'absent' (l. 4), and why his true self-realization is not merely in Délie, but *is* Délie. We might well compare the idea with Donne's lesser if more positive formulation:

> If ever any beauty I did see
> Which I desired and got, t'was but a dream of thee.

Scève's 'metaphysical' quality unfortunately does not always capture the vividness of the English 'conceit', but, as here, he puts philosophical abstractions to the same kind of poetic use.

Pernette's marriage wrings, however, on occasion from the poet a far more direct and anguished cry; never more so than in the pathetic *Seul avec moi, elle avec sa partie* (No. 161). Here, incidentally, the *dizain* assumes a different structure (4 + 4 + 2) and the final couplet emphasizes that marriage is indeed a holy bond, except in the man-made exception which thrusts his Délie into another's bed. This precise quality of the poet's jealousy is exceptional. Scève excels rather in the expression of the shifts by which the frustrated lover finds satisfaction. In the beautiful *Tout le repos, ô nuit, que tu me dois* (No. 232), the 'world-without-end hour' of a sleepless night is for the lover's mind a time of happiness, banishing the pain which comes from the insatisfaction of the sense of form and colour, for these are things of day and creatures of light.

The motifs of a purified or sublimated passion which occupy much of the second half of *Délie* are various indeed. I have selected, first, the singularly beautiful *A si haut bien de tant sainte amitié* (346), which combines reproach and the superb conviction of what their love is still destined to be. The poet's perseverance (let alone all other considera-

---

[1] I take this formulation from the excellent chapter on Scève in O. de Mourgues, op. cit. (p. 16), who uses a systematic comparison with *Astrophel and Stella* to emphasize, at the expense of Sidney, the 'metaphysical' quality of Scève.

tions) should have brought her to realize the holy affection which wi
yet set them in another life side by side – *en notre éternel trône.* Th
inevitability is expressed in terms of daily, visible reality, the joinin
in Lyons itself of Rhône and Saone, which, mingling, flow on toward
their Eternity, which is the sea. Lyons, its Mont Fourvière, its twi
rivers, are repeatedly evoked by Scève, but never more happily tha
here. Nor was he ever more successful in conveying an exquisite an
precarious balance of mind and body, a moment of ecstasy poised i
an awareness of contraries, than in the dizain: *Assez plus long qu'u
siècle platonique* (367). A month's torturing absence has seemed to th
lover an age, not indeed 'without a name' but with precisely the nam
the old chronologers gave to the longest span of recorded time. Délie'
return, the sight of her calm brow, seem the realization of a propheti
dream, a reality 'proved' by the touch of her hands. There is somethin
unusually direct in the tender, self-sufficient gesture which closes thi
*dizain.*

More often Scève's best final lines are conceptual images such as th
magnificent:

> Tu me seras la Myrrhe incorruptible
> Contre les vers de ma mortalité,

for it is Délie's moral or spiritual nature which gives validity to th
poet's claim. Here this theme of the immortalizing power of love
already then so trite – is subtly revived. The poet has chosen th
waking moment when the sun is already in the sky, the body still abed
and the mind, having ranged abroad *au fond confus de tant diverse
choses,* rejoins in fuller consciousness its shell – as, according to con
temporary theology, mind and body, rejoined in the last day, shal
indeed 'conquer death'. But to give to this law (*fatalité*) of our bein
the addition of happiness is, by her very existence, in Délie's powe
alone. In a more obvious form it is the same play on death and sub
sequent immortality which find for him their analogy in the successio
of night and day (446).

As a whole *Délie* remains, it may be felt, a very unequal perfor
mance, but nothing else in the whole literature of the Renaissance ha
the almost Mallarméan quality of its best *dizains.* To regard Scève as
'metaphysical poet' has helped a critic like Odette de Mourgues to
define the kind of problems and the kind of imagery which set him

1

part. Yet there is some danger in her use of this term, as if in English usage it could be equated with metaphysics. It is as the equivalent of psychological depth or subtlety that it has been applied to poetry since Dryden and Dr Johnson. Further occasion to consider its applicability to other French poets will occur.

Curiously enough this label would hardly seem to apply to those nearest to him. Scève's own Pernette is indeed a charming minor echo, in those *Rimes* which a respectful husband published a few months after her untimely death. Where she is most original – the fascinatingly playful poem in which her imagination suggests (and disavows) a mixed bathing party with the grave Scève – she is least well served by her little store of classical learning. The true feminine representative of the Lyons group is, of course, the admirable Louise Labé. *La Belle Cordière*, whether in her elegies or her sonnets, has a passionate and simple directness which in its own way is as unique as Scève's involved complexity. One has only to take stock of the curious puritan streak in much male reaction to any marked display of feminine frankness, to understand both why Louise Labé was maligned by her contemporaries and why, none the less, she has never ceased to have her admirers. There is, however, another intermediate figure between Lyons and the young men in a hurry who were to call themselves (successively) *la Brigade* and *la Pléiade*.

Pontus de Tyard was first the friend of Scève, and later the ally of Ronsard. If he often seems strangely colourless in a vein where Ronsard and Du Bellay were so shortly to follow, we can on occasion see the reflection of the Platonism of his philosophic dialogues which were to have a real influence on the thought of the young poets of the Pléiade, and then Tyard is close indeed to Scève. Thus, in *Disgrâce* the end of lovers' *En toi je vis* whose sense in Leone Ebreo and Ficino we have examined (above pp. xlvii, xlviii) is presented as a transmigration of souls, a *palingenesis* in another body. And the whole painful process is elaborated by the successive evocation of a whole linked series of key terms – the Idea, the Exemplary Whole, Perfection, the Fixed Heaven, Light, the revolving Celestial Sphere, each of which seems overturned. The lyrical stanzas of Tyard's *Odes*, on the other hand, have a fluid, decorative quality which is far closer to the spirit of the Pléiade to whom we must now turn.

li

v

It was Voltaire who once referred with his usual condescension to th
Renaissance as the age when *les Français faisaient encore les tournois*
It is perhaps first the spirit of an even then old-fashioned tradition o
chivalry that we should evoke as the background to the heroic stor
of the Pléiade. With Ronsard and Du Bellay it is the lesser nobilit
who, after a century of predominantly bourgeois or middle-class poets
contribute almost for the first time to the French poetic tradition. Th
*panache* – not to say the impertinence – of some of Ronsard's prou
declarations, his real attachment to the forests and meadows of hi
Vendômois, as of Du Bellay to his Anjou, have their source in jus
these origins. Hence, too, their taste for *les mots du terroir* and certai
accents of their patriotism. There is something of the spirit of romanti
adventure about the way in which both Ronsard and Du Bellay, eac
foiled by deafness of a public career which the former had alread
brilliantly begun, set forth to conquer the other world of the Nev
Learning. In an age remarkable for precocity, it needed courage as we
as enthusiasm to become students, not at fourteen, but at over twenty
yet those five years of retreat were undertaken by two young men wh
had responded to a poetic vocation and whose firm intention it was t
go to school again in order to fulfil that vocation more adequately. I
we must remember their first master, Lazare de Baïf, it is not onl
because his son, Jean-Antoine, was their (younger) fellow-pupil an
their fellow-poet, but because he, diplomatist and humanist, links i
his own person the abortive early career of Ronsard with all that wa
to follow. Similarly, if we must recall the name of Jacques Peletier d
Mans it is mainly because he encouragingly gave a place among hi
own poems to an early set of verses by the young Ronsard. Yet th
real master of the budding *Brigade* (as they were first to call themselves
was Jean Dorat, the newly appointed principal of the Collège d
Coqueret, whose buildings then stood close to the site of the preser
Odéon.

It is difficult to understand the immense esteem in which Dorat wa
held by the whole generation of the Pléiade:

> *Toi qui dores*
> *La France de l'or de ton nom.*

Or even to get a glimpse of him except as when, in the exuberant verse in which his greatest disciple Ronsard celebrates a student outing,[1] the crown of the dying day is the master's declaiming of one of his own Latin compositions. No doubt, he was a good Hellenist and an inspiring teacher, but he provided his pupils with something far more than a mere linguistic key to the riches of Classical Literature. It was through him that Ronsard and his friends appear to have made their first contact with that whole current of Renaissance thought which sought to re-establish the fundamental identity of the higher truths of paganism and Christianity. This attempted religious and philosophical synthesis (or Syncretism) should indeed be recognized as the notion underlying the very conception of a Renaissance, namely the idea of a highroad rediscovered, of a tradition long obscured by ignorance and the accumulated debris of centuries, but once more made clear with the help of those germs of divine truth to be found at various places and times – in Greek philosophy, in pseudo-Egyptian hieroglyphics, and even in a fragmentary Druidical lore which could be claimed by Frenchmen as part of their national heritage. The best witness, however, to this uninterrupted human tradition of *pia philosophia*—what confirmed the Syncretic view—was mythology. Ancient myth was the prefiguration of Christian truth. And the first poets, the greatest poets – Homer, Hesiod – were essentially myth-makers. Their poems were (in Ronsard's own words) a *théologie allégorique*, whose mode of expression was the only form in which the more abstruse verities could be conveyed to the generality of men. Orpheus, like David, was the symbol of the conjoint roles of poet and prophet.

Do we need reminding that not only then, but until a far more recent age, the educated Christian who mourned a friend with a verse of the Bible felt no disparity in capping it with a classical allusion? The repertoire of symbols or allusions from either source could spontaneously express his profoundest feelings. With the poets of the Pléiade we can go further. Far from myth or allegory being a mere superadded ornament, it was in their eyes part of the very function of poetry and constituted poetry's particular way of expressing truth. In the words of one historian, "it was on the image level of the mind ... that the Renaissance man achieved his unified outlook". In some respects we may indeed recognize in this attachment to allegory the continuation

[1] *La folâtrissime journée d'Arcueil.*

of a medieval tradition. What is undisputably new in Ronsard is the balanced emphasis on poetry as having at once the spontaneity of divine afflatus, and yet showing the refinement of deliberate art. It is an ideal of technical perfection no less than a sublime conception of the poet's task which was to distinguish the Pléiade.

We are apt to take the Ronsardian theme of inspiration as the emptiest of *clichés*. This is the major obstacle to the appreciation of the better Pindaric Odes; for instance, the immense allegory of the Muse which provides the theme of the *Ode à Michel de L'Hospital*. Actually that poem touches closely on another important background element to the whole work of the Pléiade, one of more specifically Platonic origin, namely the theory of the four divine 'enthusiasms', poetical, religious, prophetic, and erotic, which has its origin in the *Phaedrus* and the *Ion*, more particularly as interpreted by Ficino and his Florentine disciples. It is this theme, as also the theme of music and poetry as joint keys to the harmony of the universe, which are treated in his dialogues by Pontus de Tyard, whose prose-writings elaborate some aspects of Jean Dorat's encyclopaedic teaching. That teaching is in fact more important for a full understanding of the Pléiade's ambitions than the more familiar themes of the *Défense et Illustration*, the manifesto which Du Bellay was to issue at the beginning of 1549. Indeed, they complement each other. If Dorat's Syncretism emphasizes the sense in which the Pléiade's objectives can be defined as a new kind of traditionalism, the *Défense* preaches the need for a poetic revolution. It is enough to recall the patriotic theme of its first part, Du Bellay's *défense* of the French language as potentially the equal of any other, and the consequent duty of Frenchmen to cultivate it and render it more 'illustrious'. But the doctrine of the imitation of the Ancients (as also of Italian 'classics' such as Petrarch), which occupies so much of the pamphlet, is seen to be much more significant in the light of the whole syncretic trend of mind. It is this which makes the Classicism of the Pléiade so wholly distinct from that of the later seventeenth century. Yet Du Bellay's own overriding preoccupation was with the technical problem of poetic language. Significant of this is his over hasty assumption that richness of vocabulary (by new coinages, learned borrowings, provincial revivals) suffices to create an expressive linguistic instrument. The assumption was natural enough when we reflect that the new and elegant Latinity of the whole Humanist movement had been largely founded on the concept of *copia*, and the resultant repertoires of scholars like Valla and Erasmus. The *Défense* has, moreover, often been taken as the first example of what was to become in later ages such a feature of literary life in France, namely the issue of a manifesto or programme by a group of young writers before the publication of the works which were to justify it.[1]

Though Du Bellay's sonnet sequence preceded by a few months Ronsard's *Odes*, it is more convenient to defer consideration of his work until we have dealt with at least the first-fruits of Ronsard's poetical ambitions. Never were they higher than in his effort to bring a new nobility into French poetry, and to create a new public lyricism which, on the model of Pindar, should take wings on mythological anecdote, enriched with occasional philosophical implications.

One cannot open *Les Quatre Livres des Odes* without realizing that Ronsard possessed from the outset a sense of large-scale rhythmical organization and the gift of vivid metaphor; sometimes striking, perhaps too facile, but literally inexhaustible. This much we must grant. But the first of these four 'books' which contains these Pindaric exercises is enough to show that Ronsard – like the young Hugo of 1825 – has as yet singularly little to say. The Pindaric odes (always excepting the later *Ode* addressed to Michel de L'Hospital) are empty. It has been the fashion down the ages to find fault with them on such grounds as the lack of any tradition of choral declamation such as Pindar was able to utilize. Actually in Ronsard's mouth *vers lyriques* means poetry made to be sung, and it is perhaps only when we have heard Goudimel's setting of the great *Ode à Michel de L'Hospital* that we should make any judgement on this question. (Similarly, the lack of contrast between the *strophe*, *antistrophe*, and *épode* of these

---

[1] In this case, however, what happened was that a certain Sebillet had just published (1548) an *Art Poétique*, in which he, too, claimed that true poetry was a sacred art and that the French should take the Ancients and their *genres* of poetry as their models. He had suggested, however, that not only Scève and Héroët but Marot and Mellin were good models to follow, and their work already the earnest of a poetic rebirth. It must have been doubly galling for Ronsard and his friends to see another put forward their own ideas, coupled with an indiscriminate admiration for those whom they did and for those whom they did not hold in esteem. There is reason to think that if Du Bellay delivered a riposte distinguished by a more extreme version of Sebillet's thesis, it was in his own name, and indeed as a kind of preface to his own *Olive*, which appeared almost simultaneously.

poems, only too apparent when merely read, may well disappear in a musical setting.) There is no doubt, however, that the damaging legend of the poet's abuse of abstruse erudition – all that the eighteenth century usually remembered about him – comes largely from these early experiments.

The bulk of Ronsard's odes were, from the first, composed under a rather different inspiration: that of Horace (when it was not Catullus or the pseudo-Anacreon who was to be discovered in 1554). Whatever their character, the poet himself was insistent on their originality as 'odes', a name which, despite his claims to priority, had been already used in France. Faced with the famous *chanson* or *ode*, *Mignonne, allons voir si la rose*, which from one edition to the next passes from the first category to the second, the difference may well appear difficult to establish, though no doubt in general a *chanson* might be held to imply a refrain. However, Ronsard's conception of the *ode* is of no little importance. He endorsed Du Bellay's out-of-hand condemnation of the old fixed forms (those *épiceries: ballade, rondeau, triolet*, and the rest), but the new liberty of invention in the composition of a poem for singing was a liberty in the invention of a stanza form. There is an admirable variety in the *Odes*, and one which Ronsard was never wholly to abandon. But the preoccupation with music brought the logical limitation that the form of the first stanza must be repeated exactly, because otherwise the melody of the first verse will not fit the others. It was for a similar reason that he was the first to insist on the absolutely regular alternation of so-called masculine and feminine rhymes.

The most admired of these odes are poems such as *A la Fontaine Bellerie, La forêt de Gâtine, De l'Election de son Sépulchre*, or *Contre Denise Sorcière*, and in certain respects they are recognizably *tours de force*, which serve to define some unique qualities of Ronsard. If Horace had not written his *O Fons Bandusiae* (Ode XIII, Bk. III) or attacked the Sorceress Canidia (Epod. V), Ronsard would probably not have written his odes on the local well and the local witch. But what matters more is the way in which literary recollection becomes indistinguishable from lived experience. His nymphs and dryads seem (as has been said) mysteriously at home in the pastures and woodlands of the French countryside, primeval survivals such as folk tradition might evoke.

This capacity is perhaps the most precious of the qualities which may be called the classicism of the Pléiade, and is yet closely allied to the feeling of each of these poets for their own particular region of France.

There is also another sense of the word 'classicism' – when it stands for the primacy of such qualities as proportion, sobriety of expression, general tightening of the formal qualities of poetry which may well increase its intensity. Consider from this angle, for example, the ode *A Cupidon pour punir Jeanne Cruelle* (p. 65). In its expression of a lover's indignation it almost reaches the intensity of *When by thy scorn, O murdress, I am dead*, but by far less direct means, which include the rather donnish refinement of an allusive imprecation.

In contrast, the emotional climate of *Les Amours de Cassandre*, the first episode of Ronsard's triple *canzoniere*, seems – at first sight – to be wholly idealistic. We cannot be sure that Cassandre Salviati was ever more to the poet than a glimpse of a beautiful girl of fifteen singing a haunting melody in the midst of a Court entertainment, but had she been no more than a name, round that name or that vision he had allowed his thoughts of passionate love to crystallize. If they took a noble Petrarchan form, this was for reasons mainly literary. *J'espère et crains, je me tais et supplie* (xii) is the typical Petrarchan catalogue of psychological antitheses. *Ciel, air et vents, plains et monts découverts* (lvii) expresses in the grand sweep of a single-sentence sonnet that delegation to visible nature of the task of expressing the poet's emotions which is the commonest form of the Renaissance *sentiment de la nature*. Dozens of imitations of these sonnets allow us to measure his success in making Petrarch French. But the real Ronsard lies elsewhere. He can take a Scèvian opening (see p. 90):

> Si seulement l'image de la chose
> Fait à nos yeux la chose concevoir . . .

and give it a wholly new epigrammatic turn. He can, gravely, enigmatically (in a sonnet full of end-stopped lines), play on Cassandra's name and her 'prophetic' powers. He can renew a description of her golden hair (p. 91) by suggesting, with subtle sophistication, that he is young enough to look the part of Adonis as well as Venus.

Yet *le grand rêve d'amour sensuel* (to use Marcel Raymond's phrase), which is at the heart of Ronsard's love-poetry, is also to be found in this first series of sonnets, expressed with an urgency lent by the decasyllables he was soon to abandon for the more expansive and varied rhythms of the *alexandrin*:

> Je voudrais bien richement jaunissant
> En pluie d'or goutte à goutte descendre
> Dans le giron de ma belle Cassandre . . .

In such a sonnet (p. 90) he evokes at once the imperious wooings of the Father of the Gods and the ancient folk-lore theme of the lover's metamorphosis,[1] and in so doing lends to the expression of physical passion a nobility and a purity it had never known in France. It is only later in his life that the poet was to suppress, not indeed all such sonnets, but at least those, like the beautiful and tender *O de Népenthe et de liesse pleine* (p. 92), which might suggest that he had enjoyed the favours of his Cassandre.

But even the most spiritual of Ronsard's aspirations have an earthly flavour. Nothing could reveal this more clearly than a comparison of what he, on the one hand, Du Bellay, on the other, make of the same 'Platonist' model of the Italian poet, Daniello.[2] In Du Bellay's paraphrase (*Si notre vie est moins qu'une journée* . . .) the beloved seems forgotten in the self-applied summons of the poet to his own soul, in the call to aspire to an eternal spiritual world to which the flesh is but an obstacle:

> Là est le bien que tout esprit désire,
> Là le repos . . .
> Là est l'amour, là le plaisir . . .

It is only at the climax of the fifth *là* that we realize that it is *she* whose beauty will permit him to *recognize* (in accordance with the purest Platonic theory of knowledge) the Idea, of which she is, in the perishable here and now, no mean example. So too, Ronsard:

> Qu'abandonnant ma dépouille connue
> Net, libre et nu, je vole d'un plein saut
> Outre le ciel, pour adorer là haut
> L'autre beauté dont la tienne est venue.

[1] Compare Ronsard's elaboration in an Ode (IV, 32), *Plusieurs de leurs corps dénués*.

[2] For Bernardino Daniello's sonnet see p. 229; for Du Bellay's text, p. 120, and Ronsard's *Je veux brûler*, p. 92; also Desportes, p. 144.

et his treatment of this theme is profoundly different, and far
more original. Here the self-immolation of Heracles – *Qui tout en
feu s'assit entre les Dieux* – is the emblem of a purification reached by
the very intensity of passion itself. As Gaston Bachelard has written
in his exploration of the unconscious sources of poetic imagery: *Le
feu sexualisé est par excellence le trait d'union de tous les symboles. Il
unit la matière et l'esprit, le vice et la vertu. Il idéalise les connaissances
matérialistes; il matérialise les connaissances idéalistes: il est le principe
d'une ambiguïté essentielle.*[1] The conjoint themes of self-immolation
and deification in Ronsard's *Je veux brûler* give a dimension which is
quite lacking in Du Bellay, although the latter's sonnet is indeed a
supreme example of the kind of excellence compatible with what,
according to modern conventions, is near plagiarism.

How right then Etienne Pasquier, Ronsard's contemporary admirer,
when he exclaimed: *Lisez sa Cassandre, vous y trouverez cent sonnets qui
prennent leur vol jusqu'au Ciel*, and went on to attribute this sublimity
to the fact that the poet wrote to please himself. But we are not obliged
to agree with his view that the later series in praise of Marie and
Hélène were composed only to tickle the ears of a courtier public.
There is visibly a less constant striving for the sublime in the years
which followed the first emphatic gestures of his poetic career.
But the change comes from within. In the bawdy verve of certain
*Folastreries* the *gaulois* side of his temperament reasserts itself, and
when the scholar Henri Estienne discovers the poems of a pseudo-
Anacreon, Ronsard's enthusiasm for their Epicurean prettinesses
springs from a natural affinity, already implicit in the *odelettes* of
1550. None the less, the change is there, and what the poet himself
called *un beau style bas, Populaire et plaisant* gives a unity to *Les
Amours de Marie* and the lyrical poems written during this whole
period.

Marie herself is still more of a cipher than Cassandre, but the
taste of country pleasures, the rejuvenating privilege of affection
for a fresh and unsophisticated girl, the reality of contacts with
simple people, these give the flavour of the most immediately attrac-
tive of all Ronsard's poems. The justly famous *Marie, levez-vous, ma
jeune paresseuse* renews the spirit of a medieval *reverdie* such as Colin
Muset's:

[1] Gaston Bachelard, *Psychanalyse du Feu*, p. 113.

En un verger flori, verdelet
    Au point du jour
Où chantoient cil oiseaux
    Par grant badour.

It unites spontaneity and the subtlest art. The dawn chorus of birds i
already reproof to a 'sweet slug-a-bed'. The drops on the petals of th
cherished flowers bear witness to the careful neatness of their mistres
The half-smiling reproach to Marie leads to the half-teasing cares
which makes this sonnet as wholly French as Herrick's *Corinna*
*going a-Maying* is wholly English.

   There is, of course, a deceptive simplicity about the most tenderl
joyous of such poems for Marie as the song *Bonjour, mon cœur, bonjou*
*ma douce vie* (p. 95), which is in fact the adaptation of an epigram c
the neo-Latin, Marullus. But perhaps the most instructive example c
how Ronsard is often most himself when starting from some literar
reminiscence is, no doubt, provided by the well-known *Mignonn*
*allons voir si la rose* (p. 93), written two or three years earlier. It ma
seem mere pedantry to send the reader back to Ausonius' *De rosis nas*
*centibus*, so trite is the theme and the comparison on which both poem
are founded. Yet nothing could better reveal the virtues of Ronsar
than the contrast of his *Ode* with the Latin poet's lush description c
a morning walk in a rose garden. Or with the painstaking attempt
of his friends, Baïf and Pontus de Tyard, to render the Ausonia
catalogue of the various shapes of rose-bud and the stages of thei
bursting. All these minutiae are eliminated in his three brief stanzas, an
the narrative couched in the past tense gives place to a present an
pressing invitation to the loved one which lends to her a new reality

   The lyrical simplicity of such a poem is none the less wholly dis
tinct from the folk-song. The abstract refinement of *sa robe de pourpr*
the delicate compliment of *Son teint au vôtre pareil*, the repetition c
*Mignonne* which links still more closely girl and rose, the *Si vous n*
*croyez* which defines the half-tender, half-ironical advice and th
conversational tone – all these touches, despite their spontaneity
bespeak an exquisite art. It is a similar lesson which emerges from th
sonnet in which Ronsard has made the proffered bouquet itself th
symbol of fleeting time. If *Je vous envoie un bouquet* (p. 95) deriv
from a well-known epigram of the Greek Anthology, that epigra

eceives its development entirely in terms of the flowers which compose
he garland – lilies, roses, anemones, narcissus, violets. But the sonnet's
uccess lies elsewhere – in the urgency of the repeated *le temps s'en va*,
he laughed-off pathos of *Las! le temps non . . .*, in the intimate syntac-
ical conjunction of past and future, a past almost accomplished for the
lower, but which still awaits the girl. Here, and still more signally in
he beautiful *Douce, belle, amoureuse et bien fleurante Rose* (p. 93), per-
ection is achieved (as not always in Ronsard) through happy emen-
lation. There it comes only when it is *Marie l'Angevine* – not some
vague Grace – who fittingly crowns her locks with the flowers which
evoke her fragile beauty; only when she – the one true Venus – laves
ter face in *eau de rose*; only when it is the *jardins de Bourgueil* which
gather both sides of the metaphor into one. And then we leave behind
he Anacreontic inspiration which for twenty years lay plain across
he earlier text, slightly banal despite the exquisite painterly touch of
he 'rosinesses' enumerated in its final lines.[1]

Such a *remaniement* casts some light on the epilogue to *Les Amours
de Marie*, those twelve sonnets of mourning which include *Comme on
voit sur la branche*, perhaps the most quoted of all his verses. If most
of these sonnets were very possibly written to express the grief of the
poet's royal master at the untimely death of another, more aristocratic,
Marie who was nothing to Ronsard, it is difficult not to feel that the
ourth of them refers specifically to *Marie l'Angevine*. This is of moment
in that the funeral offerings, *Ce vase plein de lait, ce panier plein de
leurs*, take on, when applied to the grave of a village girl, something
of the timeless survival of old rites which flourished still in country
places.

The formal symmetries of this poem, the long *coup d'archet* of the
opening, the subtle balance of part against part, the musical refinement
of three rhymes for the whole sonnet which ends as it began, such are
he qualities which explain something of the exquisite serenity of its
grief. Ronsard was never nearer the Greek Spirit than in these lines
of his maturity, though there is more of *Marie l'Angevine*, no doubt, in
he *Amours* of 1555.

---

[1] I am much indebted here to the analysis of several poems by H. Weber whose
*Création Poétique au 16e Siècle en France* is one of the few French critical works on
Renaissance poetry, which shows rigorous erudition at the service of a highly
developed literary sensibility.

It would, nevertheless, be a mistake to consider the whole of tha volume as having this rustic character. It contains love-poems (no only for Marie) both subtle and sophisticated in their expressio of a real emotion, such as *Ma plume sinon vous ne sait autre suje* (with its assurance of constancy for a wholly unexpected reason) – o *J'ai désiré cent fois me transformer* where the lover's metamorphosi no longer appears as folk-lore symbolism, already brilliantly use in one of the early *Odes*, but as the correlative of a desire for th total possession – mind as well as body – of the *objet aimé*. To it h was to add poems inspired by other faces; it was (with the *Amours d Cassandre*) to remain for twenty years his achievement as a love-poe The sheer technical skill – the very creation of a form, a style, a manne whose immediate success can be measured in terms of scores of sonne cycles – is too easily forgotten, like most examples of *la difficult vaincue*. Yet for all their perfection – which lies perhaps essentially i the sense that life and love are precious because precarious, that we ar all – flowers or humans – Time's victims, and in the emotion tha results from that sense – it would be daring to claim Ronsard as one o the great love-poets. It is hardly a question of extending or deepenin our experience. It is more simply that there is seldom any real effort t come to grips in any profound sense with his emotions, admirably a he expresses them. Nor is there any conflict of passion with othe emotional claims, such as we can on occasion note in Catullus. Ronsard can doff the Petrarchan mantle as easily as he assumed it, an his downright disavowal of Petrarch has often been quoted:

> Ou bien il jouissait de sa Laurette, ou bien
> Il était un grand fat d'aimer sans avoir rien.
> Non, il en jouissait: puis l'a fait admirable,
> Chaste, divine, sainte: aussi l'amoureux doit
> Célébrer la beauté dont plaisir il reçoit . . .

Disarmingly simple as this may appear, Ronsard's *morale amoureus* is not ignoble. We can find him in this same poem preaching that th luckiest lover of all is he who finds his life's companion; though onl after a diatribe on womanly wiles which recalls the medieval, monkis

---

[1] The *Ille deo par est* adapted from Sappho which ends with the stanza: *Otiun Catulle, tibi nefastum est . . .* (No. 51).

misogynist, and may well remind us of the multiplicity of conventions which commonly keep love-poetry and amatory experience at more than arm's length. It is true that in Ronsard's case outside the sonnet sequences of the *Amours* we have the three remarkable narrative poems addressed to Genèvre which seem to belong to a different world. A first meeting where the poet abandons his afternoon bathe in the Seine and jumps out naked to join Genèvre and her middle-class friends dancing on the urban shore; the long exchange of confidences before her street door with the story of her six years of happiness with a man now dead; Ronsard's vain flight to the court of St Germain, and the headless ride back with only Genèvre in his mind: these and a score of details in the three elegies bear the stamp of lived experience. But the agreed termination in less than a year of the passionate liaison thus engaged implies a valediction which forebade mourning with a disarming facility. If *Dichtung* and *Wahrheit* here make their near approach, it is somewhat superficial truth and a poetry wholly without that lyrical vibration which was to return enriched in some of the *Sonnets pour Hélène*, that sunset song so paradoxically born of an obviously false situation.

The *beau style bas* of *Les Amours de Marie* shows only one aspect of the Ronsard of the 'fifties. In those same years he was still pursuing the lofty ambitions which produced the Pindaric *Odes*. To these we owe the *Hymnes*, those long descriptive or narrative pieces which seem at first so oddly named if we think only of the Christian (or indeed the Hebraic) tradition: choral, collective, strophic, and theological. Whereas these *discours*, written with one exception in rhyming couplets, have none of these characteristics.

He had already used the title indeed for his voluptuously beautiful paraphrase of Pontano's *In noctem* (see p. 89), but the impatient lover's invocation has nothing in common with these would-be philosophical poems. In point of fact, his inspiration in the *Hymnes* is as Greek as anywhere in his poetry, and this in a singularly full sense when we note that the initial inspiration seems clearly Marullus, that exiled Byzantine scholar whose Latin *hymni* celebrate the great forces of nature, Sun, Stars, and Planets, for example, sometimes with a pagan, Lucretian fervour, sometimes with a sense of mystery derived from pseudo-Orphic sources.

The relatively brief *Hymne du Ciel* illustrates the natural and easy

nobility of Ronsard's writing, and the sense of wondering admiratio.
for God's works which is in the background of most of these poem.
The immensely long *Hymne des Démons* illustrates how they coul
incidentally become the vehicle for the telling narration of person.
experience, since the poet here recounts his own nocturnal terrors fac
to face with the supernatural. The whole, however, in which Ronsar
is concerned to pack a miniature 'treatise' on demonology, shows als
the typical degeneration of a philosophic into an encyclopaedic *genr.*
The omnivorous Renaissance curiosity had a taste for this, and th
examples of both Alexandrian Greeks and late Roman poets made i
eminently respectable.

The best of them is (no doubt) the *Hymne de la Mort* (p. 96). Th
buoyant opening passage with the wonderful extended image of th
spring, unknown to all, from which the poet will drink his fill and sin
a new song, has the freshness of the best of Ronsard, and, as so often, i
is paradoxically the successful transmutation of Ovid, Lucretius, an
others. Nowhere else has he brought pagan and Christian beliefs int
sharper contrast and used the confrontation to define his own con
victions:

> Beaucoup ne sachant point qu'ils sont enfants de Dieu
> Pleurent avant partir, et s'attristent au lieu
> De chanter hautement le Péan de Victoire.

And when we turn to the magnificent closing lines it is hardly sur
prising to learn that this was the poem which the hapless Chastellar

> pour son éternelle consolation se mit à lire tout
> entièrement . . . ne s'aidant d'autre livre spirituel
> ni de ministre ni de confesseur (see p. 224).

(see p. 224)

Yet even here we have the direct testimony to Dorat's influence, in
jejune allegory of Death's creation by Jupiter. It is at least shorter tha
the allegorical birth of the Seasons in some of the other *Hymnes* mos
admired by his contemporaries.

There is a more insidious defect in too many of Ronsard's longe
poems. The rhyming couplet, for a writer of abounding facility, ha
peculiar dangers of dilution to which it may well be that in these day
of poetical 'density' we have become over-sensitive. He was not un
conscious himself, however, of this defect, and complained that whil

e elegy should be a short poem his highly placed patrons considered
themselves almost insulted by any piece addressed to them which did
not run to some hundreds of lines. Success indeed is never without its
cost, and to few writers of any age did success come more quickly and
fully than to Ronsard. He paid the price in imposed tasks which included not only the ill-starred *Franciade* – which a royal order condemned him to write in decasyllables – but *Bergeries et Eglogues*,
abounding in vivid description but vitiated, at least to modern taste,
not just by length but by a peculiarly tiresome adaptation of the
pastoral convention in which the 'shepherds', *Guisin* and *Navarrin*
(boys as they then were), are lent elaborately stylized political
speeches.

There is real conviction and passion, however, in those celebrated
*Discours sur les Misères de ce Temps* (written between 1561 and 1563),
where one can trace the poet's evolving attitude to the heightening
tensions and the first armed clashes of the Wars of Religion. The earliest
have either the noble simplicity of the *Institution pour l'Adolescence du
Roi*:

> Sire, ce n'est pas tout que d'être Roi de France,
> Il faut que la vertu honore votre enfance,

or the earnest reasonableness of his appeal to a fellow poet:

> Car il faut désormais défendre nos maisons,
> Non par le fer tranchant, mais par vives raisons . . .

Ronsard's message is one of moderation, but modified alas! as reprisal
followed reprisal. Even the over-long *Remontrance au Peuple de
France* frankly lays a heavy burden of responsibility for the conflict on
the simony of the Establishment:

> Vous, Princes et vous, Rois, la faute avez commise
> Pour laquelle aujourd'hui souffre toute l'Eglise . . .

But the second *Discours à la Reine* mingles this tone with indignant
satire against Calvin and De Bèze. The most quoted phrase is, no
doubt, the *Ne prêche plus en France une Evangile armée, Un Christ
empistollé* . . ., but it is curious to realize that neither here nor elsewhere
does Ronsard provide the rapier-like effect of the satirical couplet.
Whole passages of run-on lines bludgeon the Huguenots with jibes,
some of which seem tasteless enough even from a Catholic standpoint.

When one turns to the final poem in the series, the *Réponse aux Injures et Calomnies de je ne sais quels Prédicanteraux et Ministreaux de Genève*, mere irritation at a personal attack is far too much in evidence, and it becomes clear that Ronsard, unlike D'Aubigné, was a poet whom *saeva indignatio* did not suit. In its grip he loses the quality of public spokesman which the best of these *discours* have, and which, for all his partisan passion, never deserts D'Aubigné.

The elegiac strain, on the other hand, which was so much part of his temperament, is never seen to better advantage than in some of the longer pieces he wrote for the hapless Mary Stuart. In the most fascinating and original of these (p. 102) he describes for the now distant Queen how two portraits face each other in his study, Mary herself and Mary's brother-in-law, Charles IX, now King of France. The mute dialogue between his two royal patrons tails off badly, but the opening evocation of Mary is unforgettable in its elaboration of three superposed planes of imagery: first (as Brantôme and more than one portrait show her, in the simplicity of the full white mourning of royal widow), she whose exquisite face and slender hands were so often adorned by the jewels of which she was indeed a connoisseur; second, the setting of those gardens of Fontainebleau (which Ronsard indicates with so elegant a periphrasis), with the very movement of the white veil suggesting, in the third place, a galley in full sail. Finally, as Marcel Raymond has written in a marvellously perceptive page:

> Les images des jardins se rassemblent autour de la reine pour opposer aux formes en mouvement, entraînées dans une même fuite, l'immobilité des rochers et des pins, symbolisant les destins immuables, cependant que la présence de la durée est affirmée délicatement par la marche du soleil et le glissement insensible de l'Aube au Soir. Ainsi aucune dimension de l'espace et du temps ne manque à ce tableau de la fatalité de l'existence autour d'une reine en pleurs.

The fluidity of the run-on lines, which weaken the satirical passages of the *Discours*, are here the very instrument of a poetry at once lyric and descriptive, which for all its art is perhaps too *natural* to warrant any useful comparison with the contemporary Mannerism of Rosso and Nicolo dell'Abbate. It is at any rate an aspect of Ronsard as distinct from the Petrarchan inspiration as from the Classicism of the

*Odes* or the *Hymnes*,[1] for his long poetic career is perhaps, above all else, distinguished by its sheer variety. Before noting its final development in the late 'seventies and 'eighties, it is time to turn to the other members of the Pléiade.

VI

Of these, the greatest, the closest to Ronsard yet the most sharply distinguished from him, Du Bellay, was to die at thirty-eight within eleven years of the publication of the *Défense* and *L'Olive*. In the former he made himself the mouthpiece of the group, and the fifty sonnets of the original edition of the latter blazed a trail for Ronsard's *Cassandre*. None the less, it must be admitted that *L'Olive* derives far more directly from Italian models, and reflects with monotony the familiar Petrarchan themes – the lover's hesitations, the lady's coldness, her beauty, and his submission which is her triumph. Yet, for Du Bellay's typical melancholic intensity see such a sonnet as *Ores qu'en l'air le grand Dieu du Tonnerre* (p. 119), where Virgilian reminiscence comes to transform the facile contrast of the love-lorn poet (beneath the pale-leaved tree that bears his beloved's name) and the passionate fecundity and equinoctial violence of spring. What shows less clearly here than in the best sonnets from the additional sixty-five soon to be added (1550) is Du Bellay's love of patterned statement, as in the mysterious *S'il a dit vrai, sèche pour moi l'ombrage* (p. 120) or in the *Pâle est la mort* (p. 121) from a still further subsidiary collection. The later sonnets of *L'Olive* also mark an attempt to introduce the theme of jealousy – unsuccessful by its too obviously literary flavour; and also the expression of a Platonism deeply tinged by religion. We have already referred (above p. lvi) to the best example of this in the beautiful paraphrase of B. Daniello's *Se 'l viver nostro*.

The full originality of Du Bellay is, of course, best represented by the products of those four disappointing years in Rome which played so crucial a role in his life.

Of the four collections of poems he was on his return to publish within a single year, only one the, slightest of them – the *Jeux Rustiques* with the exquisite Navagero adaptations – could have been fore-

---

[1] See Marcel Raymond, *Quelques aspects de la poésie de Ronsard (Baroque et Renaissance Poétique.* 1955).

seen. Least of all, a volume of neo-Latin verse, for this was almost literary treason according to the canon of his own *Défense*. Yet these *poemata* contain in the *Descriptio Romae* the most direct testimony to the enthusiasm with which the poet first viewed the City itself, whereas the sonnet sequences, *Les Antiquités de Rome* and *Les Regrets*, are each in their way expressions of the disillusionment that was to follow.

The "ruins of Rome" (to use the title of Spenser's translation) are themselves for Du Bellay "her own sad sepulchre". Yet no individual building, no single feature of the scene (except the Tiber and the Seven Hills) is alluded to in any one of the thirty sonnets. The employment of some traditional comparison with all its accumulated associations to evoke the greatness of Rome, such is his method in several sonnets, never more signally than when he echoes one of the climactic passages of the Sixth Book of the Aeneid: where the shade of Anchises displays to his son the shapes of the future far-flung Roman *imperium* and likens the city founded by Romulus, to Cybele, mother of Gods and men, as she is carried in her car through the Phrygian cities (*Telle que dans son char la Bérécynthienne*, p. 123). What gives its characteristic flavour to the sonnet is partly the sustained cadences and the 'pointed' pattern which comes from effective if mannered repetitions: not merely the linking: *cette ville ancienne; Cette Ville qui fut* . . . nor in the *tercets*:

> Rome seule pouvait à Rome ressembler,
> Rome seule pouvait Rome faire trembler . . .

but also the still more emphatic repetitions (vv. 6–8) of *pouvoir* and *grandeur*. This eminently Latin trick of style is perhaps especially appropriate in the circumstances, and certainly heralds features to be found more often in Jodelle, and some other poets of the end of the century, such as Sponde.

Du Bellay, however, is as much concerned with Romans as with Rome – a race of supermen, now vanished. Not content with evoking, he also invokes – and from the first page – the spirits of the dead:

> Divins Esprits, dont la poudreuse cendre
> Gît sous le faix de tant de murs couverts . . .

More strikingly still in that other sonnet (XV) where the lament for ancient glories, the foreshortened vision of the triumph of Time, is given by the repeated objurgation of:

# Introduction

> Pâles Esprits ...
> Dites, Esprits ...
> Dites-moi donc ...

ɔ which the spectres of those who changed Rome's brick to marble nly reply to the sorcerer-poet with a ghostly sigh.

One achievement of Du Bellay's meditations on mutability is, no oubt, the avoidance of didacticism and allegory. It is to the latter – no oubt on the model of one of Petrarch's *canʒoni*, already translated by Iarot – that the poet turns unfortunately in his final *Songe* or Vision; ıough it should be added that the pictorial completeness of each lream' invites the addition of some wood-cut which would make it ɔmpletely emblematic. None the less, the *Songe* has an architectural ınction and in this, as in all else but the sonnet form, we may draw ıe contrast with *Les Regrets*.

This, the most celebrated sequence of all, constitutes an extension of ıe use of the sonnet. No doubt Du Bellay's own formula of *papiers* ɔurnaux, the informal, colloquial style, helps to define the general haracter of *Les Regrets*, but there are striking differences between the legiac nostalgia of half the *recueil* and the satirical vignettes in which ıe poet assumes the cloak of Berni and his Italian disciples whose Roman vogue was still at its height. The plaintive accent of the former ʒroup is not without its monotony. There is too much self-pity in these ccomplished appeals to his friends. Not so, however, in such a sonnet s *France, mère des arts, des armes et des lois*, where the rather trite mage of the wandered sheep is transformed by a noble, patriotic fer-our and a final note of dignified pride.

Still less does this apply to the well-known *Heureux qui comme Jlysse* (XXXI). In this, the greatest of all Du Bellay's sonnets, the ery essence of nostalgia – in its proper etymological sense – emerges Ill the more clearly in that a question and a sigh (*Quand reverrai-je, élas?*) are all that render explicit the poet's longing. The opening ɔmparison with Ulysses and Jason lends a faintly epic flavour to he poet's preference for his little provincial hamlet, compared to all the ʒrandeur of the Eternal City. Jason apart, there is not a single note in he sonnet to which we cannot find the longer counterpart in his own .atin poem *Patriae desiderium*. But to compare the relevant sixteen legiac couplets (*v.* p. 231) with the French sonnet is to learn much of

the nature of Du Bellay's art. Close as the very movement of th
phrases may be, there is here an 'attack', served or created once again b
the formal pattern of repetition, which the diffusion of the Lati
couplets is powerless to achieve. Pattern is even the key to the meanin
of the *air marin* of the last line, where the sea-voyages of olden heroe
evoked in the opening lines are contrasted with the balmier air c
Anjou, and the sonnet's end is firmly linked to its beginning.

The heart's desire to be home needs no reasoned motivation, it :
self-sufficient. The exile can be (in Baudelaire's phrase) *ridicule ma,
sublime*. But he is something less than that when like Du Bellay h
starts to comfort his thwarted ambition with scraps of proverbi
wisdom. Fortunately this is the path to the *ris sardonien*, which repre
sents the other side of *Les Regrets*. Despite his own use of the phras
it is amused irony rather than indignation, the pleasure of detached an
picturesque description rather than of denunciation, which recurs mos
often in these thumb-nail sketches of Roman life. Some of the mos
trenchant naturally concern the Papal Court itself, none more famou
than the description of the Conclave, the stench, the rumours:

> Et pour moins d'un écu dix cardinaux en vente.

There is more subtlety in the *Marcher d'un grave pas* . . . (p. 122), i
which Du Bellay satirizes the Italianized Frenchmen who frequent th
Curia, and have learnt from their Roman neighbours how to put
brave face on penury – but are lucky if they haven't caught the po
The cumulative technique – grave gait, grave frowns, grave smiles, th
hand-kissing, the scraps of Italian, the assumed air of knowledgeabl
French conquerors – this is the method of most of these satiric;
sonnets, whose scope covers also the stages of his journey homeward:
One of the most masterly (and the most wounding) is, no doubt, th
sonnet on Venice, capped by the sarcastic allusion to the famou
'marriage' with the sea.

The short career, that melancholic temperament which ill health an
disappointed hopes suffice to explain, the theme of 'exile' which find
expression in *L'Olive* as in *Les Regrets* and *Les Antiquités*, all thes
factors lend unity to Du Bellay's achievement, still more so, the sonne
form in which almost all his best work was cast.

# Introduction

The other members of the Pléiade owe no small measure of their surviving fame to the reflected glory of association with Ronsard and Du Bellay. There was a moment, however, when Rémy Belleau (1528–77), their younger University *condisciple* at the neighbouring Collège de Boncourt, must have seemed the more authentic representative of the revival of the pseudo-Anacreon with his collection of adaptations (1556). In reality, Belleau, like Ronsard, substitutes the *ode légère* for the epigrammatic charm of the Greek Anthology. It is nearly ten years later that he publishes what one must consider his most perfect example of this kind of lyric, *Avril*, where a dancing metre, imparted by the short lines in the stanza, gives an impression of spontaneous enrichment, where the sparingly used diminutives retain their charm, and where the eight times repeated invocation to April gives a 'bounce' on whose crest the remaining stanzas carry forward. Something of the spirit of the medieval *reverdie* is still here. Yet in the last analysis *Avril* shows Belleau's limitations as well as his charm and skill. His is essentially a pictorial, and, one might say, a decorative art, as is seen more fully in the long descriptive pieces of *Les Bergeries*, his adaptation of Sannazaro, from which *Avril* is taken. It is the same adjectival poetry which is admirably employed in his best-known sonnet, *Lune porte-flambeau*.

Indeed, it is this quality, as seen in some of Belleau's less wholly successful experiments, which may be more significant of one of the trends of French poetry at this time. The *petites hymnes de son invention* which accompanied the odes of Anacreon attempt to realize pictorially their *Papillon*, *Corail*, *Cerise*, or *Ver Luisant*, and in so doing only follow in Ronsard's footsteps (his *Fourmi* or his *Grenouille*). But Belleau is here clearly continuing the *Blason* tradition of an earlier generation, a cataloguing, or better, an enumerative poetry. Sometimes indeed, as when he takes a more abstract subject, as in *L'Heure* – that child of Father Time who kills pain, who brings home the woodman from the wood and the shepherd from the hill and may yet make Cassandre kind – we see a poetic vein that only needs further concision to approach the type of concettist description common in the next century. In general, however, these little *hymnes*, and still more the later descriptive *Echanges de Pierres Précieuses*, are examples of an encyclopaedic or 'scientific' verse which looks forward towards the least satisfactory side of a much more considerable poet, Du Bartas with whom Belleau shares a certain insensitivity of ear which made th Cardinal Du Perron speak of his *vers de pois pilés*.

Like Belleau, the early Baïf of *Les Amours de Méline* owed hi manner and his success to Ronsard. Yet in his case we have a man of much more original and intellectually vigorous turn of mind, a poe whose natural gifts and industry were too long devoted to several set of complete translations of the Psalms, to spelling reforms, and to th cultivation of *vers mesurés* on the Greco-Latin model – a vain task, t which the French language, with its absence of clearly defined short o long syllables, is quite unsuited. To do him justice, however, his pro posals were closely linked with the project of a revival of Ancien Music, and it is clear that, as set by musicians such as Mauduit, some o his experiments justify themselves on musical grounds. Indeed, Baïf' role in a whole programme of the ambitious Court entertainments from which the *ballet de cour* emerged, was as important after the con stitution of the Académie du Palais in 1570 as that of Ronsard himsel had been during the previous decade when he was responsible fo *mascarades* and *cartels*.[1]

It remains to consider briefly the meteoric career of the last poeticall significant figure of the Pléiade, Etienne Jodelle, whose *Cléopâtr Captive* and *Didon se sacrifiant* have always been recognized as the firs examples of French classical tragedy, but whose poems have been too often judged as harsh and unrefined improvisations. It is true tha Jodelle – like Marlowe, boastful, difficult, and irreligious – trusted too much in his own facility, but some of his best sonnets show his talen for the *tour de force*. We can see this, for example, in the *sonnet rapport* on the 'Triple Diana' (p. 131), where the three aspects of the same deity Moon, Huntress, and Queen of the Dead, are successfully interwove in a single complex syntactical pattern. The other sonnets printed her illustrate no less fully the violent sense accents, the unusual emphase and internal rhymes by means of which Jodelle seeks to render hi verse more expressive. It is indeed significant that, among the mino members of the Pléiade, it is for him that D'Aubigné, the greatest poe of the next generation, professes the highest admiration.

If, however, we want to measure the fantastic success of the Pléiade'

[1] For this institution and its immense importance, see Frances A. Yates, *Th French Academies of the 16th Century*, 1947.

ffort in general, and that of Ronsard in particular, we have but to turn
ur eyes to what Etienne Pasquier called a few years later *la grande
otte des poètes*, the whole flotilla whose launching was the direct result
f the initiative of the Pléiade, and whose verse, as Marcel Raymond
as shown, derives, especially in the sonnet and all lyrical forms, from
Ronsard.

Derivative as their work may often appear in its collected form, we can
nd again and again, among these dozens of minor figures, individual
oems which are as good and as original as anything the bigger men
an show. In an age when Frenchmen vied in the cult of their own
rovince – Anjou or Vendômois, Maine or Médoc, Béarn or Velay –
nis seems almost natural.

It is thus that Tahureau or La Boëtie, Grévin or Passerat, Magny,
a Péruse, or even far less known men like Jean Doublet, have all
roduced anthologizable pieces. But on the whole these are short
yrics or sonnets, written at a moment when Ronsard himself had
assed on to those other poetic tasks I have reviewed already. It is
hus that, in a sense, the vast new extension of the domain of poetry
vhich was the achievement of the Pléiade remained unconsolidated
erritory. As the shadows of the Religious Wars crept across the scene,
nere were those who, like the Ronsard of the *Discours*, rose to the
ccasion, and others in whom, like La Boëtie or Magny or Grévin, the
ense of doom or the prayer for reconciliation can be heard; but, on the
vhole, and indeed encouraged by the sudden lulls and false hopes of
eace, poets more often retreated farther within a world apart, the
vorld of the idyll and the love sonnet.

This phenomenon is seen in its most extreme form in the poet who
ppeared almost in a night to have displaced the still-living Ronsard in
opularity. There is no more complete success story in the annals of
terature than the rise of Philippe Desportes, the rich draper's son from
Chartres, who, recruited by chance as secretary on the Avignon bridge
y a bishop on his way to cross the Alps, came back from Italy with all
he Italian poets in his baggage, the future raw material for a career
vhich brought him a wealth and personal influence with the Great
vhich Ronsard never knew.

Desportes was a Court poet in the full sense of the term, perhaps
till more the poet of polite society. The Hôtel de Retz of which he was
pillar was already an Hôtel de Rambouillet *avant la lettre.* To quote

a neat eighteenth-century judgement: *il se conforma au système de
Cour et cacha son érudition sous une poésie purement frivole*. The san
source adds cuttingly: *Faire servir les Muses à négocier les amours d
grands, c'est exercer en vers un emploi qu'on n'a pas de peine à qualifier
prose*. Desportes was, however, a highly skilled craftsman. Some
his qualities appear clearly enough in the entertaining *Stances* (a
Italian strophic form which was then new) *contre une Nuit trop Clair*
The picture of the unfortunate lover who curses Moon and Moc
goddess as well as the consequent chattering crowds of passers-k
who won't go home until, alas! dawn is in the sky, all this is charm
ingly carried off. It is disappointing that it is mostly taken fror
Ariosto's Seventh Elegy. Turn, however, to the *Amours de Diane* (i
honour of one of the mistresses of the future Henri III) or to th
*Amours d'Hippolyte*, where the poet celebrates, on behalf of Buss
d'Amboise, the notorious Marguerite de Valois, the King's sister, ju
married to Henri of Navarre – *Noces sanglantes* if ever there wer
since the occasion provided the victims for the Saint Bartholomev
There we can see better how, for all the smoothness and the clarit
the metaphors have usually no colour. All tends to be coldly ingeniou
antithetical but monotonous. Yet a sonnet like *Autour des corps* has
mysterious, almost macabre, charm. The unhappy ghosts, widowed
their bodies, turn still around their mortal clay. And so does he.
would seem as if nothing could destroy the sheer musical qualities c
this octet. And yet the ingenuity of the sestet comes near to doing sc
fortunate are the ghosts compared to the respectful lover who mu
keep his distance. Petrarchism is here reduced to a form of preciosit
from which many Frenchmen seem unable to dissociate it any longe
and tears and sighs have already become the dead counters they s
often remain in the *poésie de salon* of the next century.

Desportes can, on occasion, show more picturesque qualities, as a
oddly titled *Epigramme* (p. 144) may show. Despite its rather faci
charm, this Invocation to Sleep to eliminate the obstacle between hin
self and *l'amoureuse Isabeau* reveals perhaps in its unvarying rhythn
something of the difference between the profound and unblushin
sensuality of Ronsard and the more frivolous discretion of Desporte
As he grew older, his liberties with syntax, with the proper meaning c
words, increased, and his entrenched position was to make him, thirt
years later, the main butt of that terrible *poète grammairien*, Malherb

‛hose thirty years are, however, highly significant in other ways. In ‛rance, the France of the bitter religious struggle which would end nly in the compromise of the *Edit de Nantes*, there is no sudden oetical mutation such as the English reader senses between the ‚eneration of Spenser and Sidney and that of John Donne and his ‛isciples – a mutation which itself has been recently called in question s perhaps being largely due to different levels of writing rather than a hange in type of imagination.[1] No doubt this is in part because in ‛rance the *prince des poètes* was still there as a presence through most of ‛his period. We have indeed yet to assess the final phase of Ronsard's ‛areer.

After two years of ill health spent away from Paris the poet returned ‛n that brief lull before the Saint Bartholomew to find that Desportes' ‛ove sonnets enjoyed a vogue greater even than that of his own ‛*assandre* nearly twenty years before. It was in this situation that he ‛acrificed himself to his own reputation and chose one of the Queen ‛‛other's young ladies in waiting, Hélène de Surgères, as the theme of ‛is muse. At first sight the hundred *Sonnets pour Hélène* of 1578 may ‛eem to betray a tiresome preciosity quite foreign to Ronsard. The poet ‛rinks from the *vase doré* from which Hélène has drunk and finds the ‛vater turns to fire. He sheds tears over her gift of oranges and lemons:

> Que je loge en mon sein
> Pour leur faire sentir combien je suis de braise.

‛uch poems as these bear the direct marks of a rivalry with a lesser man ‛o whom this *mièvrerie* came naturally. There are also those pieces ‛vhich recall Cassandre's world, where he plays with Hélène's name and ‛ll its associations, as he once had with that of Cassandre.

The poet's susceptible heart was, however, soon far more deeply ‛ngaged than he had ever imagined. The varied tension and the pathos ‛f his passion for a girl not half his age give to a strictly limited number ‛f these sonnets a totally new quality. Almost for the first time Ronsard ‛vokes (as occasionally Petrarch had) a precise moment, a scene which ‛rings the persons involved vividly before us. We have only to think of ‛uch an opening line as:

[1] See Rosamund Tuve, *Elizabethan and Metaphysical Imagery*.

> Te regardant assise auprès de ta cousine
> Belle comme une Aurore, et toi comme un Soleil . . .

a poem (see p. 111) which gives us an unforgettable, if wholly external picture of Hélène – *comme paresseuse et pleine de sommeil*, wrapped up in herself, with lowered head:

> Dédaignant un chacun d'un sourcil ramassé
> Comme une qui ne veut qu'on la cherche ou qu'on l'aime . . .

The whole is here not alas! without flaw, for the conventional *sole* comparison of the second line bears no relation to what follows. A more subtle and profound example is presented in:

> Vous me dites, Maîtresse, étant à la fenêtre,
> Regardant vers Montmartre et les champs d'alentour . . .

The place is that attic room in the Louvre (mentioned in another sonnet), looking north to what was then a spot famous for its convent. What follows has both pathos and irony as Hélène declares that:

> La solitaire vie et le désert séjour
> Valent mieux que la Cour, je voudrais bien y être . . .

while the poet warns her that:

> Sur les cloîtres sacrés la flamme on voit passer:
> Amour dans les déserts comme aux villes s'engendre.

Here both parts of a dialogue are reported: and yet with an underlying irony. The motive of Hélène's devout aspiration (however momentary) and Ronsard's warning imply, to say the least, a misunderstanding now recognized in the light of events (She: I should be rid of tiresome suitors; He: You might find you loved, after all).

Only three other sonnets of the 1578 edition seem to me to attain this level – the successful *mise en poésie* of difficult and complex personal relationships – and, though they appear consecutively in the second book, they illuminate three different aspects of his art:

> Laisse de Pharaon la Terre Egyptienne,
> Terre de servitude, et viens sur le Jourdain:
> Laisse-moi cette Cour et tout ce fard mondain,
> Ta Circé, ta Sirène et ta magicienne . . . (see p. 114)

he summons to quit the pomps of this world for an idyllic simplicity
unds here like a trumpet call when thus backed by the Biblical echoes
' the opening phrase, while the allusion to Circe and the Sirens in-
·lves the chief personages of one of the great *divertissements* linked
that momentous *Ballet comique de la Reine* which caught the
nagination of the last of the Valois, and started a new art form
stined to last a century before becoming the ancestor of the modern
llet.[1] *Demeure en ta maison . . ., Contente-toi de peu . . ., N'attends
int . . .* – these gnomic phrases of good counsel, as those which
llory the Court in the first tercet, have a plain, aphoristic firmness and
tack'. Yet all this pales before the magic close with its *Je serai ton
rphée, et toi mon Eurydice*. What, however, does Ronsard mean?
rpheus and Eurydice! Theirs is a sad, indeed a tragic story. The
ythical allusion bathes its theme, no doubt, in the colours of a land of
·art's desire, but on reflection surely the multiple associations which
·e poet wreathes round his *solitude à deux* deliberately suggest how
naginary he knows it all must remain. They will no longer act Circe
d the Sirens, but it will still be acting. His Eurydice will never be lost
✓ her poet, since she is never destined to be won. All is pure idyll –
naginary as perhaps the idyll is by definition.

For all its apparent difference, the following sonnet (II, 42) carries
me of the same implications. The lover's deceiving dream of finding
s mistress in his arms is a commonplace theme enough (and capable,
one knows, of the most tasteless elaboration). Here it is transformed.
part by the note of insomnia, soon to be intensified in the heart-
nding *Derniers Vers: Ces longues nuits d'hiver, Où le coq si tardif nous
:nonce le jour*, and by the bitter contrast between the real Hélène and
·r *mort* (her *simulacrum* or double):

> Vraie, tu es farouche et fière en cruauté,
> De toi, fausse, on jouit en toute privauté . . .
> Près ton mort je m'endors, près de lui je repose . . .

ut transformed also by the resigned yet ironical note of gratitude on
hich he ends. The acceptance of a situation without hope, half-
illingly, half-unwillingly, could hardly be bettered.

[1] See also p. 115, the sonnet *Le soir qu'Amour vous fit dans la salle descendre*,
1ich evokes another of these entertainments.

The plain facts which made that situation are in turn directly used in the third of these sonnets, the one everybody knows (*Quand vous serez bien vieille*). Its qualities are best discovered by entertaining for a moment the inept charge of personal vanity ("Who does he think he is anyway?"). How could this greybeard lover counter Hélène's disdain except by invoking (as so many poets had done with less reason) the fact of his poetry and the fame it has brought him? Yet how ironical that when she comes to realize her good fortune he will be a body in the earth, a pale ghost in some vague limbo, and she an old woman huddled over the hearth! And if he resists all temptation to indulge in self-pity — that is of himself as he will then be — for her there is an implicit trace of tenderness surely, in the unwillingness to stress the cruel picture — merciful reticence, more evident if we turn the page and read the lines in which Ronsard evokes the *chair si moisie* of an aged Grecian Helen before her mirror. Alone the inner distance offered by the classical comparison justifies the brutality of the picture.

The end of this sonnet, its *Carpe diem*, is it as facile, as not quite disinterested as Ronsard's readers have often thought, is it tinged with a wry resignation or simply with compassion? I still feel uncertain, and just for this reason this sonnet may well serve as the epitome of the *Sonnets pour Hélène*. Despite the profoundly original love poems which distinguish the collection, the predominant impression (to judge by 1578) is indeed one of a compromise, poised between a reversion to the respectful gallantry to which the Petrarchan tradition can so easily be reduced, and the development of a certain epigrammatic preciosity.

This, however, is not the whole story. Six years later, a few months before the poet's death, appeared a new edition of his works in which no less than thirty-four sonnets took their place in the series, all transferred from the *Amours Diverses*. Even supposing that they, all of them, had originally no connexion with Hélène de Surgères — which is difficult to admit — they would still testify to a decision to show a fuller and rather different picture of his passion for Hélène. Several are outstanding; in human interest as in poetic quality. Four are to be found here:

> Quoi! me donner congé de servir toute femme,
> Et mon ardeur éteindre au premier corps venu . . .
> Non, ce n'est pas aimer! . . . (p. 112).

Comment would only weaken the poet's indignant retort to a suggestion which would have been only too typical of Hélène, as we know her from other sources. Such a division of roles is in his eyes mere trickery. The rest of the admirable sonnet characterizes the signs of true love as *inquiétude, soufre et braise* – that inconvenient jealousy, so unlike the *flamme de cour* which is all she is capable of.

This new note of reality, of masculine impatience – of indignation rather than mere irony – is found again and again in these added sonnets, where Ronsard says plainly:

> Elle a de nos chansons et non de nous souci.

If the cap, no doubt, fits others than Hélène, it is surely she whom we have in the remarkable avowal sonnet (*Prenant congé de vous . . .*, p. 113). As so often, the 'attack' of the opening lines gives us the whole theme, and yet the rest adds new modulations. Here, the negative reasons for Hélène's love for him: neither his *savoir*, nor his age, nor that he is handsome. Irrationality of choice is proof of destiny.

From her avowal we may pass to his disavowal, as the realization of Hélène's deeper indifference follows. And with it a new and repeated self-irony. To this we owe the self-flagellation of the astonishing *Au milieu de la guerre, en un siècle sans foi* (p. 113), where the poet grapples with his violently conflicting emotions. The background is the fratricidal strife of the Religious Wars, *une Thébaïde*, as he says, with an allusion to the prototype of *frères ennemis*, Eteocles and Polynices. And his disavowal is not simply of Hélène, or of love, but of the Muses themselves. A good case won in the Palais de Justice will be worth more than all Helicon itself in terms of human satisfaction. Not less characteristic is the *désinvolture* of the *suite: Le juge m'a trompé*, where the vulgar consolation of wine assumes the nobility of dearly won terrestrial wisdom.

Evasion indeed takes still other forms in these added sonnets – the form of a burlesque rather than a precious fancifulness – as, for example, in *Cousin,*[1] *monstre à double aile, au mufle Elephantin* (akin to Donne's flea), or the type of nature upside-down, so beloved of the later Baroque and burlesque poets, suggested in the treatment of a winter sonnet:

---

[1] *Cousin* = Gnat.

Je voudrais voir d'Amour les deux ailes gelées,
Voir ces traits gelés duquels il me poussent,

though the *tercets* end with a tiresome hyperbolic compliment.

No account of these added sonnets would be complete without reference to one sonnet of a quite different kind in which *le grand rêve sensuel* of Raymond's phrase finds its final and most poignant illustration. *Vous triomphez de moi*, cries the poet, *et pour ce je vous donne Ce lierre* . . . In the lines which follow, this conventional emblem of clinging fidelity is transformed. First, in the weaving phrases which bring the action of its own entwining tendrils vividly to mind. Then, in direct comparison: *Je voudrais, comme il fait, et de nuit et de jour Me plier contre vous . . . enlacer votre belle colonne*. The image reaches a painful intensity in the frustrating evocation of a body shapely indeed but cold as marble – a discord which receives its resolution in the idyllic *tercets* which offer as the images of their love-as-it-might-be a series of imagined circumstances of which each is capable of a precise psychological connotation. *Dessous les rameaux*, in the setting of nature in which our love will be the most natural thing on earth; *Au matin ou l'Aurore* . . ., for it will be a new life; *En un Ciel bien tranquille*, all storms of passion past; *au caquet des oiseaux*, in a silence where bird-song can be heard; *Je vous puisse baiser à lèvres demi-closes, Et vous conte mon mal* (now over) *et de mes bras jumeaux Embrasser à souhait votr ivoire et vos roses*, not an icy statue but flesh, cool, smooth, and soft There is a Verlainian sensuality and tenderness in these final lines which adds yet another note to the richness of Ronsard's final *recueil d'amour*

It would be vain to ask if in the full collection of the *Sonnets pour Hélène* we have 'the whole truth', for to all poets all their passions – perhaps all their experiences – are in a certain sense mere pretexts for poems. But at least it is clear that the poet's genius and his temperament could never be reduced to the mask of a new Petrarch, for which role he foolishly cast himself in 1578. Human warmth and human pathos are to be found side by side with (on the one hand) a sense of compromise (*S'abuser en amour n'est pas mauvaise chose*) and either the gentle or the violent self-accusing irony of (respectively) *Quand vous serez bien vieille* and *Au milieu de la Guerre*. The distance of the half-pagan Ronsard from Petrarch is perhaps best measured when we recollect that the Florentine can – without trace of blasphemy – reproach him

elf in the *Rime* with having too long sought another face than the face
f Christ which, as he journeys, a pilgrim, to Rome, now haunts his
nagination. And yet it is hard to overestimate Ronsard's debt to
'etrarch. For all his intellectual ambition and his *inquiétude*, Ronsard
vas a sensual and, in many ways, simple and uncomplicated man. The
incture of Petrarchan idealization of love which we find in *Cassandre*,
nd which recurs indeed throughout his work, is a perfect demonstra-
ion of what a tradition of expression and behaviour could do for a
oet. But when we think of the Hélène poems which I have discussed,
heir range extended by these grim final sonnets where the dying poet
liscovers in himself a touching Christian piety, we must admit that the
nature Ronsard has, at his best, an almost Shakespearian force, a
ower to transmute the simplest utterance into poetry, whether he
ries:

> Mon Page, Dieu te gard', que fait notre Maïtresse? . . .
> Ça, brûle-moi la lettre, et pourtant ne me laisse . . .

r:

> Vous êtes déjà vieille, et je le suis aussi.
> Joignons notre vieillesse et l'accollons ensemble;

r more solemnly:

> Quoi, mon âme, dors-tu engourdie en ta masse?
> La trompette a sonné, . . .

There is none the less one quite un-Shakespearian quality which
Ronsard's work has as a whole, and even more so at his best. It is
lmost always a projection of his own *persona*. In this sense he was more
han ever that *prince des poètes*, whose death was marked in 1585 with an
lmost royal pomp; but when that essentially Renaissance *persona* took
n a quaint and dated aspect for another more convention-ridden age,
hen, as every French schoolboy knows, a strange, though gradual,
clipse was to follow.

## IX

Meantime, in the last twenty-five years of the century the heritage of
he Pléiade was more and more diversified. A poet like Jean de la
essée derives as much from Desportes as from Ronsard, though he
nay offer occasional experiments of his own. A more important figure,
Robert Garnier, whose tragedies, published between 1568 and 1583,

may all have been deprived by circumstances of any stage representation, has another kind of interest.

In him the Hellenism of the Pléiade finds (to my mind) its most complete expression, as one may see more particularly in the choruses of *La Troade* (p. 145) or of *Antigone*. How appropriate that the most moving tribute to Ronsard should be Garnier's most important detached lyrical poem, the long *Elégie* which ends in a sigh for the destiny of France tottering towards anarchy. More significant still is the figure of Du Bartas, who is only one of several quite remarkable Protestant poets – in particular D'Aubigné and Jean de Sponde – who were writing during these years.

The temptation to regard these three poets as in any sense a group must be strongly resisted. They have intrinsically far less in common than might be imagined, and still less in the manner in which their poetry impinged on their own contemporaries.

The first of them, Du Bartas, was almost as successful as Desportes (whom he otherwise resembled not at all), achieved a European fame to which Milton and Goethe paid tribute; and has, in France at least, for three centuries been regarded as largely unreadable. He himself introduces *La Semaine*, his epic of the Creation, with the observation: *La grandeur de mon sujet désire une diction magnifique, une phrase haut-levée, un vers qui marche d'un pas grave et plein de majesté, non effréné, lâche, efféminé, et qui coule lascivement ainsi un vaudeville ou une chansonnette amoureuse.* And this conception of the poet's task is also valid for his minor works. There are no *chansonnettes amoureuses* in his production. If Desportes represents the wave of a new Italianism, Du Bartas, proceeding from Ronsard's *Hymnes*, that is to say from a cosmological – and, as has been said, a scientific or encyclopaedic vein[1] – represents a heroic but essentially didactic continuation of the Pléiade.

The opening period of *La Semaine* (see p. 137), or the Invocation to Night which here follows, show his ability to achieve a certain large-scale oratory, with the naturally imaged style of his whole century. Du Bartas, whose *alexandrins* often conform to the commoner Renaissance line with only *two* strong accents, thereby produces an insistent galloping rhythm which, while effective in detached passages, becomes rapidly monotonous. The repetition, for example, of *jà, jà* or *loin, loin*, is simply a trick intended to sustain this slightly hysterical impetus:

[1] See Albert-Marie Schmidt, *La Poésie Scientifique au 16e Siècle*.

Introduction

erhaps just because Du Bartas was at bottom conscious of the flat,
urely descriptive nature of much of his matter. This defect is not un-
elated to other affectations which represent the abuse of some of the
erbal inventiveness more discreetly indulged in by the Pléiade. The
seudo-Greek epithets, such as *Apollon porte-jour, les champs-porte-fleurs,
eau traîne-limon*, have been singled out for ridicule. They sometimes
npart an element of admirable concision (as often do such neologisms
s: *Qui sceptre les Pasteurs et désceptre les Rois*), but multiplied appear
nly barbarous. Thus Du Bartas' intention, even when didactic, is to
e grandiose. Unfortunately this exposed him to inevitable bathos.
he *calçons* of Adam and Eve are justly famous. But even where this
oes not happen the noble idea is too frequently expressed in un-
istinguished terms.

Before the century was out a new code of poetic style, of noble style
vas being framed, though it had yet to gain currency. Since I first
uoted a few years ago Du Perron, that Protestant *transfuge* who
nded as a Cardinal, his remarks on poetic style have been often men-
ioned.[1] Several of them are quite specifically directed at Du Bartas.
)ne may call the sun *le roi des lumières* but not *le duc des chandelles*, the
vinds *les courriers d'Eole* but not *les postillons d'Eole* (compare p. 137,
, 4). The parodic intention is clear, but Du Perron's observation is
ounded on the strange general proposition that metaphors should
lways involve comparing the particular to the more general, and never
he reverse: "*on peut bien dire* les flammes de l'amour, *mais non pas* les
isons, le falot, le mêche de l'amour". In fact, all metaphorical language
s to be looked upon with suspicion, and in particular *les traits ou
ointes sont comme des pierres rondes dans un bâtiment qui ne se peuvent
amais bien agencer.*

This is the kind of demand which was to lead to the establishment of
special poetic vocabulary and a literary purism which was the direct
lisavowal of the verbal vigour which is the general virtue of all
Renaissance writing. Du Perron's own verse, effective as it can be
cf. p. 173), illustrates his tenets, and it is not surprising to learn that it
vas he who in 1605 obtained Henry IV's official recognition for
Malherbe. The remarks on the *concetto*, in particular, highlight Du
)erron's curious relationship to the second Protestant poet to be

[1] Jean de Sponde, *Poésies* (ed. Cailler), pp. 149–50. Du Perron's remarks are
o be found in the *Perroniana* (1667).

discussed, namely Jean de Sponde, for the odd reason that the future Cardinal seems to have been the man responsible for the latter's ill-timed conversion to Catholicism, which brought in its train consequences fatal to his life and relevant to the oblivion into which he fell as a writer. Unlike Du Bartas, neither Sponde nor D'Aubigné enjoyed a reputation as poets during their life-time. *Les Tragiques*, though begun five years only after the Saint Bartholomew, did not appear until 1616, when D'Aubigné was a man of sixty-four. Appearing anonymously too, and in Geneva, this great poem of the Religious Wars went almost unnoticed.

The case of Sponde is still stranger. His best verses, the impressive *Stances et Sonnets de la Mort*, were (as we now know) published in 1588 by the poet himself in the *Essai de Poèmes Chrétiens*, which forms the epilogue to the poetical prose of his *Méditations* on four Psalms dedicated to Henry of Navarre. That wonderful prose, though not without its Pascalian passages, is, above all, informed by what is the key-note of Huguenot religious fervour (as of most radical Christian minorities), a self-identification with the image of Israel as it appears throughout the Old Testament, of the Chosen People assailed by idolators from without, and from within by their own failings, and thus according to their deserts lifted up or cast down by Jehovah. Five years later the author (who had in the meantime urged in a pamphlet that Henry, now King of France, should never change his Church) followed the example of his royal master when the moment came for Paris to be worth a Mass. It is understandable that, with such a record, less inconstant Protestants, like D'Aubigné, found it impossible to forgive him. It may well have been to Sponde that Henry himself made his ironic *mot* to the new convert met *au sortir de la Messe*: "*Oui, on sait que vous avez toujours quelque Couronne à gagner.*" At any rate, in 159. at the age of thirty-eight Sponde died in some disgrace. His *Méditations* must thus have been equally unacceptable to Catholic and to Protestant readers, to the former for the whole spirit of the book, to the latter for the subsequent 'apostasy' of the author. Only two copies survive today, and the book was for long thought to have totally disappeared.

However, before the century closed some of his Catholic friends chief among them a second-rate poet, Laugier de Porchères, rescued from his papers a short, possibly juvenile, sonnet sequence and some highly artificial *pièces de circonstance*. To these were added the *Stances et Sonnets de la Mort* from his earlier volume. With one exception (suppressed by Porchères), the poems, unlike the prose *Méditations*, might just as well have been written by a Catholic. Indeed, the *Sonnets* are religious in spirit rather than explicitly devotional. Sponde thus appeared as the principal figure in what was the first example of a new type of *recueil*, much in favour during the first half of the seventeenth century. His poems were repeatedly reprinted, but thereafter came to represent *le genre d'écrire de la fin de l'autre siècle et de l'entrée de celui-ci*, prior to Malherbe and characterized by *pointes d'esprit*, *antithèses*, and *contre-batteries de mots* (Guillaume Colletet, 1658). From Colletet down to our own time and my own exhumation,[1] his very name seems to have been almost totally forgotten.

Imaged, spontaneous even when complicated, Sponde's poetry is indeed very much *de l'autre siècle*, and if Du Perron's imperatives foreshadow the age of Malherbe, Sponde must have been still a poetical heretic in the Cardinal's eyes even when *le grand convertisseur* had finished with him, theologically speaking. There is a more fundamental trait behind these characteristics mentioned by Colletet, namely a dramatic, spoken argumentativeness or intellectual energy, which in turn tends to produce as its natural result *concetti*, play on words, and the like. Take the sonnet from *Les Amours* on the *lesser* pleasure of merely writing to one's beloved (*Mon Dieu que je voudrais que ma main fût oisive*, p. 183). Here, with hardly a trace of metaphorical elaboration, without comparison, without studied antithesis, the poem makes its effect merely by suggesting (paradoxically enough, since the theme is about letter-writing) the spoken word at its most direct – and, one might add, with a manly, a noble simplicity. This sequence, unlike the mass of Renaissance love-sonnets, is concerned with the constancy in absence of a shared affection, and thus lends itself to impassioned reasoning, to bold *enjambement*, to unusual *coupes*, to elliptical questions, to the bold *concetto*:

> Je suis cet Actéon de mes chiens déchiré,

to the half-ironic play on words (*Si j'empire du tout ou bien si je respire*). All of these are indeed to be seen in the first sonnet printed here,

[1] Originally undertaken in the pages of the *Criterion* 1930 (*Then Malherbe Came*) and nine years later in *Mesures*.

which is unfortunately weakened by its conventional opening and
facile ending. All are still better shown in the wonderful variety-in
unity of the twelve *Sonnets de la Mort*, where the analogies with the
slightly later Donne and the English metaphysical poets are evident

The contrast throughout tends to lie between the poet himself (for
whom the thought of death is not just an obsession but a duty) and the
worldly who live in forgetfulness of all but the here and now. This
theme is not necessarily Christian, it is also Stoical or even more
particularly Senecan. Yet often a definitely Christian turn has been
given to many of these sonnets.

Thus in the first, the very *oubli de la mort* proves our recognition of
our own immortality. The paradox is worked out by showing how indissolubly bound together life and death are – how much death is in the
midst of the living, whose bodies are dying year by year, who hoard
dead men's money and live in dead men's houses. The full effect of the
octet is felt only when it is realized that these images are wholly literal
not metaphorical. The sonnet also illustrates the ironic function which
repeated words – the *contre-batteries de mots* of Colletet – often possess
an irony which helps to indicate the emotional vibration which accom-
panies the paradoxical argument.

The second sonnet, on the other hand, is a lament for the inevitable
annihilation of what a series of metaphors define as the very essence of
life – more precious because precarious, since our threatened happiness
must be felt as mere temporary respite. The rapid accumulation of
images – the wilting flower, bursting bubble, guttering candle, fading
pigment, rollers breaking at last on the shore – is more telling because
each is given in an elliptical and unexplained way. Even more so in the
sestet, where the images of distant storm, suspended danger – snow,
flood, beasts of prey – appear as the limit where metaphor turns to
symbol; while the final repetition of the opening *Mais si faut-il mourir*
adds a formal element to this meditation on mutability.

In *Hélas contez vos jours* the same economy of language, the same
urgency imported by run-on lines reappear, while the whole dramatic
psychology of conquest and defeat, not merely the pride of the
victorious and the pathos of the vanquished, but the humiliating
adulation of the former by the latter, are suggested in two packed lines

The sixth sonnet shows with particular clarity the transformation of
a Stoical theme into a Christian one. The first verses seem to echo the

pening sentence of Seneca's treatise on the Brevity of Life – only to
evelop into a cry of longing for the Heavenly City:

> Beaux séjours, loin de l'œil, près de l'entendement,
> Au prix de qui ce Temps ne monte qu'un moment,
> Au prix de qui le jour n'est qu'un ombrage sombre,
> Vous êtes mon désir . . . [1]

None of these sonnets, however, is richer or more revealing than
*Qui sont, qui sont ceux-là* (No. 9), with its repeated, elliptical questions,
ts run-on lines, its heaping-up of various images which organize
hemselves around two ideas of the social hierarchy: as a kind of para-
itical chain, and as an opposition of appearance and reality, of which
lay-acting is the paradigm. Society in general and the Court in
articular display these traits. There the road to success is to study the
ole of flattering the flatterers, just as one may ask whether a *seigneur* is
nything but the servant of a greater *seigneur*. Thus, both ideas meet in
. futile, self-duplicating *jeu de miroirs*, further defined as defeating its
wn object – tacking one's vessel so skilfully *qu'on s'éloigne du port*, or
nore absolutely, in an illusory victory over Heaven which (by defini-
ion) cannot be overcome.

Apart from the ingenious nautical allusion to tacking, none of these
mages taken singly is perhaps startlingly novel, but their accumulation
ias this effect. And it is more on the basis of logical analogy than of a
nental picture that these images work. This is one of the ways in
vhich Sponde sometimes seems akin to Donne, excepting that the
Lnglish poet is perhaps apt to begin each poem or each stanza with an
mage so surprising that (as in the case of the Compasses) he has to
pend the rest of the poem justifying his jumping-off place. In any case,
t is this logical analogy, instead of a *perceptual* one, which may serve to
lefine at least one whole category of *concetti*.

There is a final point about the sonnet under discussion. Even here,
vhere in the precipitate close the poet reminds us he shares the predica-
nent of those he condemns – as in the contrasted *vous* and *moi* of the
ixth sonnet – we may feel a faint tinge of self-righteousness. The
ibsence of this from the two others printed here, their more personal
ind anguished note, leads on to the *Stances*. Thus, in *Mais si mon*

[1] Compare above, p. 120, Du Bellay's *Si notre vie n'est moins qu'une journée.*
n Sponde, Eternal Life takes the place of the Platonic Idea of Beauty.

*faible corps* (No. 10) the objurgation is to his own soul to watch and let the body sleep, while in the following *Et quel bien de la Mort?* the Christian notion of death as the gateway to Eternal Life is coupled with the horror of rotting flesh. This is very different from the late medieval obsession of a Villon. It is the wrenching apart of a natural whole which constitutes the tragic quality of Death:

> A quoi ces nœuds si beaux que le Trépas délie?

This refusal to depreciate our bodily life adds to the ironic quality of the final allusion to Enoch and Elijah – two who 'went up to heaven'. The verbal economy of this allusion – as elsewhere to Acteon – may serve as an illustration of the other category of *concetti*, where once again something beyond the perceptual plane – here knowledge of the Bible, there knowledge of Classical Mythology – constitutes the necessary link between 'vehicle' and 'tenor', thus also showing how much the *pointe d'esprit* or conceit may be regarded simply as a highly condensed form of those elaborated and extended metaphors which constitute the poetical language of the Renaissance. The new development makes, for this reason, a demand on the intelligence of the reader, felt by a later generation as somehow incompatible with emotive force. One may appropriately quote Dryden's famous judgement on Donne: who "affects the metaphysics . . . in his amorous verses where Nature only should reign: and perplexes the fair sex with nice speculations of philosophy". The more so, since Sponde is best described as a 'metaphysical poet'. Indeed, as has just been shown, he is much more fully so than a Maurice Scève, because, as with Donne, his vivid use of speech rhythms imparts the glow which fuses the disparate and occasionally abstruse elements of his poetry.

Sponde has, however, a further significance in this connexion. The literary education, and more particularly the training in rhetoric, which constituted the essential background of every Renaissance poet have recently received some long-overdue attention. In particular, it has been claimed by Rosamund Tuve in a much-quoted study[1] that the minor revolution in rhetoric, which was advocated by Ramus and implemented more widely perhaps in England and Germany than in France, is in part responsible for the change between poetry of the generation of Spenser and that of Donne. She sees, in Ramus's re

[1] *Elizabethan and Metaphysical Imagery*, 1947.

ranged study of *figures*, a tough, intellectual strand and the taste for
paradox which is so marked a feature of the English Metaphysicals.
The evidence there is not wholly conclusive, but one of the facts we
certainly know about Jean de Sponde's education is that he was taught
by an enthusiastic Ramist schoolmaster. Moreover, both his Latin
preface to an edition of Hesiod and his *Méditations* markedly display a
related trend of the closing century which is not peculiar to France.
This is the 'curt style' deliberately cultivated, in Latin as in the vernacular, by the increasing number of writers who reacted against the
Renaissance adulation of the orotundities of Cicero. Humanists like
Muret[1] and Lipsius, prose writers like Montaigne, Bacon, and Que-
vedo, poets like Chapman and Sponde, illustrate this "Senecan amble",
for the Seneca of the Epistles is the most important of the Ancient
Models – the Seneca who wrote in an intimate, pithy, reflective style.
As has been shown,[2] there is a certain logic which unites its various
features. Concision, the ellipse, the metaphor, the antithetical contrast
are all ways of expressing ideas. Linking conjunctions and transitions
can be omitted. The ornaments of such a style – deliberately expres-
sionist and modern – are necessarily *sententiae, acumina, pointes
d'esprit*, while an abundant use of the parenthesis conserves an illusion
of facility and spontaneity.

One has to turn, however, to Sponde's *Méditations* to realize that at
least as important in his case as this Anti-Ciceronianism is the Bible, not
only its concrete imagery but also the short co-ordinate sentence
structure which is so typical of the Hebrew poetry of the Psalms. In
verse such imagery can be clearly seen in the most ambitious of all
these poems on death, the *Stances de la Mort*, where expressions such
as *bouclier de verre* and *bras de roseau* or *un Aquilon de peine* are one of
its more pronounced forms.

This poem presents the dilemma of the Christian in its most
dramatic form and presents it as the personal experience of a man
young in years yet aged by hardship. If death is the necessary passage to

---

[1] Among Muret's poet-pupils note Jean Grévin and the La Taille brothers.
All three turn to Protestantism. In Grévin the Senecan influence is not absent.
[2] See George Williamson, *The Senecan Amble*, or the articles of Morris W.
Croll. Also my own Sponde, *Méditations*, Introduction, pp. cxxxiii–cxlvii; and
for an assessment of the influence of the Court of Navarre, E. Droz, *Jacques de
Constans* (1962) pp. 49 *et seq.*

Eternal Life, one must learn to desire death. The opening, with i
natural symbolism of light and darkness, day and night, life and death
suggests in striking form that there is more than one light or one lif
and that to shroud our human eyes in darkness is to help them to see
new light. What gives psychological depth to this poem is the way i
which the continuing inner struggle is conveyed:

> Mais je sens dedans moi quelque chose qui gronde,
> Qui fait contre le Ciel le partisan du Monde . . .

If Mind and Body hence find themselves at war, the poet is n
natural ascetic. He knows that the body *est en son règne, et l'autre e
étranger*. Nevertheless, it is an inevitable illusion of the body that th
World which reflects the beauty of its Maker should be regarded by th
body both as self-sufficient and as *perfected* for its own particular us
The poem thus becomes an impassioned Summons to the Min
(Sponde uses *Esprit* not *Ame* throughout) to seek God's aid in th
realization of its destiny. The theme is almost banal in what may seem
too facile antithesis – which indeed provides far too neat an ending
but in fact reveals at once this poet's strength and his weakness. H
impassioned paradoxes – again like those of Donne – are too much
mental habit not to seem occasionally mechanical, yet how often o
reflection they must be recognized as successful attempts to lay hold o
new and exciting aspects of old Truth. Thus, of the necessary extinctio
of the natural light of our minds as a way to Heaven, he writes:

> Hé! que tâtonnes-tu dans cette obscurité,
> Où ta clarté, du vent de Dieu même allumée,
> Ne pousse que les flots d'une épaisse fumée,
> Et contraint à la mort son immortalité?

It may be said that Jean de Sponde is, in the last analysis, significar
as a subtle, complex, and highly intelligent personality who display
some of the new horizons of poetry in those years of anguish at th
close of the Renaissance. His poetic production remains a mere torso
but for this very reason more homogeneous, easier to view as a whol
than the achievement of the third and greatest of these Protestant poet
Agrippa d'Aubigné.

Thanks to Sainte Beuve, nineteenth-century France came to see *Les Tragiques* as, for all its inequalities, the greatest single poem of the Renaissance. For us today D'Aubigné is no less the author of what is perhaps the most personal love poetry of the whole century, the sonnets of *L'Hécatombe à Diane* and the stanzaic poems of *Le Prin-mps*,[1] written before he was twenty-five. Many of the sonnets, no doubt, still echo Ronsard and follow in the general Petrarchan mode, but one has only to read the first, with the explosive sweep of its opening and the patterned repetition of its close, to sense already the timbre of D'Aubigné's own voice. And, as one reads on, the words *la guerre, la guerre civile . . ., Bien que la guerre . . ., Je vis un jour un soldat terrassé, Blessé à mort . . .* remind us of the grim reality of more than one campaign which the young Agrippa had already experienced before ever he came to the Château de Talcy or met Cassandre Salviati's beautiful niece. In what proved the false lull before the Saint Bartholomew, fortune seemed for some months to smile on this idyll, but Talcy himself was too ambitious to favour a Huguenot suitor, though courageous enough to hide him when in danger, and Diane had not the force of character to resist her father. There is, of course, no necessary æsthetic virtue in the expression of a *grande passion vécue*. Indeed, it may lend itself less easily to any adequate transmutation into poetic gold. Here at least it cannot be ignored. The fantastic race twenty-two leagues across La Beauce with half a dozen wounds in his body to die, as he thought, in the arms of Diane, the fever that shakes the very bed he lies in, the lurid daylight through the curtained window that hurts the eyes and merges in his delirium with the figure of Diane, this is the stuff of which the most striking of these poems are made. If, in the agony of his loss, he can, like Donne, imagine his avenging ghost at Diane's pillow, it is to add in the epilogue to the same piece:

> O Dieux, n'arrachez point la pitié de mon âme,
> D'une oublieuse mort n'ôtez mon amitié,
> Que je brûle plutôt à jamais en ma flamme,
> Sans espoir de secours, sans aide, sans pitié . . .

[1] See Marcel Raymond's essay in *Génies de France*. These pages originally appeared in 1935 (*Mélanges Lefranc*).

Vengez tout le forfait de Diane sur moi!
J'aime mieux habiter en enfer et me taire,
Brûler, souffrir, changer, ou vivre pour lui plaire.

In some of these outpourings there is perhaps too much self-pity
too much melodrama. It is certainly true that *L'Hermitage de D'Aubigné* (p. 147), the opening poem, which conveys the same burning
despair in a more indirect way, is the most startling and most successful
of them all. The hermitage theme is a mere peg, but it reminds us how
useful an allegorical framework can still be, and how necessary to some
poetry an element of 'impersonation'. Thus the 'hermit' who has for-
sworn the world of love and said, "grief be thou my joy, death be thou
my life", provides a dramatic schema to which the poet gives an
astonishing intensity by a type of construction which is already wholly
characteristic of much of *Les Tragiques*. This type of stanzaic poem
had then only just made its appearance in France, but the sweeping
organization of the opening verses is masterly. Notice also the series
of limbs disavowed because they betrayed the poet's heart: *les yeux qui
premier l'ont connue . . ., le pied qui fit les premières approches . . ., tu
n'auras plus de gants . . .* Or again the list of demonic temptations.
This litany effect, as it might be called, is singularly compelling and
wholly typical. The macabre picture of his 'life', Diane set among
dead men's bones, the will to create a world of sadistic cruelty, to put a
spell upon nature which changes the normal values of the natural scene
– not fruitful autumn but withering leaves and branches or scorched
grasses – these features give an extraordinary power to the poem,
though it is often on the verge of ranting. Nothing could be farther
than this violent expressionism from the world of the Pléiade.

We may thus find surprising the contrast with *Les Tragiques*, which
the poet himself suggests:

On n'y lit que fureur, que massacre, que rage,
Qu'horreur, malheur, poison, trahison et carnage,

for this is already the language of much of *Le Printemps*. Yet that
language has now, only three or four years later, received the sanction
of a wholly different purpose, indeed of a mission to vindicate the ways
of God and to record injustice and oppression:

> Tu m'a donné la voix . . .
> Je chanterai ton los et ta force . . .
> . . . je ferai tes merveilles,
> Ta défense et tes coups retentir aux oreilles
> Des Princes de la Terre, et si[1] le peuple bas
> Saura par moi comment les tyrans tu abats.

he seven *chants* of this poem of testimony achieve a strange combina-
on of epic narrative and satiric invective which has never been
qualled in France except by Hugo in *Les Châtiments*. One must at
nce add, however, that D'Aubigné possessed a depth of conviction in
hich there is no *cabotinage* and that his subject is often nearer to *La
in de Satan* or *Dieu* than to Hugo's political attacks on Napoléon le
etit. It would be idle to deny that there is a sectarian strain in parts of
es *Tragiques*, but given the subject and the author's circumstances, it
more surprising there should be so little. Consider briefly *Misères*,
e first and perhaps the most wholly successful of the cantos.

The mother torn to pieces by the twins she suckles, the deformed
ant, the ship sinking while a divided crew fight it out (all here
mitted), these much quoted comparisons set the central theme of the
oem's opening better than an obscure allusion to Rome. But their
aboration, even if it has the conventional epic ring, is not fully
aracteristic of D'Aubigné. The accumulated detail of the picture
hich follows of a whole society in disorder, *un monde à l'envers*, from
e immature Valois kinglets to the panic-stricken townsfolk and
artyred peasantry is far more so, contrast sharpening each detail.
Vhen military authority takes over from civil power it is to sack, not
overnment, that cities are subjected. It is the hand that begged
hich now stretches out to dispatch the citizen whose wife and
aughter have been raped before his eyes, it is the criminal who judges
id executes the judge. Though the poet knew his Lucan (and is not
ntouched by the Senecan current we have mentioned), it would be
adequate to speak merely of oxymoron or antithesis – a mere conven-
on or trick of rhetorical style. It is an antithetical, or perhaps better an
ntinomian, vision of the universe which impregnates his mind, and is
art and parcel of the radical Christian (and Hebraic) tradition to which
e belongs. It is not just that the Earth is destined to the end of time to

---

[1] *si* = even.

be the place of the Eternal Struggle of good and evil, or that man's fir
duty is to assure the triumph of Truth and the partial re-establishmen
of Justice (for their complete assertion one must await that last day o
whose evocation the poem ends). There is also the eternal oppositio
of the powerful and the humble, of princes and people, the reversal o
roles which is (since the Hebrew prophets) one of the lessons of histor
It is a tradition which provides not merely a moral or religious but
cogent political doctrine. And this is perhaps why D'Aubigné
indignation (unlike Ronsard's) can produce again and again the burr
ing phrase, the unforgettable single verse, occasionally weakened by
degree of repetition which looks like a failure to opt between alternativ
elaborations of the text.

His sheer narrative qualities are illustrated by the terrible person
memory of that scene of peasant suffering at the hands of mercenarie
which crowns the whole initial picture of *Misères*.

So far D'Aubigné confronts his readers with the facts. It is still rath
facts than causes which dominate the diptych showing the *entré
royales* of the old kings of the true tradition and those of the moder
tyrant. The whole passage culminates in an appeal to Henry o
Navarre, written when he was still in the poet's mind the hero – or
might say the David (God's chosen despite his sins) – of the fratricid
struggle. It illustrates too the sort of extended parallelism of whic
D'Aubigné so often makes effective use – here geared to the metapho
of the healthy, milk-filled breast and the haggard corpse which popul;
belief expected to bleed again in the presence of its murderer: met;
phors which, in one form or another, underlie much of *Misères*. Th
other form of 'litanic' repetition gives shape and intensity to a
exordium in which France's state is presented as a divine punishmer
for pride, superstition, and vice.

Responsible in D'Aubigné's eyes is, of course, primarily 'Jezebel
Catherine de Médicis, prime example of the 'monstrous regiment o
women', seconded by the Cardinal de Lorraine, whose ghostly imag
haunted her death-bed, as Henry himself testified. It is irrelevant th;
modern historians like Lucien Romier can show how the first – an
even, till his brother's death, the second – were moderate seekers afte
compromise. *Le rouge cardinal* is the man who insisted on making a
example of the petitioners of Amboise. The poet saw with his own ey
those gory heads when he was nine (and ever afterwards in his min

ked with his father's adjuration to avenge them). So too Catherine,
*andière d'Enfer*, is the instigator of the monstrous treachery of the
int Bartholomew – from which he himself escaped by the sort of
cident which increased his sense of what God had spared him to
cord unsparingly.

The final contrast of *Misères* is, however, between the sacrilegious
ims of Papal supremacy (*Je dispense, dit-il, du droit contre le droit*)
d the desert conventicles of persecuted Huguenots (with their cry:
ow long, O Lord, how long?'). This *prière des fidèles* assumes what
by rhythm though not by rhyme, a stanzaic form echoing the
guage and the very sentiments of the psalms:

> Frappe du Ciel Babel: les cornes de son front
> Défigurent la Terre et lui ôtent son rond.

e hyperbole of a lop-sided globe closes *Misères* on the kind of
age which was too bold for the best anthologists of the nineteenth
ntury.[1]

Not all of *Les Tragiques* is written on this frenzied, apocalyptic note.
e pass on to the invective of *Princes*, to the allegory of *La Chambre
orée*, and through *Feux* and *Fers* eventually back to the poet's evoca-
n of the Resurrection and Last Judgement. It is thus difficult to
fine the character of the whole. What sense is to be attributed to the
neral title? The vast catastrophe is, no doubt, proposed to us as
agic' in that it provokes pity at the spectacle of innocent misery,
rror at the depths of human wickedness. It invites us, in the often
onotonous martyrology of *Feux* and *Fers*, to admire heroism in the
ce of persecution. Yet it has too Biblical an outlook to have any real
ro; or to have that nuance of the tragic which comes from the con-
ct of the human and the super-human. The wicked and the good –
e decadent Valois and their victims with their prototypes from other
es – are all, in the last analysis, the mere instruments of Divine Pur-
se:

> Dieu sur eux et par eux déploya son courroux,
> N'ayant autres bourreaux de nous-mêmes que nous.

his is just why *Les Tragiques* is so emphatically not what one
merican critic has termed it – 'propaganda'. "Vengeance is mine,

[1] See *Les Poètes Français* (1861), in which Sainte-Beuve, Baudelaire, and
nville collaborated.

saith the Lord", even if men must usually be his instruments – which
why the occasional instrumental action of natural forces like the el
ments can be evoked with more effect. Of the danger that the host
reader might regard his poem as a polemical broadside, D'Aubig
showed himself aware in the first lines of his preface. It was clearly o
reason why he waited all those years until these pages – *vers avortés* 
*milieu des armées* – could not reasonably be taken as anything less th
the final testimony of a historian who has turned back from h
historical task – *pour émouvoir* indeed, since this is poetry's part.

D'Aubigné as a satirist has recalled Juvenal. More usefully we ma
contrast him with Du Bellay, who indeed brought something of th
Latin satiric tradition into *Les Regrets*, for he reveals, in fact, how i
evitable is the shift from satire to invective as soon as irony and unde
statement are lacking. Indeed, it occurs whenever the necessary fictio
of the satirist's detachment disappears. Fiction, of course, it is, since
'tragic satirist' means anything, it is the underlying savage gravity
the satirist's moral convictions. None the less, it is our sardon
laughter which he invites at the grotesqueness of the flatterers, pimp
hypocrites – the whole gallery of vices of the Valois Court, as he saw

If 'wit' involves a double vision, an ability to be both deadly serio
and lightly detached simultaneously or by rapid turns, it is a quali
not so much outside his temperament (it is part of the parodic extrav
ganza of *Le Baron de Fœneste*) but foreign to his whole intention in *L
Tragiques* – which is perhaps one reason why the 'Baroque' label fi
him so ill. Yet there is no doubt that his passion for antithesis suggeste
often irresistibly, to his mind that contrast of appearance and reali
which so well serves satirical ends. As part of that satire we must als
see the 'masque of vices' – or so we might call it – which forms th
core of *La Chambre Dorée*. For the English reader the useful terms 
comparison might well be the almost medieval Fourth Canto of th
*Faerie Queen* and, on the other hand, a famous scene from Marlowe
*Faustus*. D'Aubigné's vices – not in the dock but on the bench – a
then recognized (in contradistinction to Spenser's) as rendered in
full-blooded description where one sees Folly's ruff and that swellin
vein on Cruelty's countenance, but without the 'modern' wit of th
brief quips with which Mephistopheles conjures up the Cardinal Si
for his new-found master's delectation. D'Aubigné does better with 
ten-foot lash than with an elegant riding crop.

# Introduction

Rereading his own work in later years, the poet was conscious of
hat then seemed to him the archaic character of *Les Tragiques*. Late
oems like *L'Hiver* or *Prière du Soir* (pp. 171) have a subtle economy
hich is too often forgotten. The *Prière* with its final plea, at once
omely and sublime – the bed of the righteous, God's lap their pillow,
is angels its curtains, His face its tester or *ciel* – recalls a typical
metaphysical' image of George Herbert. Yet, while Herbert's 'ebony
ox'[1] or his 'pulley' are the very quintessence of a personal religion,
e background of D'Aubigné's prayer is, throughout its five brief
anzas, the *troupeau*, the *bande des fidèles*, surrounded by the dangers
' war and persecution. The 'metaphysical' style is, then, quite cer-
inly one of D'Aubigné's modes of expression. Whether, on the
her hand, it is illuminating to speak of the violent emotionalism of
uch of *Les Printemps* and of *Les Tragiques* as Baroque is extremely
oubtful. If we must have a label for this intense, personal expression-
m, the term 'Mannerism', as the art historian uses it of D'Aubigné's
ontemporaries, Tintoretto or El Greco, would seem more suitable.

The worst disservice of such discussions of the poet is perhaps the
ant which they have tended to give to interpretations of *Jugement*,
at culmination which we must briefly consider here.

The prophetic vision of the end of the world is part and parcel of the
aditional Christian scheme of things. It defines apocalyptic literature
d art from the Book of Relevation to the sculptured *tympani* of the
edieval cathedrals and Thomas of Celano's *Dies Irae*. Or, if you will,
own to Victor Hugo's *Trompette du Jugement*. It is doubtful, there-
re, whether it is legitimate to speak of the Day of Judgement as a
aroque theme'. Moreoever, although cosmic disintegration and final
dgement are (or were) awe-inspiring thoughts, attitudes towards
em can vary more than one might imagine. 'Supernatural terror' is
r from being the only, or indeed the dominant, emotion involved.
1 fact, the first point that should strike the reader about D'Aubigné's
eatment, compared to the extravagant symbolism of the Book of
evelation, is its coherence and sanity. In the architecture of the whole
ook its function is to evoke a final re-establishment of the divine
rder. The earlier part of the *canto* is indeed loaded with arduous, if
icturesque, argumentation on the Resurrection of the Body, and it is

[1] See my *Poètes anglais et français de l'époque baroque*. (Revue des Sciences
umaines), 1949, pp. 161–162.

this doctrine that provides the note of joy – not terror – on whi
D'Aubigné's final visionary pages open. The Dead rise as if from
dream, joyous to be reunited in an instant with their scattered bodi

> Riants au Ciel riant d'une agréable audace.

Images of light are accumulated to sustain the effect of blindi
happiness when God's face eclipses the very sun, and:

> L'air n'est plus que rayons tant il est semé d'anges.

In the very nature of Christian belief there follows, of course, t
separation of the just and unjust. D'Aubigné retains from the primiti
Christian tradition the figure of Appolyon-Antichrist, whom
identifies indeed (firmly, if politely) with the Papacy:

> Conduis, Esprit très Saint, en cet endroit ma bouche.
> Je n'annoncerai rien que ce que tu annonces.

With this exception, our attention is drawn quite generally to t
wicked as those who have misused Nature – and misused Authority
to kill their fellow-men. It is the final protest of the Elements again
the perverted ends to which they have been put, which introduces t
most powerful imaginative stroke of the whole *canto*, the attempt
visualize the metamorphosis and disintegration of the Universe. Th
is the necessary end to his whole poem, and the poetic treatment is n
unworthy of the colossal theme. Even here tradition ties, of cours
this dissolution into a moral assessment. What limits in some respec
the purely poetic qualities of the final passages is the theologian, t
moralist, the philosopher in him, who feels he must strive at least
comprehend how and why the damned continue to suffer, and wh
the celestial pleasures of a reunited yet transmuted soul and body ca
be. If distortion is present here (for the word has been used[1]) it li
perhaps in the millenary strand in D'Aubigné's account of Last Thing
in what may be the trace of Socinian doctrine in his struggle t
spiritualize the account of New Heaven and New Earth.[2] It must l
denied that 'exacerbated terror and emphasis of disintegration' are th
dominant impression of the coda to *Les Tragiques* – or indeed th

---

[1] Odette de Mourgues, *Metaphysical, Baroque and Précieux Poetry*, p. 85.
[2] For the whole question in its social as well as religious bearings see Norma
Cohn, *The Pursuit of the Millenium*.

y can usefully serve to characterize the 'baroque'. What remains is
intense and an intensely personal expressionism which marks
Aubigné as it marks Sponde, and which is indeed the single strand
ich draws together the poems of various minor figures of these
omy final years of the century – call them 'Mannerist' or Pre-
roque as you will.

> En France est Israel comme aux limbes profondes.

This, the most striking line of Marie de Gournay's one good poem
190) expresses vividly one personal reaction to France's plight in
89. It is the same personal note which we hear in the sonnet of
other prose writer, Du Plessis Mornay. *Barque qui va flottant*
182), with its dramatic economy of phrase, reminds us again of
onde, at one time his associate in the entourage of Henry of Navarre.
ere is little doubt that this is the moment of a certain new flowering
religious poetry, Catholic as well as Protestant. Indeed, the Pro-
tant trend goes back to such obscure yet interesting poets as
ontméja, Chandieu, and Poupo, the first of these publishing his
èmes Chrétiens as far back as 1574. Their influence is sometimes
tectable in Sponde. On the Catholic side, two lawyers whose verses
st appear only in the last decade of the century, Jean de La Ceppède
d Antoine Favre, best illuminate the psychological background of
igious poetry, as well as some of the consequences of the Counter-
formation.

The name of La Ceppède may surprise, for he had been totally for-
tten until Henri Bremond unearthed the *Théorèmes* in the first
lume of his great *Histoire littéraire du Sentiment Religieux en France*.[1]
was till then rather the paraphrases of those worldly ecclesiastics,
rtaut and Du Perron, which sprang to mind when religious verse
ound the turn of the century was mentioned. The two bishops do
present in a wider context the rather banal oratorical poetry which in
any respects anticipates or prepares the way for the Malherbian
volution, already wedded to the idea of a 'poetic language' in a way
hich was never true of the Pléiade, whatever some critics have main-
ined. The original vital significance of the paraphrase tradition, which
the earliest stages of the Reformation had led Court ladies and
ocers' assistants to sing – with a pious and quite non-sectarian ardour

[1] Vol. I (1910), *L'Humanisme Dévot*, pp. 347–357.

– the metrical Psalms of Marot, had now gone. No less so, one suspe
the musical and philosophical preconceptions which lie behind Ba
renderings. From Desportes onwards the immense outpourings
paraphrases of liturgical hymns, as well as of the Psalms and ot
parts of the Bible, was to continue unabated for nearly another centu
for the most part it is 'devotional' verse (in the most conventional se
of the word), but can still (as I shall point out in another volume) thr
light on the general trends of poetic expression and on religious tre
too, even if it only occasionally achieves something of the same or
of value as original poetry.

A case in point is provided by La Ceppède's rendering of
*Vexilla Regis*. Why does one find it so impressive? The thirty-t
lines of the Passion hymn are rendered, despite the usual concision
Latin, into as many lines of French. Not only is there no dilution he
but even a certain rhythmic splendour. The articulation of the ser
which depends on repetitions like *quo carne carnis conditor*,[1] is exploi
and carried over to *au bois* and *par le bois* to render *a ligno* (l. 1
Similarly, at the close, *Guidez-nous, guindez-nous* is La Ceppède's way
reproducing Venantius' repetition of *vita* and *mors*. The same sea
for emotional expressivity is visible in other repetitions (seco
stanza), and in the startling absolute use of *éclater* (l. 2). Finally, wh
*trouvaille* for *Tartarus* the poet found in *le Corsaire des Morts* – he w
spent his life within sight of the Mediterranean[2] in days when a bla
Barbary sail brought a chill to the heart.

It is not inappropriate either to remark that La Ceppède does
recoil from such Provençal (or older French) forms as *test* for *tête*
*greigneur* for *plus grand*, and perhaps a disdain for too many repea
pronouns, traits which give an archaic but effective solidity to
language.

All these features have a curious piquancy when we recollect that
his younger days Malherbe was a friend of the poet, and indeed was
grace his most important *Théorèmes* (1613) with a eulogistic sonne

A few of the eventual total of 515 sonnets appeared originally w
La Ceppède's paraphrases, but most of them appear to have be
written after 1595 when the author was nearly fifty. The enterprise
rendering the story of Christ's passion into this vast series of sonn

[1] The Latin text will be found in the note on p. 245.
[2] La Ceppède's *maison de campagne* between Aix and Marseilles looks sou

vas compared unkindly in the eighteenth century to Mascarille's ambiion to *tourner l'histoire romaine en madrigaux*. Thanks to the poetical qualities which we have already seen in his rendering of *Vexilla Regis*, he *Théorèmes* do contain many startlingly beautiful poems. They also contain much that is dull, clumsy, or merely boring, as well as a copious prose commentary on each sonnet. It is thus hardly surprising that even the poems themselves are not readily accessible as yet, except in parsimonious selections, none of which is very satisfactory.

It is, however, the intention and character of the work which make it unusually revealing. The title indicates how. Before acquiring its Euclidean sense, θεώρημα meant a spectacle, something seen or contemplated, and many of La Ceppède's sonnets are simply attempts to bring some incident of the Passion before our eyes – to make us see t. Such is indeed the character of the careful evocation of the situation of the Mount of Olives, the village of Bethany and the garden of Gethsemane in *Vers la plage rosine* (p. 177) at the very outset of the first book. But these sonnets are also concerned to establish the figurative links, the symbolic senses in which Christ is, for example, the new Adam or the true Vine. In other words, to make us understand the deepest and fullest meaning which can be extracted from each moment of the essential Christian narrative. Thus in the sonnet *Dès qu'il eut dit J'ai soif'*, he begins with something which has the simple precision of the Gospel texts; he continues, *à propos* of the vinegar offered in a sponge, by bringing in its counterpart by opposition, the sweetness of the apple offered by Satan, father of lies, to the old Adam; and in conclusion presents this particular tying of present (the present of Calvary) and the past as the final link in a whole chain of prophetic sayings. As he remarks elsewhere of Christ:

> Tous vos faits, tous vos dits ont un sens héroïque.

This type of poetry is, however, far more closely related to religious meditation – in the strict sense of the term – than might be suspected by the casual reader. La Ceppède himself tells us that *chaque sonnet est une méditation* and refers to them elsewhere by this term. Now one of the features of the new wave of treatises of spiritual direction which mark the Counter-reformation and which are directly influenced by Saint Ignatius and by Saint Theresa is their insistence on the systematic training of the imagination for contemplative purposes. Among the

methods suggested are: imagining ourselves at one of the places whic
figure in Christ's life, as in the house of the Annunciation or at th
Holy Sepulchre; or imagining the Biblical events as taking place at th
very spot at which we now are; or again, imagining the emotions c
various personages involved as taking place *in us*. Finally, sever
writers, but above all Saint François de Sales, recommend us to trai
ourselves to imagine the invisible – for example, Heaven or Hell
more particularly by the cultivation of comparisons.

Louis Martz, in his *Poetry of Meditation*, has shown one of the mor
unexpected results of this renewal of much that had indeed bee
current in medieval religion, but was now advocated in a new allianc
of theological subtlety with the ecstatic experience of various mystic
namely how the translations of these Catholic treatises influenced th
whole current of Anglican devotional poetry – Herbert, Vaughar
Traherne, not forgetting John Donne himself. It is Donne, fc
example, who 'meditating' on the fury of the Jewish mob writes (i
terms of the recommended similitude):

> Spit in my face, you Jews, and pierce my side,
> Buffet and scoff and scourge and crucify me,
> For I have sinned and sinned and only He
> Who could do no iniquity hath died . . .

I do not recollect La Ceppède taking this final dramatic step, but he i
half-way there already in *his* sonnet on the same Jewish fury agains
Christ (p. 178). If His sufferings to save Jews are in vain, *profitez-les su
nous*. It is also clearly the poet's intention to encourage his readers t
undertake a similar task to his own, not only for their spiritual goo
but also, it would seem, following in his footsteps as re-establishing
Holy Muse rather than the idolatrous *Muse chevelue*, on whom h
pours scorn in his Preface.

A final assessment of the *Théorèmes* is hardly yet possible. Thes
sonnets, however, taken with the massive commentary in which the
are embedded, exemplify two highly important facts. The com
mentaries which seek to explain allusions, theological distinctions, o
odd allegories such as the garment of the man who cut off the Higl
Priest's servant's ear being *l'amour de nous-mêmes et nos affections don
naturellement nous sommes enveloppés*, are in some measure the scaffold
ing on which the figurative aspect of this poetry is erected. They ar

so often quite explicitly justificatory. The poet admits he must be on s guard against the imputation of heresy. Later evidence shows this neral fear of lack of orthodoxy as one of the most profound causes of e drying up of any religious poetry with a personal accent during the llowing century. La Ceppède escapes this. He belongs still to the enaissance or its latest phase, more often close to 'metaphysical' concentration.

Though Antoine Favre, better known as a legist and as the father of augelas, is a lesser poet than La Ceppède, the circumstances of the omposition of his *Entretiens Sacrés*, started at the direct instigation of avre's intimate friend, Saint François de Sales, show with special arity this alliance of prayer and poetry.[1]

There is no intrinsic superiority, of course, which attaches itself to ligious poetry, indeed the danger of the 'stock response' must nstantly beset the writer of devotional verse. It is true, however, that l poetry which is more than a mere game is an effort to capture in the icrocosm of the poem some aspect or vision of reality. It is true also at a poet like Scève – symbolically minded and vaguely Platonist – n achieve this through his love for another human being. On the hole, however, it is clear that any attempt to tackle this kind of poetic sk 'in depth' could hardly (until the nineteenth century at least) avoid eing, in some sense or other, religious poetry. Perhaps there is another ason for this in that it is just in this sphere – as with any complete ve-poetry – that it becomes imperative to achieve some harmony of ason and sensibility. There is the easy and the more difficult way of chieving this unity or of projecting it into the poem. It is perhaps deed too easy to think and be moved simply within the habits of ought and feeling created by a then omnipresent religious education. his is exactly why most of the paraphrase poetry is, in the last alysis, disappointing. But if the difficult way is to be by that ersonal acquisition (which is part of the meaning of metaphysical oetry), then to be obliged to 'do one's scales' (awakening the imagination, apprehending symbolic and figurative linkages) becomes almost necessity, whether exactly or less exactly in the terms of treatises of evotion. Of course, the symbolic sense can also be highly developed

[1] The preface to the original publication of 1595 (*Première Centurie de Sonnets*) ddressed to François de Sales even attributes to him the genesis of several of ese poems.

by an interest in alchemy, as a poet such as Nuisement may sugge
although alchemical allusions sometimes seem to have a strangely 'c
and dried' quality.

Perhaps this idea of *faire ses gammes* is the key to a trait which
common to Sponde, La Ceppède, and a curious minor figure of
younger generation who none the less just falls within the scope of t
present volume, J.-B. Chassignet.

Chassignet provides an example of a young man who (if we m
believe him) composed almost as many sonnets in six months as l
Ceppède in twenty years, all on the subject of *Le Mépris de la Vie*
*Consolation contre la Mort*. Half his preface and several sonnets a
transparent rearrangements of passages from Montaigne's Essays.
would not be difficult, I suspect, to show how several others a
similarly adapted from other *modern* writers. There is often somethii
distinctly provincial about Chassignet's French, although this is mo
visible in the long, formless poetic *discours* or *prières* which are inte
spersed in his fat little book. But this very provincialism also mea
that in his more effective and personal sonnets he brings a fresh a
original note. His evocation of the Resurrection may begin by i
evitably reminding English readers of Donne's *At the round Eart*
*imagined corners*, but the image of the sleeping pilot whose ship h
come home is quite unexpected, and yet in its happy assurance it pe
fectly belies the notion that the eschatological theme must always l
ominous and forbidding.

Chassignet supplies a final illustration (if this were needed) of ho
far Renaissance poetry as a whole only achieves a certain purity
'density' (to use a much abused word) in fixed forms like the sonn
What is true of Marot, and even of Ronsard, what is true of Sponde,
then true also of a minor figure like Chassignet. By the absence in l
poems of those traces of Pléiade phraseology – which are thick
strewn in all the lesser poets of the 1580s – Chassignet indicates to
perhaps, the way in which France was awaiting the imprint of a ne
dominant personality. Indeed, his slightly later paraphrases were lat
praised by the *Annales Poétiques* as having already the smooth rhythm
elocution of Malherbe himself.

It is, however, just this trend towards the conventionally poe
whose further development we shall have to trace in a further volum
Looking back over the sixteenth century, what must strike any read

most is the immense achievement of the Pléiade and, head and shoulders above the rest, Ronsard. Not only for being what he was, *le Prince des Poètes* in sheer versatility, but in forging what is almost a new instrument of expression yet without imposing any inhibiting pattern. That this was so seems evident by the sheer variety of his many compeers and by the fact that when one drops to the minor figures his mark is plain to see, and sometimes to the point of parody.[1] Yet there is something still more important which the Renaissance brought to poetry in France, and which it was soon to lose – the conviction of its own importance. Every great poet (no doubt) implicitly assumes it. It is perhaps involved in the assessment we make instinctively of Villon as against a Charles d'Orléans, of Scève as against a Clément Marot. But the Pléiade sought a poetic philosophy too, where, as we have seen, poetry and prophecy stand together. The vatic assumption can be tiresome and pretentious, but whenever a poet failed to turn to a more intimate and reflective Muse, this failure was to lay him open to a new doctrine which with Malherbe's creed (if not perhaps his practice) increasingly saw the poet as a mere technician, an *arrangeur de syllabes ... pas plus utile à l'Etat qu'un bon joueur de quilles.*[2]

[1] This is the subject of Marcel Raymond's important *Influence de Ronsard sur la Poésie Française (1550–1585)*, 1927.

[2] See Racan, *Vie de Malherbe.*

# NOTES ON FRENCH VERSE

When we start reading an unknown poem in our own language we are hardly conscious of the process by which we hear 'how it goes'. The words, their grouping, their sense tell us because of their inherent rhythms. Only occasionally do we find ourselves in the situation of the sight-reader who finds he has forgotten to look at an unfamiliar time-signature. When we start writing a poem in our own language we are often conscious of fitting our words to what is a pre-existing tune. Our ear too tells us that some sorts of variations on the tune are possible. Most variations of all perhaps in blank verse, where our ear has stored up (for example) some Shakespearian echoes. Our ear also tells us that some word-groups won't 'go'. And all this without having to register that the prosodist calls this blank verse metre 'iambic pentameters'; and indeed without bothering about versification at all.

This is why most of us are oblivious to the distinction between *metre* in the sense of a schema, a pattern of constant stresses: tum-ti tum-ti tum-ti tum; and *rhythm* in the sense of the actual word-groups, charged with ideas and feelings, an overlying, changing arabesque of words with their inherent stresses, sometimes coinciding, sometimes slightly departing from the schema. The effect of verse is thus essentially dependent on the tension between *metre* and *rhythm*.

When we turn to a foreign language and its verse our 'ear' is rarely enough, and even the oldest of us can remember once groping to hear 'how it went'. Hence these few notes, perhaps useful to some, though skippable for others. The primary distinction of metre and rhythm serves at least to indicate the limitations of any treatment of the mechanics of verse. Metre is easily defined by general rule: rhythm, though amenable in the last resort to statistical investigation, is infinitely various and individual.

Old-fashioned accounts of French versification contented themselves with defining kinds of verse numerically by the number of syllables in a line: octosyllabic, decasyllabic, alexandrine (or twelve-

llable), and so on.[1] Today one is more likely to find a basic statement
terms of so many stresses (*temps forts*) to a line. In this parlance a
lassical' *alexandrin* is called a *tetramètre* (four stresses to the line). We
> in fact need both concepts. We cannot leave out the syllabic count.
yllabic regularity – admittedly of a less rigid kind – is present in the
erse of the other Romance languages, present in most English verse,
nd even in some German verse. What is different in French (if one
ay be forgiven for stating again something so elementary) is that the
umber of stresses and their fixity is reduced to a minimum as a result
^ the absence from the language itself of strongly stressed syllables
xcepting – normally – at the end of a phonetic unit.[2] Hence the
*exandrin* can on occasion dispense with any stresses except those on
he sixth and on the twelfth (or last) full syllable. We can also have
:her divisions, as into three word-groups (*alexandrin trimètre*).
imilarly, there is much latitude in the placing of the two stresses of the
n-syllable line (ordinarily on the fourth and the last full syllable),
hile in the octosyllabic and in all other lengths of line, both longer and
norter, there is no necessary pause (or cesura) at all, and it is the last
ill syllable, carrying the rhyme, which is stressed.

At the level of secondary stresses the so-called 'mute e' produces,
owever, a whole series of expressive departures from the general
ndency of French towards last-syllable accentuation.

To illustrate briefly. The difference between Ronsard's line:

Je serai sous la terre et fantome sans os

here all we hear today is a lengthening of -*tôm*(*e*) (but where he him-
lf would have no doubt used what is today a more southern pro-
unciation) and: 'Je serai sous la terre et *revenant* sans os' would be

---

[1] Forgetting to add that these same lines have nine, eleven, and thirteen sylla-
es when they end in a 'feminine rhyme' ('mute e' ending), which is still given a
te value in a musical setting, and was certainly audible in the sixteenth century
d even later.
[2] *Prenant congé de vous* (the first words of a sonnet, p. 113) is such a unit. It is
e equivalent of a single word. What follows; *dont les yeux m'ont dompté*, may be
garded as another, though we can separate the words into two phonetic units,
ith of which receive a stress. We could not do this with the first phrase, or
uld do so only in a context where some contrast between *vous* and somebody
se obliged us to detach *de vous*. It will be seen how crucial the notion of sense-
ress is, but how elastic that of 'phonetic unit'.

more striking by its inappropriate sound and sense than by the actual
rhythmical change effected by the shift of an accented syllable from the
ninth to the tenth syllable. What is much more expressive is the
'attack' produced by forcing us to stress an initial syllable – above all
the first of a line. Du Bellay does it again and again: *France, mère de⸍
arts . . .* (the mute 'e' underlines the effect by prolongation) or again
*Plus me plaît le séjour qu'ont bâti mes aïeux.* Sentence structure – with
the leap-frog *enjambement* of a whole line – can make this more marked
as in:

> Comme on voit sur la branche au mois de mai la rose
> En sa belle jeunesse, en sa première fleur –
> RENDRE le ciel jaloux . . .

No less than three features, (*a*) the reduplication of stresses (six to the
line), (*b*) the effect of *enjambement* and (*c*) the bringing together of two
stresses without any intervening unstressed syllable, are all illustrated
in the final, emphatic stanza of D'Aubigné's *Hermitage* (p. 151):

> Quand, cerf, brûlant, gehenné, trop fidèle, je pense
> Vaincre un cœur sans pitié, sourd, sans yeux, et sans loi . . .

Such expressive variations can, of course, be illustrated from
Racine's dramatic verse, from the Romantics and still more richly from
Symbolist poetry, as has been brilliantly shown by M. Morier in his
*Dictionnaire de poétique et de Rhétorique.*[1] There are, however, one or
two features of verse as it was practised before 1600 which demand a
special word of explanation. One of these concerns hiatus, one of the
strongest prejudices of the post-Malherbe period. Ronsard's final view
(after some initial prejudices against the clash of open syllables as
*merveilleusement dur*) was to admit such clashes as an expressive re-
source, provided they were rarely used. (There is a parallel in his early
hostility to *enjambement*.) Thus he does not hesitate to write:

> Amour, *qui as* ton règne en ce monde *si ample*

And a sprinkling of much more obvious hiatuses will be found in the
following pages. After all, there would seem some absurdity in finding

[1] H. Morier, op. cit., 1961. Under *Syncope, Oxyton, Baryton, Contr'acce⸍
Enjambement*, etc.

ntolerable *qui as* and *si ample* and not flinching at *cria* and *priant*, which
present a clash of exactly the same vowels within a single word.

There is, however, a closely allied point which has some practical
importance for this anthology. As Ronsard puts it:

> Tu éviteras autant que la contrainte de tes vers le
> permettra les rencontres des voyelles et diptongues
> qui ne se mangent point

that is those clashes which cannot be eliminated by such elision. Thus
words such as *épée* or *joue* or a whole category such as feminine past
participles: *fatiguée, sentie* should be used only where a vowel follows:
e.g. *épée en main*. The plural, *épées*, and all plural feminine past participles were thus completely excluded from the poetical vocabulary of
the seventeenth and eighteenth centuries. This is not so in the period
covered by this anthology, where such words count for two syllables
in the line. I have taken the liberty of indicating this clearly by using
the diaresis. Thus (p. 123):

> Telle que dans son char la Bérécynthienne
> Couronnëé de tous. . . (Du Bellay)
> Mais quoi? Je fuyoïë l'école (Villon)

where the old 'Picard form' of the imperfect tense is used. Or again:

> De ceux dont par la mort la vïë fut ravie (Sponde)

The few specimens of early lyrical poetry included in the 'prologue'
may be used to complete what has been said of the relative elasticity of
syllable counting, and also to introduce a few words on fixed forms of
poetry. Such poetry was, of course, lyrical in the true sense and meant
to be sung to an air, not declaimed or chanted like the narrative verse
of the *chansons de geste* or the early romances. Yet the simplicity of the
12th cent. *Chansons de Toile*, with its assonances preserved throughout a stanza, as in the two printed here, shows how close this form is
to the epic *laisse*; and in spirit and narrative economy to the later
*complainte* of the folk-song tradition (cf. pp. 32–37). It is also instructive to note how loosely the syllabism is worn in some respects,
how rigorously in another. This is well seen in *Bele Erembors*, where in
eleven out of thirty decasyllabic lines there is apparently an extra
syllable – a 'mute e' after the fourth syllable, at the 'cesura'. In other

words, the end of the melodic phrase in a song allowed for the accommodation of an extra syllable and an extra note. On the other hand, all the assonances throughout the whole of this *chanson* are masculine, and thus the verse literally decasyllabic, and the air (which has not survived) needed no extra note at the end of the line. Similarly, it will be noticed that *Gaiete et Oriour* is written wholly in feminine endings.

Liberties of eliding inconvenient syllables, of using conventional abbreviations, like *qu'av'ous* for *qu'avez-vous*, can be found occasionally even in the sophisticated poetry of the Renaissance and much longer in folk poetry.

The elaboration of stanza forms for singing was, of course, pushed to an extreme of refinement by the Troubadours. Under their influence something of this complication transfers itself to the North. It can be seen in the anonymous *reverdie* (p. 4) and in the *Pastourelle* of Thibaut de Champagne. The changes from seven- to eight- or eight- to six-syllable lines and the rhyme schemes are nicely underlined by the melody of this *reverdie*, which will be found in a note.

More important for the future evolution of poetry are the new relatively fixed forms of *ballade*, *chant royal*, *rondel*, and *rondeau* which invade the later Middle Ages and which are, after all, the channel of the achievement of Charles d'Orléans and of Villon. It is hardly necessary to describe the first of these with its three eight-line stanzas and its *envoi* (*Prince*, *Sire*, *Seigneur*, etc.). The repeated rhyme scheme – the poet must find thirteen rhymes to his second line! – and the refrain constitute both the difficulty and some of the beauty of the *ballade*. Villon's own epitaph (p. 26) provides a variant on this form, while the *chant royal* demanded five ten-line stanzas plus the *envoi*.[1]

There is much more confusion about the *rondel*. As used by Charles d'Orléans, it consists of twelve or thirteen lines written to two rhymes (and is sometimes called *chanson*). There are three strophes: 4+4(3)+5, the last line being the *partial* return of a refrain which, stated in the first strophe, has generally been repeated in the second. Thus, in *Le Temps a laissé son manteau* part of the charm of the close is that we end with a *sous-entendu*. Our minds can supply if we wish *De vent, de froidure et de pluie*.[2]

[1] See, for example, discussion of details and *l'esthétique de la ballade*, H. Morier, *Dictionnaire de Poétique et de Rhétorique*.

[2] See H. Morier, op. cit., *Rondel*.

## Notes on French Verse

Leaving aside *triolet* and *virelai*, it is worth looking at the principle of the *rondeau*, charmingly illustrated by Marot. It is, of course, clearly related to the *rondel*. Here we have again three strophes on two rhymes. (*a*) Five lines (of which the opening phrase or half line will become the refrain); (*b*) three lines + refrain; (*c*) five lines + refrain. The beauty of the *rondeau* lies in the way the half repetition lends itself to a hesitation, a reticence, ironic or tender, or simply to a neat allusion.[1]

The violent reaction of the Pléiade to the whole principle of these *épiceries* (to use Du Bellay's phrase) calls for two reminders. On the one hand, it goes hand in hand with a renewed wish to marry poetry and music. Ronsard's term *vers mesurés* (or *mesurés à la lyre* to give the full phrase) is in itself a programme. It is the principle behind the *Ode* for which he claimed (as we have seen) the completest liberty to invent whatever kind of first strophe one likes: always provided that the same pattern is followed rigorously throughout the whole poem, and that a rigid alternation of masculine and femine rhymes be observed. Both these conditions made in the interests of the musical setting.

On the other hand, by a singular irony, the Pléiade in fact ushered in (for France) what might be called the century of the sonnet, the most famous of fixed forms. Not in sheer quantity alone, for there is little doubt that (as has already been claimed) much of the best poetry of both the sixteenth and the seventeenth centuries is to be found in the sonnet. It should be noted finally that while the rhyme scheme of the French sonnet may vary in the *tercets* – as, for instance, *ccd ede*, as well as the more familiar *ccd eed*, what is never found is the Elizabethan form with a final rhyming couplet, of which the epigrammatic effect has been generally recognized as unfaithful to the spirit as well as the letter of the main source and model, Petrarch's *Rime*.

[1] See H. Morier, op. cit., *Rondeau*.

# PROLOGUE

## *Anon*

A l'entrada del tens clar, eya,
Per joia recomençar, eya,
E per jalos irritar, eya,
Vol la regina mostrar
   Qu'el' es si amorouse.

A la vi', a la via, jalos,
Laissaz nos, laissaz nos
Ballar entre nos, entre nos.

El' a fait per tot mandar, eya,
Non sia jusqu'a la mar, eya,
Pucela ni bachelar, eya,
Que tuit non venguan dançar
   En la dansa joiouse.

A la vi', . . .

Lo reis i ven d'autre part, eya,
Per la dansa destorbar, eya,
Que il es en cremetar, eya,
Que on no li voill' emblar
   La regin' avrillouse.

A la vi', . . .

A l'entrée du temps clair – Pour recommencer joie – Et pour narguer les jaloux –
a reine veut montrer – Comme elle est amoureuse – Passez votre chemin,
loux – Laissez-nous dancer entre vous.

Elle a fait partout mander – Qu'il n'y ait jusqu'à la mer – Fille ou gars à marier
Que ne viennent tous dancer – Dans la ronde joyeuse

Le roi vient d'autre côté – Pour empêcher la dance – Car il est en épouvante –
ue l'on lui veuille enlever – La reine avrilleuse

Mais per nient lo vol far, eya,
Qu'ele n'a soin de viellart, eya,
Mais d'un legier bachelar, eya,
Qui ben sacha solaçar
 La domna savorouse.

A la vi', . . .

Qui donc la veïst dançar, eya,
E son gent corp deportar, eya,
Ben puîst dir de vertat, eya,
Qu'el mond' non aia sa par
 La regina joiouse.

A la vi', . . .

## CHANSONS DE TOILE

### BELE EREMBORS

Quant vient en mai, que l'on dit as longs jors,
Que Francs de France repairent de roi cort,
Raynauz repaire devant el premier front,
Si s'en passa lez le mès Erembor,
Ainz n'en daigna le chef dressier amont.
  E! Raynauz amis!

Bele Erembor, à la fenestre, au jor,
Sor ses genouz tient paile de color;
Voit Francs de France qui repairent de cort
Et voit Raynaut devant el premier front;
En haut parole, si a dit sa raison.
  E! Raynauz amis!

Mais elle n'en veut rien savoir – Car elle ne songe pas à un vieillard – Mais à gai bachelier – Qui saura bien conforter – La dame savoureuse

Qui donc la verrait danser – Et son beau corps balancer – Bien pourrait dir vérité – Qu'au monde n'y a pas sa pareille – La reine joyeuse.

*repairent de roi cort*, reviennent de la cour du roi.

*el premier front*, au premier rang.  *lez le mès*, à côté de la maison de . .

*paile de color*, étoffe de soie colorée.  *sa raison*, sa pensée.

"Amis Reynauz, j'ai ja veü cel jor,
Se passissez selon mon pere tor,
Dolenz fussiez se ne parlasse à vos."
– "Ja'l mesfeïstes, fille d'empereor:
Autrui amastes, si obliastes nos."
E! Raynauz amis!

"Sire Raynauz, je m'en escondirai:
A cent puceles sor sainz vos jurerai,
A trente dames que avec moi menrai,
Qu'onques nul home fors vostre cors n'amai.
Prenez l'emende et je vos baiserai."
E! Raynauz amis!

Li cuens Raynauz en monta le degré.
Gros par espaules, greles par le baudré,
Blond eut le poil, menu recercelé,
En nule terre n'eut si beau bacheler.
Voit l'Erembor, si comence à plorer.
E! Raynauz amis!

Li cuens Raynauz est montés en la tor,
Si s'est asis en un lit peint à flors.
Dejoste lui se sied bele Erembors,
Lors recommencent lor premieres amors.
E! Raynauz amis!

*m'en escondirai*, je m'en disculperai.  *sor sainz*, sur les corps des saints.
*emende*, ceinture.  *baudré*, baudrier.
*recercelé*, frisotté.  *Dejoste*, à côté de.
*Se passissez*, etc., etc., Si vous eussiez passé devant la tour de mon père, vous
ussiez dolent si je ne vous eusse parlé?
*Ja'l mesfeïstes*, Vous avez déjà mal fait …  *ja veü*, déjà vu.

### GAIETE ET ORIOUR

Le samedi à soir, fait la semaine,
Gaiete et Oriour, sœurs germaines,
main en main vont baigner à la fontaine.
vente l'ore et li raim crollent:
qui s'entraiment souef dorment.

*it la semaine*, il y a.  Refrain = let the breeze blow
and the boughs break … soft let them sleep.

3

L'enfans Gerairs revient de la quintaine,
s'est choisie Gaiete sor la fontaine,
entre ces bras l'a pris, souef l'a strainte.
    vente l'ore et li raim crollent:
    qui s'entraiment souef dorment.

"Quand auras, Oriour, de l'ague prise,
reva toi en arriere, bien sais la vile:
ja remanrai Gerairt que bien me prise;"
    vente l'ore et li raim crollent:
    qui s'entraiment souef dorment.

Or s'en va Oriour teinte et marrie;
des yeux s'en va plorant, de cœur sospire,
quand Gaie sa sœur n'enmene mie.
    vente l'ore et li raim crollent:
    qui s'entraiment souef dorment.

"Laise," fait Oriour, "com mar fui née
j'ai laissié ma sœur en la vallée.
l'enfant Gerairs l'enmene en sa contrée."
    vente l'ore et li raim crollent:
    qui s'entraiment souef dorment.

L'enfans Gerairs et Gaie s'en sont torné,
lor droit chemin ont pris vers la cité:
tantost com il i vint, l'ait espousé.
    vente l'ore et li raim crollent:
    qui s'entraiment souef dorment.

*l'ague,* l'eau.            *ja remanrai Gerairt,* je resterai avec Gérard.
*com mar fui nee,* pour mon malheur suis née.

### REVERDIE

En avril au tens pascour,
Que sur l'herbe naist la flour,
L'alouete au point du jour
Chante par moult grant baudour,
Pour la douçor du tems nouvel,
Si me levai par un matin,
S'oï chanter sur l'arbrissel
Un oiselet en son latin.

Un petit me soulevai
Pour esgarder sa faiture;
N'en sai mot, que des oiseaux
Vi venir à desmesure.

Je vis l'oriou,
Et le rossignou,
Si vi le pinson
Et l'esmerillon,
Dieu, et tant des autres oiseaux,
De quoi je ne sai pas les noms,
Qui sur cel arbre s'assistrent
Et commencent leur chançon.

Je m'en alai sous la flour
Pour oïr joie d'amour.
Tout belement par un prael
Li dieus d'Amours vis chevauchier.
Je m'en alai à son appel,
De moi a fait son escuier.

Ses chevaus fu de depors,
Sa selle de ses dangiers,
Ses escus fut de quartiers
De baisier et de sourire.

Ses haubers estoit
D'acoler estroit,

---

*au tens pascour*, au temps de Pâques.
*s'oï*, ainsi j'entends.
*prael*, prairie.

*baudour*, joie.
*faiture*, façon.
*de depors*, pleasure

5

Ses heaumes de flours
De pluseurs colours.
Dieu, sa lance est de cortoisie,
Espee de flour de glai,
Ses chauces de mignotie,
Esperons de bec de jai.
Tuit chanterent à un son,
Onc n'i eut autre jongleör.

*flour de glai*, iris.                                                        *mignotie*, mot inconnu
*Onc . . . jongleör*, Jamais il n'y eut tels jongleurs.

AUBE

Entre moi et mon ami,
En un bois qu'est lès Bethune,
Alames jouant mardi,
Toute la nuit à la lune,
Tant qu'il ajourna
Et que l'aloue chanta
Qui dit: "Amis, alons en."
Et il respond doucement:
"Il n'est mie jours,
Saverouse au cors gent;
Si m'aïd amours,
L'alouette nous ment."

Adonc se trait près de mi,
Et je ne fui pas enfrune;
Bien trois fois me baisa il,
Ainsi fis je lui plus d'une,
Qu'ainz ne m'enoia.
Adonc vousissions nous là
Que celle nuit durast cent,
Mais que plus n'alast disant:
"Il n'est mie jours,
Saverouse au cors gent;
Si m'aïd amours,
L'alouette nous ment."

*l'aloue*, l'alouette.  *Si m'aïd*, que m'aide.  *ainz*, jamais . . .  *enfrune*, renfrognée.

6

## PASTOURELLE

J'aloie l'autrier errant
       Sanz compaignon
Sur mon palefroi, pensant
       A faire une chançon,
Quant j'oï, ne sais comment,
       Lez un buisson
La voix du plus bel enfant
       Qu'onques veïst nus hom;
Et n'estoit pas enfes si
N'eüst quinze anz et demi,
N'onques nule riens ne vi
       De si gente façon.

Vers li m'en vais maintenant,
       Mis l'à raison:
"Bele, dites moi comment,
       Pour Dieu, vous avez nom!"
Et ele saut' maintenant
       A son baston:
"Si vous venez plus avant
       Ja avroiz la tençon.
Sire, fuiez vous de ci!
N'ai cure de tel ami,
Que j'ai mult plus beau choisi,
       Qu'on claime Robeçon."

Quant je la vi esfreer
       Si durement
Qu'el ne me daigne esgarder

---

*autrier*, l'autre hier.        *pas enfes si*, n'était pas si enfant qu'elle n'eut . . .
  *à raison*, engager la conversation.    *tençon*, querelle.    *claime*, appelle.

Ni faire autre semblant,
Lors commençai a penser
            Comfaitement
Ele me pourroit aimer
            Et changier son talent.
A terre lez li m'assis.
Quant plus regart son cler vis,
Tant est plus mes cuers espris,
            Qui double mon talent.

Lors li pris a demander
            Mult belement
Que me daignast esgarder
            Et faire autre semblant.
Ele commence a plorer
            Et dist itant:
"Je ne vo puis escouter;
            Ne sai qu'alez querant."
Vers li me trais, si li di:
"Ma bele, pour Dieu merci!"
Ele rist, si respondi:
            "Ne faites pour la gent!"

Devant moi lors la montai
            De maintenant
Et trestout droit m'en alai
            Vers un bois verdoiant.
Aval les prez regardai,
            S'oï criant
Deux pastors par mi un blé,
            Qui venoient huiant,
Et leverent un grant cri.
Assez fis plus que ne di.
Je la laiss', si m'enfuï,
            N'oi cure de tel gent.

*comfaitement*, comment.    *lez li*, à côté d'elle.    *vis*, visage.
*double mon talent*, redouble mon désir.
*vers li me trais*, je m'approche d'elle.    *huiant*, criant.
*N'oi cure*, Je ne me souciais pas de ces gens (qui arrivaient).

# Charles d'Orléans

France, jadis on te soulait nommer,
En tous pays, le trésor de noblesse,
Car un chacun pouvait en toi trouver
Bonté, honneur, loyauté, gentillesse,
Clergé, sens, courtoisie, prouesse.
Tous étrangers aimaiënt te suïr.
Et maintenant vois, dont j'ai déplaisance,
Qu'il te convient maint grief mal soutenir,
Très chrétien, franc royaume de France!

Sais-tu dont vient ton mal, à vrai parler?
Connais-tu point pourquoi es en tristesse?
Conter le veux, pour vers toi m'acquitter,
Ecoutes-moi et tu feras sagesse.
Ton grand orgueil, gloutonnië, paresse,
Convoitise – sans justice tenir –
Et luxure – dont as eu abondance –
Ont pourchassé vers Dieu de te punir,
Très chrétien, franc royaume de France!

Ne te veuilles pour tant désespérer,
Car Dieu est plein de merci à largesse.
Va t'en vers lui sa grâce demander,
Car il t'a fait, déjà piéça, promesse
(Mais que fasse ton avocat Humblesse)
Que très joyeux sera de toi guérir;
Entièrement mets en lui ta fiance.
Pour toi et tous, voulut en croix mourir,
Très chrétien, franc royaume de France!

Souviennes-toi comment veut ordonner
Que criasses "Montjoïë" par liesse,

*clergé*, piété.　　*suïr*, suivre.　　*piéça*, il y a longtemps.

Et qu'en écu d'azur dusses porter
Trois fleurs de lis d'or, et pour hardiesse
Fermer en toi, t'envoya sa Hautesse,
L'oriflamme, qui t'a fait seigneurir
Tes ennemis; ne mets en oubliance
Tels dons hautains, dont lui plaît t'enrichir,
Très chrétien, franc royaume de France!

En outre plus, te voulut envoyer
Par un colomb, qui est plein de simplesse,
La onction dont dois tes rois sacrer,
Afin qu'en eux dignité plus encresse,
Et, plus qu'à nul, t'a voulu sa richesse
De reliques et corps saints départir;
[Et] tout le monde en a la connaissance.
Soyes certain qu'il ne te veut faillir,
Très chrétien, franc royaume de France!

Cour de Rome si te fait appeler
Son bras dextre, car souvent de détresse
L'as mise hors, et pour ce approuver
Les papes font te sëoir, seul, sans presse,
A leur dextre, si droit jamais ne cesse.
Et pour ce dois fort pleurer et gémir,
Quand tu déplais à Dieu qui tant t'avance
En tous états, lequel dusses chérir,
Très chrétien, franc royaume de France!

Quels champions soulait en toi trouver
Chrétienté! Jà ne faut que l'expresse:
Charlemagne, Roland et Olivier
En sont témoins; pour ce je m'en délaisse.
Et saint Louïs Roi, qui fit la rudesse
Des Sarrasins souvent anéantir
En son vivant, par travail et vaillance!
Les chroniques le montrent, sans mentir,
Très chrétien, franc royaume de France!

*fermer*, confirmer.  *un colomb*, une colombe.  *encresse*, croisse.
*expresse*, exprime.

Pour ce, France, veuilles-toi aviser,
Et tôt reprends de bien vivre l'adresse;
Tous tes méfaits mets peine d'amender,
Faisant chanter et dire mainte messe
Pour les âmes de ceux qui ont l'aspresse
De dure mort souffert, pour te servir;
Leurs loyautés aiës en souvenance,
Rien épargné n'ont pour toi garantir,
Très chrétien, franc royaume de France!

Dieu a les bras ouverts pour t'accoler,
Prêt d'oublier ta vië pécheresse;
Requiers pardon, bien te viendra aider
Notre Dame, la très puissant princesse,
Qui est ton cri et que tiens pour maîtresse.
Les saints aussi te viendront secourir,
Desquels les corps font en toi demeurance.
Ne veuilles plus en ton péché dormir,
Très chrétien, franc royaume de France!

Et je, Charles, duc d'Orléans, rimer
Voulus ces vers au temps de ma jeunesse;
Devant chacun les veux bien avouer,
Car prisonnier les fis, je le confesse;
Priant à Dieu, qu'avant qu'aië vieillesse,
Le temps de paix partout puisse avenir,
Comme de cœur j'en ai la désirance,
Et que voië tous tes maux brief finir,
Très chrétien, franc royaume de France!

*aspresse*, âpreté.

## BALLADES

En la forêt d'Ennuyeuse Tristesse,
Un jour m'advint qu'à part moi cheminoye,
Si rencontrai l'Amoureuse Déesse
Qui m'appella, demandant où j'aloye.

*cheminoye (alloye, étoye)*, -ais.          *si*, en effet.

Je répondis que par Fortune étoye
Mis en exil en ce bois, long temps a,
Et qu'à bon droit appeler me pouvoye
L'homme égaré qui ne sait où il va.

En souriant, par sa tresgrand' humblesse,
Me répondit: "Ami, si je savoye
Pourquoi tu es mis en cette détresse,
A mon pouvoir volontiers t'aideroye;
Car, jà piéça, je mis ton cœur en voye
De tout plaisir, ne sais qui l'en ôta;
Or me déplait qu'à présent je te voye
L'homme égaré qui ne sait où il va.

– Hélas! dis-je, souveraine Princesse,
Mon fait savez, pourquoi le vous diroye?
C'est par la Mort qui fait à tous rudesse,
Qui m'a tollu celle que tant amoye,
En qui étoit tout l'espoir que j'avoye,
Qui me guidoit, si bien m'accompagna
En son vivant, que point ne me trouvoye
L'homme égaré qui ne sait où il va."

Aveugle suis, ne sais où aller doye;
De mon bâton, afin que ne fourvoye,
Je vais tâtant mon chemin ça et là;
C'est grand pitié qu'il convient que je soye
L'homme égaré qui ne sait où il va!

    *tollu*, enlevé – *amoye*, aimais.

Je n'ai plus soif, tarie est la fontaine;
Bien échauffé, sans le feu amoureux;
Je vois bien clair, jà ne faut qu'on me mène;
Folie et Sens me gouvernent tous deux;
En Nonchaloir réveille sommeilleux;
C'est de mon fait une chose mêlée,
Ni bien, ni mal, d'aventure menée.

Je gagne et perds, m'escomptant par semaine;
Ris, Jeux, Déduits, je ne tiens compte d'eux;
Espoir et Deuil me mettent hors d'haleine;
Heur, me flattant, si m'est trop rigoureux;
Dont vient cela que je ris et me deulz?
Est-ce par sens ou folie éprouvée?
Ni bien, ni mal, d'aventure menée.

Guerdonné suis de malheureuse étrenne;
En combattant, je me rends courageux;
Joie et Souci m'ont mis en leur domaine;
Tout déconfit, me tiens au rang des preux;
Qui me saurait dénouer tous ses nœuds?
Tête d'acier y faudrait, fort armée,
Ni bien, ni mal, d'aventure menée.

Vieillesse fait me jouer à tels jeux,
Perdre et gagner, et tout par ses conseulx;
A la faille j'ai joué cette année,
Ni bien, ni mal, d'aventure menée.

*si*, toutefois.                    *Dont*, d'où . . . *me deulz*, je me chagrine.
*conseulx*, conseils.              *à la faille*, en pure perte (blind man's buff?).

## CHANSONS

Dieu, qu'il la fait bon regarder
La gracieuse, bonne et belle!
Pour les grands biens qui sont en elle,
Chacun est prêt de la louer.

Qui se pourrait d'elle lasser?
Toujours sa beauté renouvelle.
Dieu, qu'il la fait bon regarder
La gracieuse, bonne et belle!

13

Par deça, ni delà la mer,
Ne sais Dame ni Demoiselle
Qui soit en tous biens parfaits telle;
C'est un songe que d'y penser.
    Dieu, qu'il la fait bon regarder!


Jeunes amoureux nouveaux,
En la nouvelle saison,
Par les ruës, sans raison,
Chevauchent, faisant les sauts.


Et font saillir des carreaux
Le feu, comme de charbon,
Jeunes amoureux nouveaux,
En la nouvelle saison.


Je ne sais si leurs travaux
Ils emploiënt bien ou non;
Mais piqués de l'éperon
Sont, autant que leurs chevaux,
    Jeunes amoureux nouveaux!


## RONDELS

Les fourriers d'Eté sont venus
Pour appareiller son logis,
Et ont fait tendre ses tapis
De fleurs et de verdure tissus.


En étendant tapis velus
De verte herbe par le pays
Les fourriers d'Eté sont venus.

Cœurs d'ennui piéça morfondus,
Dieu merci, sont sains et jolis;
Allez-vous-en, prenez pays,
Hiver, vous ne demourrez plus;
Les fourriers d'Eté sont venus.

*piéça*, depuis longtemps.         *demourrez*, demeurerez.


Le temps a laissé son manteau
De vent, de froidure et de pluie,
Et s'est vêtu de broderie,
De soleil luisant, clair et beau.

Il n'y a bête, ni oiseau,
Qu'en son jargon ne chante ou crie:
Le temps a laissé son manteau
De vent, de froidure et de pluie.

Rivière, fontaine et ruisseau
Portent, en livréë jolie,
Gouttes d'argent, d'orfèvrerie,
Chacun s'habille de nouveau.
Le temps a laissé son manteau.


Dedans mon Livre de Pensée,
J'ai trouvé écrivant mon cœur
La vraie histoire de douleur,
De larmes toute enluminée,

En defaisant la tresamée
Image de Plaisant' Douceur
Dedans mon Livre de Pensée:

Hélas! où l'a mon cœur trouvée?
Les grosses gouttes de sueur
Lui saillent de peine et labeur

*tresamée*, très aimée.

Qu'il y prend et nuit et journée,
Dedans mon Livre de Pensée!


Quand j'ai ouï le tabourin
Sonner pour s'en aller au mai,
En mon lit fait n'en ai effrai
Ni levé mon chef du coussin.


En disant: il est trop matin,
Un peu je m'en rendormirai,
Quand j'ai ouï le tabourin.


Jeunes gens partent leur butin:
De Nonchaloir m'acointerai,
A lui je m'abutinerai;
Trouvé l'ai plus prochain voisin,
Quand j'ai ouï le tabourin!

*effrai*, effroi.          *partent*, partagent.


En mes pays, quand me trouve à repos,
Je m'ébahis, et n'y sais contenance,
Car j'ai appris travail dès mon enfance,
Dont Fortune m'a bien chargé le dos.


Que voulez que vous die à briefs mots?
Ainsi m'est-il; ce vient d'accoutumance,
En mes pays, quand me trouve à repos.


Tout à part moi, en mon penser m'enclos,
Et fais châteaux en Espagne et en France;
Outre les monts forge mainte ordonnance,
Chacun jour j'ai plus de mille propos,
En mes pays, quand me trouve à repos.

Allez-vous-en, allez, allez,
Souci, Soin et Mérencolie,
Me cuidez-vous, toute ma vie,
Gouverner, comme fait avez?

Je vous promets que non ferez;
Raison aura sur vous maîtrie:
Allez-vous-en, allez, allez,
Souci, Soin et Mérencolie.

Si jamais plus vous retournez
Avecque votre compagnie,
Je prie à Dieu qu'il vous maudie
Et ce par qui vous reviendrez:
Allez-vous-en, allez, allez.

*maîtrie*, maîtrise.　　　*maudie*, maudisse.　　　*ce*, celui.

Au puits profond de ma merencolie
L'eaüe d'Espoir que ne cesse tirer,
Soif de Confort la me fait désirer
Quoique souvent je la trouve tarie.

Nette la vois un temps et éclaircie,
Et puis après troubler et empirer,
Au puits profond de ma merencolie
L'eaüe d'Espoir que ne cesse tirer.

D'elle trempe mon encre d'étudie,
Quand j'en écris, mais pour mon cœur irer,
Fortune vient mon papier déchirer,
Et tout jette par sa grand félonnie
Au puits profond de ma merencolie.

*la vois*, [je] la vois.　　　*d'étudie*, étude.　　　*irer*, mettre en colère.

Hiver, vous n'êtes qu'un vilain.
Eté est plaisant et gentil,
En témoin de Mai et d'Avril
Qui l'accompagnent soir et main.

Eté revêt champs, bois et fleurs
De sa livréë de verdure
Et de maintes autres couleurs
Par l'ordonnance de Nature.

Mais vous, Hiver, trop êtes plein
De neige, vent, pluie et grésil:
On vous dùt bannir en exil.
Sans point flatter, je parle plain:
Hiver, vous n'êtes qu'un vilain.

*main*, matin.          *plain*, clairement.

## François Villon

### LE TESTAMENT

Hé Dieu! si j'eusse étudié
Au temps de ma jeunesse folle,
Et à bonnes mœurs dédié,
J'eusse maison et couche molle.
Mais quoi? je fuyoië l'école,
Comme fait le mauvais enfant . . .
En écrivant cette parole,
A peu que le cœur ne me fend.

Le dit du Sage trop lui fit
Favorable (bien en puis mais!)
Qui dit: "Enjouis toi, mon fils,
En ton adolescence"; mais
Ailleurs sert bien d'un autre mets,
Car "Jeunesse et adolescence",
C'est son parler, ni moins ni mais,
"Ne sont qu'abus et ignorance". . . .

"Mes jours s'en sont allés errant
Comme," dit Job, "d'une touaille
Sont les filets, quand tisserand
En son poing tient ardente paille."
Lors, s'il y a nul bout qui saille,
Soudainement il le ravit.
Si ne crains plus que rien m'assaille,
Car à la mort tout s'assouvit.


Où sont les gracieux galants
Que je suivoye au temps jadis,
Si bien chantants, si bien parlants,
Si plaisants en faits et en dits?
Les aucuns sont morts et roidis,
D'eux n'est-il plus rien maintenant:
Repos aïent en paradis,
Et Dieu sauve le remenant!


Et les autres sont devenus,
Dieu merci! grands seigneurs et maîtres;
Les autres mendiënt tous nus
Et pain ne voiënt qu'aux fenestres;
Les autres sont entrés en cloistres
De Célestins et de Chartreux,
Bottés, houssés comme pêcheurs d'oistres:
Voilà l'état divers d'entre eux.


Aux grands maîtres doint Dieu bien faire,
Vivant en paix et en requoi;
En eux il n'y a que refaire,
Si s'en fait bon taire tout coi.
Mais aux pauvres qui n'ont de quoi,
Comme moi, doint Dieu patience!
Aux autres ne faut qui ni quoi,
Car assez ont pain et pitance.

*si*, pourtant.　　　　*remenant*, ceux qui restent.　　　　*oistres*, huîtres.
　　　　　　　　　　*doint*, donne (subjonctif).

Bons vins ont, souvent embrochés,
Sauces, brouets et gros poissons;
Tartes, flans, œufs frits et pochés,
Perdus et en toutes façons.
Pas ne ressemblent les maçons
Que servir faut à si grande peine:
Ils ne veulent nuls échançons,
De soi verser chacun se peine.

.    .    .    .

Pauvre je suis de ma jeunesse,
De pauvre et de petite extrace.
Mon père n'eut onc grand richesse,
Ni son aïeul, nommé Orace.
Pauvrete tous nous suit et trace.
Sur les tombeaux de mes ancêtres
Les âmes desquels Dieu embrasse!
On n'y voit couronnes ni sceptres.

De pauvreté me garmentant,
Souventesfois me dit le cœur:
"Homme, ne te doulouse tant
Et ne demène tel' douleur,
Si tu n'as tant qu'eut Jacques Cœur:
Mieux vaut vivre sous gros bureau
Pauvre, qu'avoir été seigneur
Et pourrir sous riche tombeau!"

Qu'avoir été seigneur! . . . Que dis?
Seigneur, las! et ne l'est-il mais?
Selon les davidiques dits
Son lieu ne connaîtra jamais.
Quant du surplus, je m'en démets:
Il n'appartient à moi, pécheur;
Aux théologiens le remets,
Car c'est office de prêcheur.

*garmentant*, lamentant.          *mais*, plus.

Si ne suis, bien le considère,
Fils d'ange portant diadème
D'étoile ni d'autre sidère.
Mon père est mort, Dieu en ait l'âme!
Quant est du corps, il gît sous lame . . .
J'entends que ma mère mourra,
– Et le sait bien, la pauvre femme, –
Et le fils pas ne demourra.

Je connais que pauvres et riches,
Sages et fols, prêtres et lais,
Nobles, vilains, larges et chiches,
Petits et grands, et beaux et laids,
Dames à rebrassés collets,
De quelconque condition,
Portant atours et bourrelets,
Mort saisit sans exception.

Et meure Pâris ou Hélène,
Quiconque meurt, meurt à douleur
Telle qu'il perd vent et haleine;
Son fiel se crève sur son cœur,
Puis suë, Dieu sait quel' sueur!
Et n'est qui de ses maux l'allège:
Car enfant n'a, frère ni sœur,
Qui lors voulsist être son plege.

La mort le fait blêmir, pâlir,
Le nez courber, les veines tendre,
Le col enfler, la chair mollir,
Jointes et nerfs croître et étendre.
Corps féminin, qui tant es tendre,
Poli, souef, si précieux,
Te faudra-t-il ces maux attendre?
Oui, ou tout vif aller ès cieux.

*si*, pourtant.    *sidère*, astre.    *demourra*, demeurera.
*voulsist*, voulût.    *plege*, caution.    *souef*, doux, suave.

BALLADE DES DAMES DU TEMPS JADIS

Dites-moi où, n'en quel pays,
Est Flora la belle Romaine,
Archipiadès ni Thaïs,
Qui fut sa cousine germaine,
Echo parlant quand bruit on mène
Dessus rivière ou sus étang,
Qui beauté eut trop plus qu'humaine?
Mais où sont les neiges d'antan?

Où est la très sage Héloïs,
Pour qui châtré fut et puis moine
Pierre Abelard à Saint Denis?
Pour son amour eut cette essoyne.
Semblablement, où est la roine
Qui commanda que Buridan
Fut jeté en un sac en Seine?
Mais où sont les neiges d'antan?

La reine Blanche comme lis
Qui chantait à voix de sirène,
Berthe au grand pied, Béatris, Alis,
Haremburgis qui tint le Maine,
Et Jehanne la bonne Lorraine
Qu'Anglais brulèrent à Rouen;
Où sont-ils, où, Vierge souvraine?
Mais où sont les neiges d'antan?

Prince, n'enquerez de semaine
Où elles sont, ni de cet an,
Qu'à ce refrain ne vous remène:
Mais où sont les neiges d'antan?

*Archipiades*, Alcibiade.          *essoyne*, peine.          *roine*, reine.

### LA VIEILLE EN REGRETTANT LE TEMPS
### DE SA JEUNESSE

Avis m'est que j'ois regretter
La belle qui fut heaumière,
Soi jeune fille souhaiter
Et parler en telle manière:
"Ha! vieillesse félonne et fière,
Pourquoi m'as si tôt abattue?
Qui me tient, qui, que ne me fière,
Et qu'à ce coup je ne me tue?

Tollu m'as la haute franchise
Que beauté m'avait ordonné
Sur clercs, marchands et gens d'Eglise:
Car lors il n'était homme né
Qui tout le sien ne m'eût donné,
Quoiqu'il en fût des repentailles,
Mais que lui eusse abandonné
Ce que refusent truandailles.

A maint homme l'ai refusé
Qui n'était à moi grand' sagesse,
Pour l'amour d'un garçon rusé
Auquel j'en fis grande largesse.
A qui que je fisse finesse,
Par m'âme, je l'aimoye bien!
Or ne me faisait que rudesse,
Et ne m'aimait que pour le mien.

Si ne me sut tant detraîner,
Fouler aux pieds que ne l'aimasse,
Et m'eût-il fait les reins traîner,
S'il m'eût dit que je le baisasse,
Que tous mes maux je n'oubliasse.

---

*Soi . . . souhaiter*, se souhaiter.          *que ne me fière*, que je ne me frappe.
   *truandailles*, ce que même des truands refusent aujourd'hui.
      *detraîner*, maltraiter.   *les reins traîner*, sur les reins.

Le glouton, de mal entaché
M'embrassait . . . J'en suis bien plus grasse!
Que m'en reste-il? Honte et peché.

Or est-il mort, passé trente ans,
Et je remains, vieille, chenue.
Quand je pense, lasse! au bon temps,
Quelle fus, quelle devenue!
Quand me regarde toute nue,
Et je me vois si très changée,
Pauvre, sèche, maigre, menue,
Je suis presque toute enragée.

Qu'est devenu ce front poli,
Cheveux blonds, ces sourcils voûtis,
Grand entr'œil, ce regard joli,
Dont prenoië les plus subtils;
Ce beau nez droit, grand ni petit,
Ces petites jointes oreilles,
Menton fourchu, clair vis traitis,
Et ces belles lèvres vermeilles?

Ces gentes épaules menues,
Ces bras longs et ces mains traitisses,
Petits tétins, hanches charnues,
Elevées, propres, faitisses
A tenir amoureuses lisses;
Ces larges reins, ce sadinet
Assis sur grosses fermes cuisses
Dedans son petit jardinet?

Le front ridé, les cheveux gris,
Les sourcils chus, les yeux éteints,
Qui faisaiënt regards et ris
Dont maints marchands furent atteints;
Nez courbes de beauté lointains,
Oreilles pendantes, moussues,
Le vis pâli, mort et déteint,
Menton froncé, lèvres peaussues.

*voûtis*, arqués.     *vis traitis*, visage bien dessiné.
*sadinet*, 'jolie petite chose' (sexe féminin).

24

C'est d'humaine beauté l'issue!
Les bras courts et les mains contraites,
Les épaules toutes bossues;
Mamelles, quoi? toutes retraites;
Telles les hanches que les tettes;
Du sadinet, fi! Quant aux cuisses,
Cuisses ne sont plus, mais cuissettes
Grivelées comme saucisses.

Ainsi le bon temps regrettons
Entre nous, pauvres vieilles sottes
Assises bas, à croupetons,
Tout en un tas comme pelotes,
A petit feu de chènevottes
Tôt alluméës, tôt éteintes;
Et jadis fûmes si mignottes! . . .
Ainsi en prend à mains et maintes.

*contraites*, contractées.     *chenevottes*, brins de chanvre.

### BALLADE POUR PRIER NOTRE DAME

Dame du ciel, régente terrienne,
Emperiere des infernaux palus,
Recevez-moi, votre humble chrétienne,
Que comprise sois entre vos élus,
Ce nonobstant qu'oncques rien ne valus.
Les biens de vous, ma Dame et ma Maîtresse,
Sont trop plus grands que ne suis pécheresse,
Sans lesquels biens âme ne peut mérir
N'avoir les cieux. Je n'en suis jangleresse:
En cette foi je veux vivre et mourir.

A votre Fils dites que je suis sienne;
De lui soïent mes péchés abolus;
Pardonne-moi comme à l'Egyptienne,
Ou comme il fit au clerc Théophilus,
Lequel par vous fut quitte et absolus,

*alus*, marais.     *mérir*, mériter.     *jangleresse*, menteuse.     *abolus*, absous.

25

Combien qu'il eût au diable fait promesse.
Préservez-moi de faire jamais ce,
Vierge portant (sans rompure encourir)
Le sacrement qu'on célèbre à la messe:
En cette foi je veux vivre et mourir.

Femme je suis povrette et ancienne,
Qui rien ne sait; oncques lettre ne lus
Au moutier vois (dont suis paroissienne)
Paradis peint, où sont harpes et luths,
Et un enfer où damnés sont boullus.
L'un me fait peur, l'autre joie et liesse.
La joie avoir me fais, haute Déesse,
A qui pécheurs doivent tous recourir,
Comblés de foi, sans feinte ni paresse:
En cette foi je veux vivre et mourir.

V ous portâtes, digne Vierge, princesse,
I ésus regnant qui n'a ni fin ni cesse.
L e Tout Puissant, prenant notre faiblesse,
L aissa les cieux et nous vint secourir,
O ffrit à mort sa très chère jeunesse;
N otre Seigneur tel est, tel le confesse:
En cette foi je veux vivre et mourir.

*sans rompure encourir*, sans perdre votre virginité.　　　　*boullus*, bouillis.

# BALLADE DES PENDUS

Frères humains qui après nous vivez,
N'ayez les cœurs contre nous endurcis,
Car, si pitié de nous pauvres avez,
Dieu en aura plus tôt de vous mercis.
Vous nous voyez ci-attachés cinq, six:

Quant de la chair, que trop avons nourrie,
Elle est piéça dévorée et pourrie,
Et nous, les os, devenons cendre et poudre.
De notre mal personne ne s'en rie;
Mais priez Dieu que tous nous veuille absoudre!

Si frères vous clamons, pas n'en devez
Avoir dédain, quoique fûmes occis
Par justice. Toutesfois, vous savez
Que tous hommes n'ont pas bon sens rassis;
Excusez-nous, puisque sommes transis,
Envers le fils de la Vierge Marie,
Que sa grâce ne soit pour nous tarie,
Nous préservant de l'infernale foudre.
Nous sommes morts, âme ne nous harie;
Mais priez Dieu que tous nous veuille absoudre!

La pluïë nous a débués et lavés,
Et le soleil desséchés et noircis;
Piës, corbeaux, nous ont les yeux cavés,
Et arraché la barbe et les sourcis.
Jamais nul temps nous ne sommes assis
Puis çà, puis là, comme le vent varie,
A son plaisir sans cesser nous charrie,
Plus becquetés d'oiseaux que dés à coudre.
Ne soyez donc de notre confrarie;
Mais priez Dieu que tous nous veuille absoudre!

Prince Jésus, qui sur tous a mâitrie,
Garde qu'Enfer n'ait de nous seigneurie:
A lui n'ayons que faire ni que soudre.
Hommes, ici n'a point de moquerie;
Mais priez Dieu que tous nous veuille absoudre!

---

*harie*, tourmente.     *maîtrie*, maîtrise.     *soudre*, solder, régler.

# Jean Lemaire des Belges

## NOTRE ÂGE

Notre âge est bref ainsi comme des fleurs
Dont les couleurs reluisent peu d'espace;
Le temps est court et tout rempli de pleurs
Et de douleurs, qui tout voit et compasse;
Joië se passe: on s'ébat, on solace,
Et entrelasse un peu de miel bénin
Avec l'amer du monde et le venin.

Force se perd, toute beauté finit
Et se ternit ainsi comme la rose
Qui au matin tant vermeille épanit,
Au soir brunit: c'est donc bien peu de chose.
L'homme propose, en après Dieu dispose:
Faisons donc pose à tout mondains délits,
Laissons jardins, roses, fleurons et lis;

Et ne plantons au clos de notre cœur,
Dont la liqueur vaut beaucoup s'elle est bonne,
Sinon trois fleurs de très noble vigueur,
Qui de langueur n'atteignent pas la bonne.
Tout bien foisonne et par accord résonne
Et s'amaisonne en ceux qui dispensées
Ont ces trois fleurs qu'on nomme trois pensées.

L'une des trois, quand bien la planterons.
Tend ses fleurons vers un seul Dieu céleste;
L'autre à soi propre ancre ses avirons.
Sous termes ronds et sans quelque moleste
La tierce est preste et sans cesser s'apreste
Que secours preste et aide à ses amis:
Dieu en bon cœur ces penséës a mis.

*délits*, délices.                    *s'apreste*, s'apprête.

28

Et derechef la première fleur gente,
Très diligente, au temps passé revoit;
La seconde le temps présent régente;
L'aultre, fulgente, au futur temps pourvoit
Et le prévoit: ainsi doncques on voit
Que, s'on avoit ces penséës ensemble,
Impossible est d'avoir mal, ce me semble.

Car d'elles trois on peult faire un blason
Qu'oncques Jason n'en eut point de tel' sorte,
Quant il alla conquerre la toison:
Ains par Raison est d'estoffe plus forte;
Pallas l'assorte et Prudence le porte;
Tout s'y comporte en vray mystère pur:
Le champ est d'or, les penséës d'azur.

*ains*, mais.

.    .    .    .    .    .

CHANSON DE GALATHÉE, BERGÈRE

Arbres feuillus, revêtus de verdure,
Quand l'hiver dure on vous voit désolés,
Mais maintenant aucun de vous n'endure
Nulle laidure, ains vous donne nature
Riche peinture et fleurons à tous lez,
Ne vous branlez, ni tremblez, ni croulez
Soyez mêlés de joie et flourissance:
Zéphire est sus donnant aux fleurs issance.

*ains*, mais.          *à tous lez*, de tous côtés.          *croulez*, remuez.
                          *issance*, naissance.

29

Gentes bergerettes,
Parlant d'amourettes
Dessous les coudrettes
Jeunes et tendrettes,
Cueillent fleurs jolies:
Framboises, mûrettes,
Pommes et poirettes
Rondes et durettes,
Fleurons et fleurettes
Sans mélancolie.

Sur les préaux de sinople vêtus
Et d'or battu autour des entellettes
De sept couleurs selon les sept vertus
Seront vêtus. Et de joncs non tordus,
Droits et pointus, feront sept corbeillettes;
Violettes, au nombre des planètes,
Fort honnêtes mettront en rondelet,
Pour faire à Pan un joli chapelet.

Là viendront dryades
Et hamadryades,
Faisant sous feuillades
Ris et réveillades
Avec autres fées.
Là feront naïades
Et les Oréades,
Dessus les herbades,
Aubades, gambades,
De joie échauffées.

*réaux*, prés.                     *entellettes*, rameaux.

Quand Aurora, la princesse des fleurs,
Rend la couleur aux boutonceaux barbus,
La nuit s'enfuit avecques ses douleurs;
Ainsi font pleurs, tristesses et malheurs,
Et sont valeurs en vigueur sans abus,
Des prés herbus et des nobles vergiers
Qui sont à Pan et à ses bons bergiers.

Chouettes s'enfuient,
Couleuvres s'étuient,
Cruels loups s'enfuient
Pastoureaux les huient
Et Pan les poursuit.
Les oiselets bruyent,
Les cerfs aux bois ruyent
Les champs s'enjolient,
Tous éléments rient
Quand Aurora luit.

*s'étuient*, se cachent.    *huient*, comme huer, donner un cri d'alarme.
*ruyent*, brament.

# CHANSONS FOLKLORIQUES

## LA PASSION DE JÉSUS-CHRIST

La Passion de Jésus-Christ,
    qu'est moult triste et dolente,
Ecoutez-la, petits et grands,
    s'il vous plaît de l'entendre.
Il a marché sept ans déchaus,
    pour faire pénitence;
Il a jeûné quarante jours,
    sans prendre soutenance.
Au bout de ces quarante jours
    il a bien voulu prendre
Du pain bénit, deux doigts de vin,
    une pomme d'orange;
Encore n'a-t-il pas tout pris,
    en fit part à ses anges.
Il entra dans Jérusalem
    par un jour de dimanche,
Rencontra quantité de Juifs,
    lui ont fait révérence
De leurs chapeaux, de leurs rameaux,
    de toute leur puissance.
Si a dit saint Pierre à saint Jean:
    "Voilà grande révérence!"
A répondu le doux Jésus:
    "C'est trahison bien grande!
Avant qu'il soit vendredi nuit,
    vous verrez mon corps pendre;
Vous verrez mes bras étendus
    sur une croix si grande;
Vous verrez mon chef couronné
    d'une aubépine blanche;
Vous verrez mes deux mains clouées
    et mes deux pieds ensemble;

32

Vous verrez mon côté percé
    par un grand coup de lance;
Vous verrez mon sang découler
    tout le long de mes membres;
Vous verrez mon sang ramassé
    par quatre petits anges;
Vous verrez ma mère à mes pieds,
    bien triste et bien dolente;
Vous verrez la terre trembler
    et les pierres se fendre;
Vous verrez la mer flamboyer
    comme un tison qui flambe;
Les étoiles qui sont au ciel
    vous les verrez descendre;
Verrez la lune et le soleil
    qui combattront ensemble."

### LE ROI RENAUD

Le roi Renaud de guerre revint,
Portant ses tripes en sa main.
Sa mère était sur le créneau
Qui vit venir son fils Renaud:

"Renaud, Renaud, réjouis-toi!
Ta femme est accouchée d'un roi.
– Ni de ma femme, ni de mon fils
Je ne saurais me réjouir.

Allez ma mère, allez devant;
Faites-moi faire un beau lit blanc:
Guère de temps n'y resterai,
A la minuit trépasserai.

Mais faites-le moi faire ici bas,
Que l'accouchée n'entende pas."
Et quand ce vint sur la minuit
Le roi Renaud rendit l'esprit.

Il ne fut pas le matin jour
Que les valets pleuraient tretous;
Il ne fut temps de déjeuner
Que les servantes ont pleuré.

"Ah, dites-moi, mère m'amie,
Que pleurent nos valets ici?
– Ma fille, en baignant nos chevaux,
Ont laissé noyer le plus beau.

– Et pourquoi, mère m'amie,
Pour un cheval pleurer ainsi?
Quand le roi Renaud reviendra,
Plus beaux chevaux amènera.

Ah, dites-moi, mère m'amie,
Que pleurent nos servantes-ci?
– Ma fille, en lavant nos linceuls
Ont laissé aller le plus neuf.

– Et pourquoi, mère m'amie,
Pour un linceul pleurer ainsi?
Quand le roi Renaud reviendra,
Plus beaux linceuls achètera.

Ah, dites-moi, mère m'amie,
Qu'est-ce que j'entends cogner ainsi?
– Ma fille, ce sont les charpentiers
Qui raccommodent le plancher.

– Ah, dites-moi, mère m'amie,
Qu'est-ce que j'entends sonner ici?
– Ma fille, c'est la procession
Qui sort pour les Rogations.

– Ah, dites-moi, mère m'amie,
Que chantent les prêtres ici?
  Ma fille, c'est la procession
Qui fait le tour de la maison."

Or, quand ce fut pour relever,
A la messe elle voulut aller;
Or, quand ce fut passé huit jours,
Elle voulut faire ses atours:

"Ah, dites-moi, mère m'amie,
Quel habit prendrai-je aujourd'hui?
– Prenez le vert, prenez le gris,
Prenez le noir pour mieux choisir.

– Ah, dites-moi, mère m'amie,
Ce que ce noir-là signifie?
– Femme qui relève d'enfant,
Le noir lui est bien plus séant."

Mais quand elle fut emmi les champs,
Trois pastoureaux allaient disant:
"Voilà la femme de ce seignour
Que l'on enterra l'autre jour.

– Ah, dites-moi, mère m'amie,
Que disent ces pastoureaux-ci.
– Ils nous disent d'avancer le pas
Ou que la messe n'aurons pas."

Quand elle fut dans l'église entrée,
Le cierge on lui a présenté.
Aperçut, en s'agenouillant,
La terre fraîche sous son banc;

"Ah, dites-moi, mère m'amie,
Pourquoi la terre est rafraîchie?
– Ma fille, ne vous le puis cacher,
Renaud est mort et enterré.

Renaud, Renaud, mon réconfort,
Te voilà donc au rang des morts;
Divin Renaud, mon réconfort,
Te voilà donc au rang des morts!

Puisque le roi Renaud est mort,
Voici les clefs de mon trésor;
Prenez mes bagues et mes joyaux,
Nourrissez bien le fils Renaud.

Terre, ouvre-toi, terre, fends-toi,
Que j'aille avec Renaud mon roi!"
Terre s'ouvrit, terre fendit,
Et si fut la belle engloutie.

### LA BLANCHE BICHE

Celles qui vont au bois,
    c'est la mère et la fille.
La mère va chantant
    et la fille soupire:
"Qu'av'vous à soupirer,
    Ma fille Marguerite?
– J'ai bien grande ire en moi,
    et n'ose vous le dire:
Je suis fille le jour
    et la nuit blanche biche.
La chasse est après moi,
    les barons et les princes,
Et mon frère Renaud
    qui est encore bien pire.
Allez, ma mère, allez
    bien promptement lui dire
Qu'il arrête ses chiens
    jusqu'à demain ressie.
– Où sont tes chiens, Renaud,
    et ta chasse gentille?
– ils sont dedans le bois
    à courre blanche biche.
– Arrête-les, Renaud,
    arrête, je t'en prie!"
Trois fois les a cornés
    O son cornet de cuivre;

*ressie*, sieste.       *O*, avec.

A la troisième fois,
      la blanche biche est prise:
"Mandons le dépouilleur,
      qu'il dépouille la biche."
Celui qui la dépouille
      dit: "Je ne sais que dire:
Elle a les cheveux blonds
      et le sein d'une fille."
A tiré son couteau,
      en quartiers il l'a mise.
En ont fait un dîner
      aux barons et aux princes:
"Nous voici tous illec,
      faut ma sœur Marguerite."
— "Vous n'avez qu'à manger,
      suis la première assise:
Ma tête est dans le plat
      et mon cœur aux chevilles,
Mon sang est répandu
      par toute la cuisine.
Et sur vos noirs charbons,
      mes pauvres os y grillent."

        *illec*, ici.

## NOËLS

### AU SAINT NAU

      Au saint Nau
Chanterai, sans point m'y feindre,
Y n'en daignerai rien craindre,
      Car le jour est fériau.

Nous fûmes en grand émoi
Y ne sais pas ce qu'o peut être,
Daux autres bergers et moi,
En menant nos brebis paître,
Dau forfait qu'Adam fit contre son maître

*fériau*, férié.         *daux, dau, dau* = deux . . du . . du.

      37

Quand dau fruit il osit paître
Dont il fit péché mortiau.

Au saint Nau . . .

Y m'assis sur le muguet
En disant de ma pibolle
Et mon compaignon Huguet
Mi répond de sa flageolle;
Arriva un ange daus ceau qui vole,
Disant allègre parole
Dont y fus joyeux et bault:

Au saint Nau . . .

"Réveillez-vous, pastoureaux,
Et menez joyeuse chère.
En Bethléem est l'igneau
Nascu d'une vierge mère:
Elle l'a mis dedans ine manjouère
Où 'l avait pou de letère,
En l'étable communau."

Au saint Nau . . .

*pibolle*, pipeau.     *daus ceau*, des cieux.     *pou de letère*, peu de litière.

### AUTRE NOEL

Réveillez-vous, cœurs endormis,
Levez-vous, sus! Chantons Nouël
Nouël, Nouël, Nouël, Nouël!
Gabriel a été commis
A saluer la fleur du lis.
Les pastoureaux chantons Nouël!

Neuf mois Marie porta son fils
Bien est benoît celuy logis
Qui a porté le roy du ciel.
Nous étions tous forbannis
Du royaume du Paradis
Si n'eût été Emmanuel.

Pourtant si vous êtes marris
Si vous devez vous resjouyr
A la venuë de Nouël!
Chacun corrige ses délits
Sans murmurer contre nully.
Dieu nous doint paix et paradis.
                    Amen.


# Mellin de Saint-Gelais


### SONNET 7

Il n'est point tant de barques à Venise,
    D'huîtres à Bourg, de lièvres en Champagne,
    D'ours en Savoie, et de veaux en Bretagne,
    De cygnes blancs le long de la Tamise;
Ni tant d'amours se traitent en l'Eglise,
    Ni différends aux peuples d'Allemagne,
    Ni tant de gloire à un seigneur d'Espagne,
    Ni tant se trouve à la Cour de feintise;
Ni tant y a de monstres en l'Afrique,
    D'opinions en une République,
    Ni de pardons à Rome un jour de fête;
Ni d'avarice aux hommes de pratique,
    Ni d'arguments en une Sorbonnique,
    Que m'amie a des lunes en la tête.


### TREIZAIN

Par l'ample mer, loin des ports et arènes
S'en vont nageant les lascives Sirènes,
En déployant leurs chevelures blondes,
Et, de leur voix plaisantes et sereines,

Les plus hauts mâts et plus basses carènes
Font arrêter aux plus mobiles ondes,
Et souvent perdre en tempêtes profondes;
Ainsi la vie à nous si délectable,
Comme Sirène affectée et muable,
En ses douceurs nous enveloppe et plonge
Tant que la mort rompe aviron et câble,
Et puis de nous ne reste qu'une fable,
Un moins que vent, ombre, fumée et songe.

## *Marguerite d'Angoulême, Reine de Navarre*

### CHANSON SPIRITUELLE

Si Dieu m'a Christ pour chef donné,
Faut-il que je serve autre maistre?
S'il m'a le pain vif ordonné,
Faut-il du pain de mort repaistre?
S'il me veut sauver par sa dextre,
Faut-il en mon bras me fier?
S'il est mon salut et mon estre,
Point n'en faut d'autre édifier.

S'il est mon seul et sûr espoir,
Faut-il avoir autre espérance?
S'il est ma force et mon pouvoir
Faut-il prendre ailleurs assurance?
Et s'il est ma persévérance,
Faut-il louer ma fermeté?
Et pour une belle apparence,
Faut-il laisser la sûreté?

Si ma vie est en Jésus-Christ,
Faut-il la croire en cette cendre?
S'il m'a donné son saint esprit,
Faut-il autre doctrine prendre?

Si tel maistre me daigne apprendre,
Faut-il à autre école aller?
S'il me fait son vouloir entendre,
Faut-il par crainte le celer?

Si Dieu me nomme son enfant,
Faut-il craindre à l'appeler père?
Si le monde me le défend,
Faut-il qu'à son mal j'obtempère?
Si son esprit en moi opère,
Faut-il mon courage estimer?
Non, mais Dieu, qui partout impère,
Faut en tout voir, craindre et aimer.

### LES PRISONS

#### I

Je vous confesse, Amië tant aimée,
Que j'ai longtemps quasi désestimée
La grand' douceur d'heureuse liberté
Pour la prison où par vous j'ai été,
Car j'en trouvais les tourments et lïens
Doux passetemps et désirables biens.
Ténèbre lors me semblait lumineuse
Et le soleil lumière ténébreuse;
Larmes et pleurs j'estimais ris et chants,
Et si trouvais plus plaisant que les champs
D'être enfermé entre ferrées portes,
Grilles, barreaux, chaînes et pierres fortes;
La volerie et la chasse et le jeu
Ne me plaisaient si fort que le gros nœud
Qui pieds et mains me tenait attaché,
Dont un seul jour ne me trouvai fâché.
Peiner, jeûner, veiller soirs et matins,
Me plaisaient plus que triomphants festins.
Oh! que souvent voyant les passe-temps
Que prennent ceux qui se trouvent contents,
Tout seul disais: "Hélas! gens sans raison,
Si vous saviez le bien de ma prison,

Vous laisseriez armes, chiens et oiseaux,
Près, bois, jardins et trouveriez plus beaux
Mes forts liens et ma ferme clôture
Que tous les biens qu'a su créer Nature."
Ainsi longtemps, tout seul m'entretenant,
Heureux tout seul en un lieu me tenant,
Sachant que vous aussi seul me teniez
Et que moi seul sans plus entreteniez,
Demeuré suis en si plaisant séjour
Que j'y trouvais l'an plus court que le jour.
Quels doux liens de regret tant honnête
Des yeux plantés en si très sage tête,
Qui se tournant vers moi non sans propos,
En m'éveillant, m'apprêtaient un repos
Voire si doux, que jamais nul veiller
Par sa longueur ne me peut travailler.
Et tout ainsi que l'œil, qui ne prend garde,
Le clair soleil en plein midi regarde,
Longtemps après en demeure ébloui,
Bien qu'il ait peu de sa beauté joui,
Tant que partout pense voir un soleil
Ou que tout est ou doré ou vermeil:
Pareillement, croyez qu'après vous voir,
En regardant ailleurs n'avais pouvoir
D'apercevoir rien, fors votre visage,
Dont en mes yeux empreinte était l'image.
Donc pensez si ma prison cruelle,
En vous voyant partout, me semblait belle.
Si votre œil fut mon lien et ma corde,
Votre parler, que souvent je recorde,
Fut mes durs fers et ma pesante chaîne,
Qui me faisait, ainsi qu'en forte géhenne,
Dire souvent, en élevant ma voix,
Ce que plutôt taire et celer devois,
Et si taisais ce que je voulais dire,
En désirant allonger mon martyre.
Martyre, quoi! mais mon très grand plaisir;

*allonger*, prolonger.

En est-il nul tel que d'être à loisir
Pour écouter si plaisante leçon?
N'avons point vu qu'un trop extrême son
Rend pour un temps sourde une bonne oreille,
Cuidant un bruit ouïr qui l'émerveille;
Car elle n'oit rien de ce qu'on lui dit,
Si on la bénit ou si on la maudit:
Tout lui est un, car un bruit seulement
Tient occupé sens et entendement.
Las! moi aussi, oyant un tel parler,
Je ne voudrais jamais loin m'en aller.
Je me moquais de celui qui s'applique
Et prend plaisir à la douce musique;
Votre parler m'était toute harmonie
Qui ma prison rendait si bien garnie
D'un son, en quoi gît ma félicité,
Que je n'avais point de nécessité
D'orgues, de luths, de fifres, de violes:
Je trouvais tout en vos douces paroles.
Si un bon mot ouïr de vous pouvois,
Croyez pour vrai qu'autre parole ni voix
N'était, sinon ce mot qui revenoit
A mon oreille, là où il se tenoit;
Tout le parler qu'onques depuis ouï
Ne m'exemptait sinon ce doux oui.
Par quoi mon œil, mon oreille et mon cœur,
Cette prison ni toute sa rigueur
N'estimeront tant que je fis jadis,
Fors un plaisant terrestre paradis.

. . . . .

Lors, ayant fait ces tours par ma prison,
Je commençais faire telle oraison:
  "O belle tour, ô paradis plaisant,
  O clair palais du soleil reluisant,
  Où tout plaisir se voit en un regard!
  Las! qu'il me plaît d'être ici seul à part
  Pour contempler votre perfection,

Votre beauté, votre condition;
Par quel amour ni par quel artifice
Peut être fait si parfait édifice?
Fi des châteaux, des villes, des palais!
Au prix de vous ils me semblent tous laids.
Bois et jardins, blés, vignes et prairies
Dignes n'étaient sinon de moqueries,
Ayant égard au plaisir de ce lieu
Qui passe tout fors celui de voir Dieu;
Mais tout plaisir que ça bas a donné
Pour ma prison doit être abandonné.
O digne tour d'avoir toute louange,
Pour autre bien jamais je ne vous change;
Je vous requiers aussi ne me changer
Pour recevoir prisonnier étranger,
Et que jamais votre porte ne s'ouvre
Qui le dedans de mon repos découvre.
Pour cet effet vais les verroux mouiller,
Pleurant dessus pour plus les enrouiller.
Il vous plaira renforcer vos barreaux,
Redoubler grilles, multiplier carreaux
Et réunir mes liens si très près
Que départir du lieu ne puisse après.
N'ayez pas peur, liens, de me blesser,
Tant seulement ne me veuillez laisser;
Soyez certains que plus fort me tenez
En fers pesants, plus doux vous devenez.
Ne vous ouvrez, fenêtre, pour le jour,
Car j'ai ici la lumière d'amour,
Par qui je vois le bien qui me fait vivre,
Dont je voudrais jamais n'être délivre.
Empechez donc le soleil de loger
Ici dedans, car je ne veux changer
A sa clarté mes liens et ma chaîne.
Pour me montrer ma prison et ma peine,
Las! il a beau au midi m'éclairer,
Il ne me peut malheureux déclairer,

*départir*, partir.                    *déclairer*, déclarer.

44

Prisonnier bien: c'est ce que je veux être.
Or fermez-vous contre lui, ma fenêtre,
Car je ne veux aïde ni moyen
Pour saillir hors de ce plaisant lïen."

CHANSON DE LA RAVIE DE DIEU, BERGÈRE

O doux amour! ô doux regard,
Qui me transperce de ton dard!
    O l'ignoré!
L'ami de moi tant adoré,
Le vertueux mal honoré
    Et l'inconnu,
Pour tout autre qui est tenu!
L'un est dit vêtu, qui est nu,
    Et l'autre, obscur.
La coriette qui pare un mur,
Et le caillou si fort et dur:
    On le dit mol;
Et le sage on nomme fol,
Et qui est Pierre, on nomme Paul.
    Ainsi chacun
Parle son langage commun.
Mais mon cœur qui n'en aime qu'un
    D'un seul caquet,
Oubliant Jacques et Jacquet,
Corps et chemise, cotte et jaquet,
    Homme et habits,
Trésor et biens, moutons, brebis,
Boire, manger, pain blanc ou bis,
    Plaisir, santé,
Pour plaisir ne peut fréquenter
Plus ami, et tant plus le hanter.
    Hélas! j'ai peur
De n'aimer point d'assez bon cœur,
Ou de feint amour, quelle horreur!
    Si j'aimais fort,
      *coriette*, ceinture d'échafaudage.

Cet amour me donn'rait la mort . . .
Mais puisque suis vivant, au fort,
Je n'aime assez.
Bras et jambes seraient lassés,
Si d'amour étaient pourchassés . . .
Non, mais plus forts,
Car Amour par ses grands efforts
Peut bien ressusciter les morts.
Or t'évertue,
Amour, et tout soudain me tue.
Puis, quand tu m'auras abattue,
Me feras vivre.
Pour toi veux être folle et ivre
Sans jamais en être délivre.
Mais toi, amour,
S'il te plaît me faire ce tour,
Que tu me brûles sans séjour;
Ton consumer
Me donn'ra un être d'aimer,
Me relevant pour m'assommer,
Et ta lumière,
Qui en moi sera toute entière,
Comme toi me fera légère.

*au fort*, en effet.

## *Clément Marot*

### CHANSONS

Dieu gard' ma Maîtresse et régente,
Gente de corps et de façon.
Son cœur tient le mien en sa tente
Tant et plus d'un ardant frisson.
S'on m'oit pousser sur ma chanson
Son de luth ou harpes doucettes,
C'est Espoir qui sans marrisson
Songer me fait en amourettes.

*ente*, compagnie.    *S'on*, si on.    *Sans marrisson*, sans être marri.

La blanche colombelle belle
Souvent je vois priant criant:
Mais dessous la cordelle d'elle
Me jette un œil friant, riant,
En me consommant et sommant
A douleur qui ma face efface,
Dont suis le reclamant amant
Qui pour l'outrepasse trépasse.


Dieu des amants, de mort me garde,
Me gardant donne-moi bonheur
Et me le donnant prends ta darde,
En la prenant navre son cœur;
En le navrant me tiendra seur,
En seurté suivrai l'accointance;
En l'accointant, ton serviteur
En servant aura jouissance.

*cordelle*, cordelette.　　　　　　*outrepasse*, perfection.
*darde*, dard.　　　　　　　　　　*seur*, sûr.


DU JOUR DE NOËL

Une pastourelle gentille
Et un berger en un verger,
L'autre hier jouant à la bille
S'entredisaient, pour abréger:
　　　　　Roger
　　　　　Berger!
　　　　　Legère
　　　　　Bergère!
C'est trop à la bille joué.
Chantons Noé, Noé, Noé!
　　Te souvient-il plus du prophète,
Qui nous dit cas de si haut fait,
Que d'une pucelle parfaite
Naîtrait un enfant tout parfait?

47

L'effet
Est fait:
La belle
Pucelle
A un fils du Ciel avoué.
Chantons Noé, Noé, Noé!

# ÉPIGRAMMES

### DU LIEUTENANT-GÉNÉRAL ET DE SAMBLANÇAY

Lorsque Maillart, juge d'Enfer, menait
A Montfaucon Samblançay l'âme rendre,
A votre avis, lequel des deux tenait
Meilleur maintien? Pour le vous faire entendre,
Maillart semblait homme qui mort va prendre
Et Samblançay fut si ferme vieillard,
Que l'on cuidait, pour vrai, qu'il menât pendre
A Montfaucon le lieutenant Maillart.

### DU PARTEMENT D'ANNE

Où allez-vous, Anne? que je le sache,
Et m'enseignez, avant que de partir,
Comme ferai, afin que mon œil cache
Le dur regret de cœur triste et martyr.
Je sais comment, point ne faut m'avertir:

Vous le prendrez, ce cœur, je le vous livre,
L'emporterez pour le rendre délivre
Du deuil qu'auroit loin de vous en ce lieu:
Et pour autant qu'on ne peut sans cœur vivre,
Me laisserez le vôtre, et puis adieu.

## A LA BOUCHE DE DIANE

Bouche de corail précieux,
Qui à baiser semblez sémondre;
Bouche qui d'un cœur gracieux
Savez tant bien dire et répondre,
Répondez-moi: doit mon cœur fondre
Devant vous, comme au feu la cire?
Voulez-vous bien celui occire
Qui craint vous être déplaisant?
Ha! bouche que tant je désire,
Dites Nenni en me baisant.

## D'ANNE JOUANT DE L'ÉPINETTE

Lorsque je vois en ordre la brunette,
Jeune, en bon point, de la ligne des dieux,
Et que sa voix, ses doigts et l'épinette
Mènent un bruit doux et mélodieux,
J'ai du plaisir, et d'oreilles, et d'yeux,
Plus que les saints en leur gloire immortelle,
Et autant qu'eux je deviens glorieux
Dès que je pense être un peu aimé d'elle.

## IL SALUE ANNE

Dieu te gard', douce, aimable calandre,
Dont le chant fait joyeux les ennuyés;
Ton dur départ me fait larmes épandre,
Ton doux revoir m'a les yeux essuyés.
Dieu gard' le cœur sur qui sont appuyés
Tous mes désirs! Dieu gard' l'œil tant adextre,
Là où Amour a ses traits essuyés;
Dieu gard' sans qui gardé je ne puis estre.

*calandre*, alouette.

# RONDEAUX

## D'UN QUI SE COMPLAINT DE FORTUNE

Fausse Fortune, ô que je te vis belle!
Las! qu'à présent tu m'es rude et rebelle!
O que jadis fis bien à mon désir,
Et maintenant me fais le déplaisir
Que je craignais plus que chose mortelle!
Enfants nourris de sa gauche mamelle,
Composons-lui (je vous prie) un libelle
Qui pique dru et qui morde à loisir
         Fausse Fortune.

Par sa rigueur (hélas!) elle m'expelle
Du bien que j'ai, disant: puisqu'il vient d'elle,
Qu'elle peut bien du tout m'en dessaisir.
Mais enfin Mort mort me fera gésir,
Pour me venger de sa sœur, la cruelle,
         Fausse Fortune.

## DE TROIS COULEURS

Gris, Tanné, Noir porte la fleur des fleurs
Pour sa livrée, avec regrets et pleurs;
Pleurs et regrets en son cœur elle enferme,
Mais les couleurs dont ses vêtements ferme,
Sans dire mot exposent ses douleurs.

Car le Noir dit la fermeté des cœurs;
Gris le travail, et Tanné les langueurs:
Par ainsi *c'est langueur en travail ferme*,
        Gris, Tanné, Noir.

J'ai ce fort mal par elle et ses valeurs,
Et en souffrant ne crains aucuns malheurs,
Car sa bonté de mieux avoir m'afferme:

Ce nonobstant, en attendant le terme,
Me faut porter ces trois tristes couleurs:
    Gris, Tanné, Noir.


DE L'AMOUR DU SIÈCLE ANTIQUE

Au bon vieux temps un train d'amour règnoit,
Qui sans grand art et dons se démenoit,
Si qu'un bouquet donné d'amour profonde,
C'étoit donner toute la terre ronde,
Car seulement au cœur on se prenoit.

Et si, par cas, à jouir on venoit,
Savez-vous bien comme on s'entretenoit?
Vingt ans, trente ans: cela duroit un monde
    Au bon vieux temps.

Or est perdu ce qu'amour ordonnoit:
Rien que pleurs feints, rien que changes on n'oit.
Qui voudra donc qu'à aimer je me fonde,
Il faut, premier, que l'amour on refonde,
Et qu'on la mène ainsi qu'on la menoit
    Au bon vieux temps.


## ÉPITRE XXVI

*Pour Pierre Vuyart, à Madame de Lorraine*

Je ne l'ai plus, libérale Princesse,
Je ne l'ai plus: par mort il a pris cesse,
Le bon cheval que j'eus de votre grâce.
N'en sauroit-on recouvrer de la race?
Certainement, tandis que je l'avoye,
Je ne trouvais rien nuisant en la voie.
En le menant par bois et par taillis,
Mes yeux n'étaient de branches assaillis.
En lui faisant gravir roc ou montagne,
Autant m'était que trotter en campagne.

Autant m'était torrents et grandes eaux
Passer sur lui, comme petits ruisseaux;
Car il semblait que les pierres s'ôtassent
De tous les lieux où ses pieds se boutassent.

Que dirai plus? onc voyage ne fit
Avecques moi dont il ne vint profit;
Mais maintenant toutes choses me grèvent:
Branches au bois les yeux quasi me crèvent;
Car le cheval que je promène et mène
Est malheureux, et bronche en pleine plaine;
Petits ruisseaux grand's rivières lui semblent;
Pierres, cailloux, en son chemin s'assemblent;
Et ne me donne en voyages bonheur.

O Dame illustre, ô parangon d'honneur,
Dont procéda le grand bonheur secret
Du cheval mort, où j'ai tant de regret?
Il ne vint point de cheval ni de selle;
J'ai cette foi qu'il procéda de celle
Par qui je l'eus. Or en suis démonté;
La mort l'a pris, la mort l'a surmonté;
Mais c'est tout un: votre bonté naïve
Morte n'est pas, ainsi est si très vive,
Qu'elle pourrait, non le ressusciter,
Mais d'un pareil bien me faire hériter.

S'il advient donc que par la bonté vôtre
Monseigneur fasse un de ses chevaux nôtre,
Très humblement le supplie' qu'il lui plaise
Ne me monter doucement et à l'aise:
Je ne veux point de ces doucets chevaux
Tant que pourrai endurer les travaux;
Je ne veux point de mule ni mulet
Tant que je sois vieillard blanc comme lait;
Je ne veux point de blanche haquenée
Tant que je sois demoiselle atournée.

Que veux-je donc? un courtaud furieux,
Un courtaud brave, un courtaud glorieux,

*Dont procéda*, d'oú.     *Tant que pourrai endurer*, = so long as.
*Tant que je sois* = until.

Qui ait en l'air ruade furieuse,
Glorieux trot, la bride glorieuse.
Si je l'ai tel, fort furieusement
Le piquerai, et glorieusement.
    Conclusion: si vous me voulez croire,
D'homme et cheval ce ne sera que gloire.

## PSAUME XXIII

### DOMINUS REGIT ME

Mon Dieu me paît sous sa puissance haute,
C'est mon berger, de rien je n'aurai faute.
En toi bien sûr, joignant les beaux herbages,
Coucher me fait, me mène aux clairs rivages,
Traite ma vie en douceur très humaine,
Et pour son nom par droits sentiers me mène
Si sûrement, que quand au val viendroye
D'ombre de mort, rien de mal ne craindroye,
Car avec moi tu es à chacune heure,
Puis ta houlette et conduite m'asseure.
Tu enrichis de vivres necéssaires
Ma table, aux yeux de tous mes adversaires.
Tu oins mon chef d'huiles et senteurs bonnes
Et jusqu'aux bords pleine tasse me donnes.
Voire, et feras que cette faveur tienne,
Tant que vivrai compagnië me tienne,
Si que toujours de faire ai espérance
En la maison du Seigneur demeurance.

## Maurice Scève

## DÉLIE

### XLVI

Si le désir, image de la chose
Que plus on aime, est du cœur le miroir,
Qui toujours fait par mémoire apparoir
Celle où l'esprit de ma vië repose,

A quelle fin mon vain vouloir propose
De m'éloigner de ce qui plus me suit?
    Plus fuit le Cerf, et plus on le poursuit
Pour mieux le rendre aux rêts de servitude:
Plus je m'absente, et plus le mal s'ensuit
De ce doux bien, Dieu de l'amaritude.

*vouloir*, volonté.        *amaritude*, amertume.

### C

L'oisiveté des délicates plumes,
Lit coutumier, non point de mon repos,
Mais du travail, où mon feu tu allumes,
Souventesfois, outre heure, et sans propos
Entre ses draps me détient indispos,
Tant elle m'a pour son faible ennemi.
    Là mon esprit son corps laisse endormi
Tout transformé en image de Mort,
Pour te montrer, que lors homme à demi,
Vers toi suis vif, et vers moi je suis mort.

### CXXIX

Le jour passé de ta douce présence
Fut un serein en hiver ténébreux
Qui fait prouver la nuit de ton absence
A l'œil de l'âme être un temps plus ombreux
Que n'est au corps ce mien vivre encombreux
Qui maintenant me fait de soi refus.
    Car dès le point que partië tu fus,
Comme le lièvre accroupi en son gîte,
Je tends l'oreille, oyant un bruit confus,
Tout éperdu aux ténèbres d'Egypte.

*vivre*, vie.

### CXLIII

Le souvenir, âme de ma pensée,
Me ravit tant en son illusif songe,
Que, n'en étant la mémoire offensée,

Je me nourris de si douce mensonge.
    Or, quand l'ardeur, qui pour elle me ronge,
Contre l'esprit sommeillant se hasarde,
Soudainement qu'il s'en peut donner garde,
Ou qu'il se sent de ses flammes grevé,
En mon penser soudain il te regarde
Comme au désert son Serpent élevé.

              *grevé*, chargé.


## CXLIV

En toi je vis, où que tu sois absente:
En moi je meurs, où que soyë présent.
Tant loin sois-tu, toujours tu es présente:
Pour près que soye, encore suis-je absent.
    Et si nature outragéë se sent
De me voir vivre en toi trop plus qu'en moi:
Le haut pouvoir, qui ouvrant sans émoi,
Infuse l'âme en ce mien corps passible,
La prévoyant sans son essence en soi,
En toi l'étend, comme en son plus possible.

*où que*, wherever.        *si*, pourtant.        *passible*, passif.


## CLXI

Seul avec moi, elle avec sa partie:
Moi en ma peine, elle en sa molle couche.
Couvert d'ennui je me vautre en l'Ortie,
Et elle nue entre ses bras se couche.
    Ha (lui indigne) il la tient, il la touche:
Elle le souffre; et, comme moins robuste,
Viole amour par ce lien injuste,
Que droit humain, et non divin, a fait.
    O sainte loi, à tous fors à moi, juste,
Tu me punis pour elle avoir méfait.

### CCXXXII

Tout le repos, ô nuit, que tu me dois,
Avec le temps mon penser le dévore:
Et l'Horloge est compter sur mes doigts
Depuis le soir jusqu'à la blanche Aurore.
  Et sans du jour m'apercevoir encore,
Je me perds tout en si douce pensée,
Que de veiller l'Ame non offensée,
Ne souffre au corps sentir celle douleur
De vain espoir toujours récompensée
Tant que ce Monde aura forme, et couleur.

### CCXLIX

De toute Mer tout long et large espace
De Terre aussi tout tournoyant circuit,
Des Monts tout terme en forme haute et basse,
Tout lieu distant, du jour et de la nuit
Tout intervalle (o qui par trop me nuit)
Seront remplis de ta douce vigueur.
  Ainsi, passant des Siècles la longueur,
Surmonteras la hauteur des Etoiles
Par ton saint nom, qui vif en mon langueur
Pourra partout nager à pleines voiles.

### CCCXLVI

A si haut bien de tant sainte amitié
Facilement te devroit inciter,
Sinon devoir, ou honnête pitié,
A tout le moins mon loyal persister,
Pour uniment, et ensemble assister
Là-sus en paix en notre éternel trône.
  N'aperçois-tu de l'Occident le Rhône
Se détourner, et vers Midi courir,
Pour seulement se conjoindre à sa Saône
Jusqu'à leur Mer, où tous deux vont mourir?

*celle*, cette.        *uniment*, en union.        *assister*, se tenir près.

### CCCLXVII

Assez plus long qu'un Siècle Platonique
Me fut le mois que sans toi suis été:
Mais quand ton front je revis pacifique,
Séjour très haut de toute honnêteté,
Où l'empire est du conseil arrêté,
Mes songes lors je crus être devins.
    Car en mon corps, mon Ame, tu revins
Sentant ses mains, mains célestement blanches,
Avec leurs bras mortellement divins
L'un couronner mon col, l'autre mes hanches.

### CCCLXXVIII

La blanche Aurore à peine finissait
D'orner son chef d'or luisant et de roses,
Quand mon Esprit, qui du tout périssait
Au fond confus de tant diverses choses,
Revint à moi sous les Custodes closes
Pour plus me rendre envers Mort invincible.
    Mais toi, qui as (toi seule) le possible
De donner heur à ma fatalité,
Tu me seras la Myrrhe incorruptible
Contre les vers de ma mortalité.

           *Custodes,* rideaux de lit.

### CCCCXLVI

Rien, ou bien peu, faudrait pour me dissoudre
D'avec son vif ce caduque mortel:
A quoi l'Esprit se veut très bien résoudre,
Jà prévoyant son corps par la Mort tel
Qu'avec lui se fera immortel,
Et qu'il ne peut que pour un temps périr.
    Donc, pour paix à ma guerre acquérir
Craindrai renaître à vië plus commode?
Quand sur la nuit le jour vient à mourir,
Le soir d'ici est Aube à l'Antipode.

## RIMES

Jà n'est besoin que plus il me soucie
Si le jour faut, ou que vienne la nuit
— Nuit hivernale et sans lune obscurcie;
Car tout cela certes rien ne me nuit,
Puisque mon Jour par clarté adoucie
M'éclaire toute et tant qu'à la minuit
En mon esprit me fait apercevoir
Ce que mes yeux ne surent onques voir.


Qui dira ma robe fourrée
De la belle pluie dorée
Qui Daphnès enclose ébranla:
Je ne sais rien moins que cela.
Qui dira qu'à plusieurs je tends
Pour en avoir mon passetemps,
Prenant mon plaisir çà et là:
Je ne sais rien moins que cela.
Qui dira que t'ai révélé
Le feu longtemps en moi celé
Pour en toi voir si force il a:
Je ne sais rien moins que cela.
Qui dira que, d'ardeur commune
Qui les jeunes gens importune,
De toi je veux . . . et puis holà!
Je ne sais rien moins que cela.
Mais qui dira que la vertu,
Dont tu es richement vêtu,
En ton amour m'étincela:
Je ne sais rien mieux que cela.
Mais qui dira que d'amour sainte
Chastement au cœur suis atteinte,
Qui mon honneur onc ne foula:
Je ne sais rien mieux que cela.

## Charles Fontaine

## CHANT SUR LA NAISSANCE DE JEAN

Mon petit fils, qui n'as encor rien vu,
A ce matin ton père te salue;
Viens-t'en, viens voir ce monde bien pourvu
D'honneurs et biens qui sont de grand value;
Viens voir la paix en France descendue,
Viens voir François, notre roi et le tien,
Qui a la France ornée et défendue;
Viens voir le monde où y a tant de bien.

Viens voir le monde, où y a tant de maux;
Viens voir ton père en procès qui le mène;
Viens voir ta mère en de plus grands travaux
Que quand son sein te portait à grand'peine;
Viens voir ta mère, à qui n'as laissé veine
En bon repos; viens voir ton père aussi,
Qui a passé sa jeunesse soudaine,
Et à trente ans est en peine et souci.

Jean, petit Jean, viens voir ce tant beau monde,
Ce ciel d'azur, ces étoiles luisantes,
Ce soleil d'or, cette grand' terre ronde,
Cette ample mer, ces rivières bruyantes,
Ce bel air vague et ces nuës courantes,
Ces beaux oiseaux qui chantent à plaisir,
Ces poissons frais et ces bêtes paissantes;
Viens voir le tout à souhait et désir.

Viens voir le tout sans désir et souhait;
Viens voir le monde en divers troublements;
Viens voir le ciel qui notre terre hait;
Viens voir combat entre les éléments;
Viens voir l'air plein de rudes soufflements,
De dure grêle et d'horribles tonnerres;
Viens voir la terre en peine et tremblements;
Viens voir la mer noyant villes et terres.

*value*, valeur.

59

Enfant petit, petit et bel enfant,
Mâle bien fait, chef-d'œuvre de ton père,
Enfant petit, en beauté triomphant,
La grand'liesse et joïë de ta mère,
Le ris, l'ébat de ma jeune commère,
Et de ton père aussi certainement
Le grand espoir et l'attente prospère,
Tu sois venu au monde heureusement.


Petit enfant, peux-tu le bienvenu
Etre sur terre où tu n'apportes rien,
Mais où tu viens comme un petit ver nu?
Tu n'as de drap ni linge qui soit tien,
Or ni argent ni aucun bien terrien;
A père et mère apportes seulement
Peine et souci, et voilà tout ton bien.
Petit enfant, tu viens bien pauvrement!


De ton honneur ne veux plus être chiche
Petit enfant de grand bien jouissant,
Tu viens au monde aussi grand, aussi riche
Comme le roi, et aussi florissant.
Ton héritage est le ciel splendissant;
Tes serviteurs sont les anges sans vice;
Ton trésorier, c'est le Dieu tout-puissant:
Grâce Divine est ta mère nourrice.


## Pontus de Tyard

## LES ERREURS AMOUREUSES

### DISGRÂCE

La haute Idée à mon univers mère,
Si hautement de nul jamais comprise,
M'est à présent ténébreuse Chimère.

Le Tout, d'où fut toute ma forme prise,
Plus de mon tout, de mon tout exemplaire,
M'est simplement une vaine feintise.

Ce qui soulait mon imparfait parfaire
Par son parfait, sa force a retirée,
Pour mon parfait en imparfait refaire.

Le Ciel, qui fut mon haut Ciel Empyrée,
Fixe moteur de ma force première,
Pour m'affaiblir rend sa force empirée.

La grand' clarté, à luire coutumière
En mon obscur, me semble etre éclipsée
Pour me priver du jour de sa lumière.

La Sphère en rond, de circuit lassée
Pour ma faveur, malgré sa symétrie
En nouveau cours contre moi s'est poussée.

La harmonie, en doux concens nourrie
Des sept accords, contre l'ordre sphérique
Horriblement entour mon ouïr crie.

Le clair Soleil par la ligne écliptique
De son devoir mes yeux plus n'illumine,
Mais (puisque pis ne peut) se fait oblique.

La déité, qui de moi détermine,
De ne prévoir que mon malheur m'asseure,
Et au passer du temps mon bien termine.

L'âme, qui fit longtemps en moi demeure,
Iniquement d'autre corps s'associe,
Et, s'éloignant de moi, veut que je meure,
Pour s'exercer en palingénésie.

*concens*, consonance.

## SONNETS D'AMOUR

Père du doux repos, Sommeil, père du Songe,
 Maintenant que la nuit, d'une grande ombre obscure,
 Fait à cet air serein humide couverture,
 Viens, Sommeil désiré, et dans mes yeux te plonge.
Ton absence, Sommeil, languissamment allonge
 Et me fait plus sentir la peine que j'endure.
 Viens, Sommeil, l'assoupir et la rendre moins dure,
 Viens abuser mon mal de quelque doux mensonge.
Jà le muet silence un escadron conduit
 De fantômes ballant dessous l'aveugle nuit;
 Tu me dédaignes seul qui te suis tant dévot.
Viens, Sommeil désiré, m'environner la tête,
 Car, d'un vœu non menteur, un bouquet je t'apprête
 De ta chère morelle et de ton cher pavot.


Le grand Esprit errant par la machine ronde,
 Du Ciel plus haut voûté les innombrables yeux,
 Le courbe porte-signe et les étoiles Dieux,
 Guides de nos destins, et troupe vagabonde:
Le Feu plus ethéré, l'Air léger, l'humide Onde,
 Et la Terre pesante, au giron fructueux,
 Changent incessamment, ou de forme ou de lieux:
 Rien n'est constant, Ah! rien n'est constant en ce monde.
Si est vraiment, je sens une constance en moi:
 L'inviolable, ferme, opiniâtre foi,
 Qui ne peut jamais croître, et qui ne peut s'éteindre.
Et dea! vous ma maîtresse, avez-vous rien constant?
 Vous plaît-il pas pour moi réciproquer autant?
 Hé! Crainte, crainte, hélas! que tu me donne à plaindre.

*si*, pourtant.     *dea*, certes (comme *oui-da*).     *avez-vous*, n'avez-vou

# Louise Labé

## SONNETS

O si j'étais en ce beau sein ravie
    De celui-là pour lequel vais mourant:
    Si avec lui vivre le demeurant
    De mes courts jours ne m'empêchoit Envie:
Si m'acollant me disoit: chère Amie,
    Contentons nous l'un l'autre, s'assurant
    Que jà tempête, Euripe, ni courant
    Ne nous pourra disjoindre en notre vie:
Si de mes bras le tenant acollé,
    Comme du Lierre est l'arbre encercelé,
    La mort venoit, de mon aise envieuse:
Lorsque souëf plus il me baiserait,
    Et mon esprit sur ses lèvres fuirait
    Bien je mourrais, plus que vivante, heureuse.

              *souef*, doux.


Ne reprenez, Dames, si j'ai aimé:
    Si j'ai senti mille torches ardantes,
    Mille travaux, mille douleurs mordantes:
    Si en pleurant, j'ai mon temps consumé,
Las que mon nom n'en soit par vous blâmé.
    Si j'ai failli, les peines sont présentes,
    N'aigrissez point leurs pointes violentes:
    Mais estimez qu'Amour, à point nommé,
Sans votre ardeur d'un Vulcain excuser,
    Sans la beauté d'Adonis accuser,
    Pourra, s'il veut, plus vous rendre amoureuses,
En ayant moins que moi d'occasion,
    Et plus d'étrange et forte passion.
    Et gardez vous d'être plus malheureuses.

## PREMIÈRES ODES

### A LA FONTAINE BELLERIE

O Déesse Bellerie,
Belle Déesse chérie
De nos Nymphes, dont la voix
Sonne ta gloire hautaine,
Accordante au son des bois,
Voire au bruit de ta fontaine
Et de mes vers que tu ois,

Tu es la Nymphe éternelle
De ma terre paternelle:
Pour ce en ce pré verdelet
Vois ton Poète qui t'orne
D'un petit chevreau de lait
A qui l'une et l'autre corne
Sortent du front nouvelet.

Sus ton bord je me repose,
Et là oisif je compose,
Caché sous tes saules verts,
Je ne sais quoi qui ta gloire
Enverra par l'univers,
Commandant à la Mémoire
Que tu vives par mes vers.

L'ardeur de la Canicule
Toi ni tes rives ne brûle,
Tellement qu'en toutes parts
Ton ombre est épaisse et drue
Aux pasteurs venant des parcs,
Aux boeufs las de la charrue
Et au bestial épars.

Tu seras faite sans cesse
Des fontaines la princesse,
Moi célébrant le conduit
Du rocher percé, qui darde
Avec un enroué bruit
L'eau de ta source jasarde
Qui trépillante se suit.


A CUPIDON POUR PUNIR

JEANNE CRUELLE

Le jour pousse la nuit
    Et la nuit sombre
Pousse le jour qui luit
    D'une obscure ombre.


L'Automne suit l'Eté
    Et l'âpre rage
Des vents n'a point été
    Après l'orage.


Mais la fièvre d'amours
    Qui me tourmente
Demeure en moi toujours
    Et ne s'alente.


Ce n'était pas moi, Dieu,
    Qu'il fallait poindre;
Ta flèche en autre lieu
    Se devait joindre.


Poursuis les paresseux
    Et les amuse,
Et non pas moi, ni ceux
    Qu'aime la Muse.

*se suit*, coule sans interruption.

Hélas, délivre moi
    De cette dure
Qui plus rit, quand d'émoi
    Voit que j'endure.

Redonne la clarté
    A mes ténèbres,
Remets en liberté
    Mes jours funèbres.

Amour, sois le support
    De ma pensée,
Et guide à meilleur port
    Ma nef cassée.

Tant plus je suis criant
    Plus me reboute,
Plus je la suis priant
    Et moins m'écoute.

Ni ma pâle couleur
    D'amour blêmie,
N'a ému à douleur
    Mon ennemie,

Ni sonner à son huis
    De ma guiterre,
Ni pour elles les nuits
    Dormir à terre.

Plus cruel n'est l'effort
    De l'eau mutine
Qu'elle, lorsque plus fort
    Le vent s'obstine.

Ell' s'arme en sa beauté
    Et si ne pense
Voir de sa cruauté
    La récompense.

Montre-toi le vainqueur
        Et d'elle enflamme,
Pour exemple, le cœur
        De telle flamme

Qui Byblis alluma,
        Trop indiscrète,
Et d'ardeur consuma
        La Reine en Crète.

## ODE À MICHEL DE L'HOSPITAL

I

*Strophe*

Errant par les champs de la Grâce
Qui peint mes vers de ses couleurs
Sur les bords Dircéans j'amasse
Le trésor des plus riches fleurs,
Afin qu'en pillant je façonne
D'une laborieuse main
La rondeur de cette couronne
Trois fois torse d'un pli thébain,
Pour orner le haut de la gloire
De l'Hospital, mignon des Dieux,
Qui çà bas ramena des cieux
Les filles qu'enfanta Mémoire.

*Antistr.*

Mémoire, reine d'Eleuthère,
Par neuf baisers qu'elle reçut
De Jupiter qui la fit mère,
En neuf soirs neuf filles conçut.
Mais quand la lune vagabonde
Eut courbé douze fois en rond
Pour renflammer l'obscur du monde

*Dircéans*, de Dircé, fontaine chantée par Pindare.
*Trois fois torse*, triade de l'ode pindarique.

La double voûte de son front,
Elle adonc, lassement outrée,
Dessous Olympe se coucha,
Et criant Lucine, accoucha
De neuf filles d'une ventrée.

*Epode*

En qui répandit le Ciel
Une musique immortelle,
Comblant leur bouche nouvelle
Du jus d'un attique miel,
Et à qui vraiment aussi
Les vers furent en souci,
Les vers dont flattés nous sommes,
Afin que leur doux chanter
Pût doucement enchanter
Le soin des Dieux et des hommes.

II

*Strophe*

Aussitôt que leur petitesse,
Glissant avec les pas du temps,
Eut d'une rampante vitesse
Touché la borne de sept ans,
Le sang naturel, qui commande
De voir nos parents, vint saisir
Le cœur de cette jeune bande
Chatouillé d'un noble désir,
Si qu'elles, mignardant leur mère,
Neuf et neuf bras furent pliant
Autour de son col, la priant
Et repriant de voir leur père.

*Criant Lucine*, s'adressant à la déesse Lucine, protectrice de l'accouchement
*si que*, et ainsi.

*Antistr.*

Mémoire, impatiente d'aise,
Délaçant leur petite main,
L'une après l'autre les rebaise
Et les réchauffe dans son sein.
Hors des poumons à lente peine
Une parole lui montait
De soupirs allègrement pleine,
Tant l'affection l'agitait,
Pour avoir déjà connaissance
Combien ses filles auront d'heur,
Ayant pratiqué la grandeur
Du Dieu qui planta leur naissance.

*Epode*

Après avoir relié
D'un tortil de violettes
Et d'un cerne de fleurettes
L'or de leur chef délié;
Après avoir proprement
Troussé leur accoutrement,
Marcha loin devant sa trope,
Et la hâtant jour et nuit
D'un pied dispos la conduit
Jusqu'au rivage Ethiope.

### III

*Strophe*

Ces vierges encore nouvelles
Et mal apprises au labeur,
Voyant le front des eaux cruelles,
S'effroyèrent d'une grand' peur,
Et presque churent en arrière,
Tant l'horreur les pliait adonc,
Comme on voit dans une rivière
Sous le vent se courber un jonc.

*pratiqué*, connu.          *trope*, troupe.

Mais leur mère, non étonnée
De voir leur sein qui haletait,
Pour les assurer les flattait
De cette parole empennée:

### *Antistr.*

Courage, mes filles (dit-elle)
Et filles de ce Dieu puissant
Qui seul en sa main immortelle
Soutient le foudre rougissant;
Ne craignez point les vagues creuses
De l'eau qui bruit profondément,
Sur qui vos chansons doucereuses
Auront un jour commandement,
Mais dédaignez ces longues rides,
Et ne vous souffrez décevoir
Que votre Père n'alliez voir
Dessous ces Royaumes humides.

### *Epode*

Disant ainsi, d'un plein saut
Toute dans l'eau s'allonge
Comme un Cygne qui se plonge,
Quand il voit l'aigle d'en haut
Ou ainsi que l'arc des Cieux
Qui d'un grand tour spacieux
Tout d'un coup en la mer glisse,
Quand Junon hâte ses pas
L'envoyant porter là-bas
Un message à sa Nourrice.

### IV

### *Strophe*

Elles adonc voyant la trace
De leur mère, qui jà sondait
Le creux du plus humide espace
Qu'à coups de bras elle fendait:

*Quand Junon hâte ses pas*, les pas d'Iris (= l'arc en ciel).
*Nourrice* = Tethys.

A chef tourné sont dévalées
Penchant bas la tête et les yeux
Dans le sein des plaines salées:
L'eau qui jaillit jusques aux cieux
Grondant sus elles se regorge,
Et frisant deça et delà
Mille tortils, les avala
Dedans le gouffre de sa gorge.

*Antistr.*

En cent façons de mains ouvertes,
Et de pieds voûtés en deux parts,
Sillonnaient les campagnes vertes
De leur bras vaguement épars.
Comme le plomb, dont la secousse
Traîne le filet jusqu'au fond,
Le désir qui les pousse et pousse
Avale contre bas leur front,
Toujours sondant ce vieil repaire,
Jusques aux portes du Château
De l'Océan, qui dessous l'eau
Donnait un festin à leur Père.

*Epode*

De ce palais éternel
Brave en colonnes hautaines,
Sourdaient de mille fontaines
Le vif Surgeon perennel:
Là, pendait sous le portail
Lambrissé de vert émail,
Sa charrette vagabonde,
Qui le roule d'un grand tour
Soit de nuit, ou soit de jour
Deux fois tout au rond du monde.

*Deux fois ... monde*, les deux marées d'Océanus.

V

### Strophe

Là sont divinement encloses
Au fond de cent mille vaisseaux,
Les semences de toutes choses,
Eternelles filles des eaux:
Là, les Tritons chassant les fleuves
Sous la terre les écoulaient
Aux canaux de leurs rives neuves,
Puis derechef les rappelaient.
Là, cette troupe est arrivée
Sur le point que l'on desservait,
Et que déjà Portonne avait
La première nappe levée.

### Antistr.

Phébus, du milieu de la table
Pour dérider le front des Dieux,
Mariait sa voix délectable
A son archet mélodieux:
Quand l'œil du Père qui prend garde
Sur un chacun, se côtoyant,
A l'écart des autres, regarde
Ce petit troupeau flamboyant,
Duquel et l'honneur et la grâce
Qu'empreinte sur le front portait,
Publiait assez qu'il sortait
De l'heureux tige de sa race.

*Portonne*, Portumnus, dieux protecteur des ports.

*Epode*

Lui qui debout se dressa
Et de plus près les œillade,
Les serrant d'une accollade
Mille fois les caressa:
Tout égayé de voir peint
Dedans le beau de leur teint,
Le naïf des grâces siennes,
Puis, pour son hôte éjouir,
Le chant il voulut ouïr
De ces neuf musiciennes.

VI

*Strophe*

Elles ouvrant leur bouche pleine
D'une douce Arabe moisson,
Par l'esprit d'une vive haleine
Donnèrent l'âme à leur chanson:
Fredonnant sur la chanterelle
De la harpe du Délien
La contentieuse querelle
De Minerve et du Cronien:
Comme elle du sein de la terre
Poussa son Arbre pâlissant,
Et lui son Cheval hennissant,
Futur augure de la guerre.

*son hôte*, l'Océan.     *le Délien*, Apollon.
*Minerve et du Cronien*, dispute d'Athéné et de Poséidon (Neptune, fils de
Cronos ou Saturne) au sujet d'Athènes.

### *Antistr.*

Puis d'une voix plus violente
Chantèrent l'enclume de fer,
Qui par neuf et neuf jours roulante,
Mesura le Ciel, et l'Enfer,
Qu'un rampart d'airain environne
En rond s'allongeant à l'entour,
Avec la nuit qui couronne
Sa grand' longueur d'un triple tour.
Là, tout debout devant la porte
Le fils de Japet, fermement
Courbé dessous le firmament
Le soutient d'une échine forte.

### *Epode*

Dedans ce gouffre béant
Hurle la troupe hérétique,
Qui par un assaut bellique
Assaillit le Tue-géant.
Là, tout auprès de ce lieu,
Sont les garnisons du Dieu
Qui sur les méchants élance
Son foudre pirouettant,
Comme un Chevalier jetant
Sur les ennemis sa lance.

### VII

### *Strophe*

Là, de la Terre, et là de l'Onde
Sont les racines jusqu'au fond
De l'abîme la plus profonde
De cet Orque le plus profond.
La nuit d'étoiles accoutrée,
Là, salue à son rang le jour,
D'ordre parmi la même entrée
Se rencontrant de ce séjour:

*l'enclume de fer, etc.*, mesure de la distance entre Ciel, Terre et Enfer selon
Hésiode.                                   *fils de Japet*, Atlas.
                    *la troupe hérétique*, sc. des Titans.

Ronsard

Soit lors que sa noire carrière
Va tout le monde embrunissant,
Ou quand lui, des eaux jaillissant,
Ouvre des Indes la barrière.


*Antistr.*

Après sur la plus grosse corde
D'un bruit qui tonnait jusqu'aux cieux,
Le pouce des Muses accorde
L'assaut des Géants et des Dieux.
Comme eux, sur la croupe Othryenne
Rangeaient en armes les Titans,
Et comme eux, sus l'Olympienne
Leur firent tête par dix ans:
Eux, dardant les roches brisées
Mouvaient en l'air chacun cent bras,
Eux, ombrageant tous les combats
Grêlaient leurs flèches aiguisées.


.    .    .    .    .


*Epode*

Adonc le Père puissant,
Qui d'os et de nerfs s'efforce,
Ne mit en oubli la force
De son foudre punissant,
Mi-courbant son sein en bas,
Et dressant bien haut le bras
Contre eux guigna sa tempête,
Laquelle en les foudroyant
Sifflait aigu, tournoyant
Comme un fuseau sur leur tête.

*Othryenne*, des montagnes de Thessalie.        *guigna*, visa d'un oeil.

75

## X

### Strophe

Du feu, les deux pilliers du Monde
Brûlés jusqu'au fond chancelaient,
Le Ciel ardait, la Terre et l'Onde
Tous pétillants étincellaient:
Si que le souffre ami du foudre
Qui tomba lors sur les Géants,
Jusqu'aujourd'hui noircit la poudre
Qui put par les champs Phlégreans.
A tant les filles de Mémoire
Du luth appaisèrent le son,
Finissant leur douce chanson
Par ce bel hymne de victoire.

### Antistr.

Jupiter qui tendait l'oreille
La comblait d'un aise parfait,
Ravi de la voix nonpareille
Qui si bien l'avait contrefait:
Et retourné, rit en arrière
De Mars, qui tenait l'œil fermé,
Ronflant sur sa lance guerrière,
Tant la chanson l'avait charmé.
Puis à ses filles il commande
De lui requérir pour guerdon
De leurs chansons quelque beau don
Qui soit digne de leur demande.

*Qui put*, qui pue . . .          *A tant*, à ce point.

# Ronsard

## Epode

Lors sa race s'approcha,
Et lui flattant de la dextre
Les genoux, de la senestre
Le sous-menton lui toucha:
Voyant son grave sourcil,
Longtemps fut béante ainsi
Sans parler, quand Calliope
De la belle voix qu'elle a,
Ouvrant sa bouche parla
Seule pour toute la trope.

## XI

## Strophe

Donne-nous, mon père, (dit-elle),
Qui le Ciel régis de tes lois,
Que notre chanson immortelle
Paisse les Dieux de notre voix:
Fais-nous Princesses des Montagnes,
Des Antres, des Eaux, et des Bois,
Et que les Prés et les Campagnes
S'animent dessous notre voix:
Donne-nous encor davantage,
La tourbe des Chantres divins,
Les Poètes et les Devins
Et les Prophètes en partage.

*Calliope*, Muse de l'Epopée.

*Antistr.*

Fais que les vertueux miracles
Des vers, médecins enchantés,
Soient à nous, et que les oracles
Par nous encore soient chantés.
Donne-nous cette double grâce
De braver l'Enfer odieux,
Et de savoir la courbe trace
Des feux qui dancent par les cieux:
Donne-nous encor la puissance
D'arracher les âmes dehors
Le sale bourbier de leurs corps,
Pour les rejoindre à leur naissance.

*Epode*

Donne-nous que les Seigneurs,
Les Empereurs et les Princes,
Soient vus Dieux en leurs provinces
S'ils révèrent nos honneurs.
Fais que les Rois décorés
De nos présents honorés
Soient aux hommes admirables,
Lorsqu'ils vont par leur cité,
Ou lorsque pleins d'équité
Donnent les lois vénérables.

XII

*Strophe*

A tant acheva sa requête
Courbant les genoux humblement,
Et Jupiter d'un clin de tête
L'accorda libéralement.

.    .    .    .    .    .

## XIII

### *Strophe*

Comme l'aimant sa force inspire
Au fer qui le touche de près,
Puis soudain ce fer tiré, tire
Un autre qui en tire après:
Ainsi du bon fils de Latone
Je ravirai l'esprit à moi,
Lui, du pouvoir que je lui donne
Ravira les vôtres à soi:
Vous, par la force Apollinée
Ravirez les Poètes saints,
Eux, de votre puissance atteints
Raviront la tourbe étonnée.

### *Antistr.*

Afin (o Destins) qu'il n'advienne
Que le monde appris faussement,
Pense que votre métier vienne
D'art, et non de ravissement:
Cet art pénible et misérable
S'éloignera de toutes parts
De votre métier honorable,
Démembré en diverses parts,
En Prophétie, en Poésies,
En Mystères, et en Amour,
Quatre fureurs, qui tour à tour
Chatouilleront vos fantaisies.

*fils de Latone*, Apollon.     *réparé*, paré.

*Epode*

Le trait qui fuit de ma main
Si tôt par l'air ne chemine,
Comme la fureur divine
Vole dans un cœur humain:
Pourvu qu'il soit préparé,
Pur de vice, et réparé
De la vertu précieuse.
Jamais les Dieux saints et bons
Ne répandent leurs saints dons
Dans une âme vicieuse.

·   ·   ·   ·   ·

XV

*Strophe*

Ceux-là que je veux faire Poètes
Par la grâce de ma bonté,
Seront nommés les interprètes
Des Dieux et de leur volonté:
Mais ils seront tout au contraire
Appelés sots et furieux
Par le caquet du populaire
De sa nature injurieux.
Toujours pendra devant leur face
Quelque Démon, qui au besoin
Comme un bon valet aura soin
De toutes choses qu'on leur fasse.

*Antistr.*

Allez, mes filles, il est heure
De fendre les champs écumeux,
Allez, ma gloire la meilleure,
Allez, mon los le plus fameux!
Vous ne devez dessus la terre
Longtemps cette fois séjourner,
Que l'Ignorance avec sa guerre

Ne vous contraigne retourner:
Pour retomber sous la conduite
D'un guide, dont la docte main
Par un effroi grec et romain,
Tournera l'Ignorance en fuite.

### *Epode*

A tant Jupiter enfla
Sa bouche rondement pleine,
Et du vent de son haleine
Sa fureur il leur souffla,
Après leur avoir donné
Le Luth qu'avait façonné
L'ailé Courrier Atlantide,
D'ordre par l'eau s'en revont
Et tranchant l'onde, elles font
Ronfler la campagne humide.

## XVI

### *Strophe*

– Dieu vous garde, jeunesse divine,
Réchauffez-moi l'affection
De tordre les plis de cet hymne
Au mieux de leur perfection:
Désillez-moi l'âme assoupie
En ce gros fardeau vicieux,
Et faites que toujours j'épie
D'œil veillant les secrets des cieux:
Donnez-moi le savoir d'élire
Les vers qui savent contenter,
Et mignon des Grâces, chanter
Mon Francion sur votre lyre. –

*D'un guide*, Michel de l'Hospital.
*l'ailé Courrier*, Mercure (petit fils d'Atlas).

## Antistr.

Elles tranchant les ondes bleues,
Vinrent du fond des flots chenus,
Ainsi que neuf petites nues.
Parmi les peuples inconnus:
Où dardant leurs flammes subtiles,
Du premier coup ont agité
Le cœur prophète des Sybilles,
Epoint de leur divinité:
Si bien que leur langue, comblée
D'un son douteusement obscur,
Chantait aux hommes le futur
D'une bouche toute troublée.

## Epode

Après par tout l'univers
Les réponses prophétiques
De tant d'oracles antiques
Furent dites par les vers:
En vers se firent les lois,
Et les amitiés des Rois
Par les vers furent acquises:
Par les vers on fit armer
Les cœurs, pour les animer
Aux vertueuses emprises.

### XVII

*Strophe*

Au cri de leurs saintes paroles
Se réveillèrent les Devins,
Et disciples de leurs écoles
Vinrent les Poètes divins,
Divins d'autant que la nature
Sans art librement exprimaient,
Sans art leur naïve écriture
Par la fureur ils animaient:
Eumolpe vint, Musée, Orphée,
L'Ascréan, Line, et celui-là
Qui si divinement parla
Dressant à la Grecè un trophée.

Epoint . . ., piqué par.   *L'Ascréan*, Hésiode.   *celui-là, etc.*, Homère.

*Antistr.*

Eux piqués de la douce rage,
Dont ces femmes les tourmentaient,
D'un démoniacle courage
Les secrets des Dieux racontaient:
Si que, paissant par les campagnes
Les troupeaux dans les champs herbeux,
Les Démons et les Sœurs compagnes
La nuit s'apparaissaient à eux:
Et loin sur les eaux solitaires,
Carollant en rond dans les prés,
Les promouvaient prêtres sacrés,
Et leur apprenaient les mystères.

*Epode*

Après ces Poètes saints,
Avec une suite grande,
Arriva la jeune bande
Des vieux Poètes humains:
Dégénérant des premiers,
Comme venus les derniers,
Par un art mélancolique
Trahissaient avec grand soin
Leurs vers, éloignes bien loin
De la sainte ardeur antique.

### XVIII

*Strophe*

L'un sonna l'horreur de la guerre
Qu'à Thèbes Adraste conduit,
L'autre comme on tranche la terre,
L'autre, les flambeaux de la nuit:
L'un sus la flûte départie
En sept tuyaux siciliens
Chanta les bœufs, l'autre en Scythie
Fit voguer les Thessaliens:
L'un fit Cassandre furieuse,
L'un au ciel darda les débats
Des Rois chétifs, l'autre plus bas
Traîna la chose plus joyeuse.

*Trahissaient*, tiraient?
*L'un sonna, etc.*, ce sont – par ordre – Eschyle, Hésiode, Aratus, Théocrite,
  Apollonius de Rhodes, Lycophron, Sophocle (ou Euripide), Aristophane
  (ou Ménandre).

## Antistr.

Par le fil d'une longue espace
Après ces Poètes humains,
Les Muses soufflèrent leur grâce
Dessus les prophètes romains,
Non pas comme fut la première,
Ou comme la seconde était:
Mais comme toute la dernière
Plus lentement les agitait:
Eux toutefois pinçant la lyre
Si bien s'assouplirent les doigts,
Qu'encore les fredons de leur voix
Passe l'honneur de leur Empire.

## Epode

Tandis l'Ignorance arma
L'aveugle fureur des Princes,
Et leurs aveugles provinces
Contre les Sœurs anima.
Jà déjà les enserrait,
Mais plus tôt les enferrait,
Quand les Muses détournées
Voyant du fer la rayeur,
Haletantes de frayeur
Dans le ciel sont retournées.

### XIX

## Strophe

Auprès du trône de leur père
Tout alentour se vont asseoir,
Chantant avec Phébus leur frère,
Ses traits, sa foudre, et son pouvoir.
Les Dieux ne faisaient rien sans elles,
Ou soit qu'ils voulussent aller
A quelques noces solennelles,
Ou soit qu'ils voulussent baller.

*fredons*, fioritures.  *rayeur*, éclat des armes.

Mais si tôt qu'arriva le terme,
Qui les hâtait de retourner
Au monde pour y séjourner
D'un pas éternellement ferme,

*Antistr.*

Adonc Jupiter se dévale
De son trône, et grave conduit
Gravement ses pas en la salle
Des Parques filles de la Nuit:
Leur roquet pendait jusqu'aux hanches,
Et un Dodonien feuillard
Faisait ombrage aux tresses blanches
De leur chef tristement vieillard:
Elles ceintes sous les mamelles
Filaient assises en un rond,
Sur trois carreaux, ayant le front
Et les yeux retournés vers elles.

*Epode*

Leur pezon se hérissait
D'un fer étoilé de rouille,
Au flanc pendait leur quenouille
Qui d'airain se raidissait.
Au milieu d'elles était
Un coffre, où le Temps mettait
Les fuseaux de leurs journées,
De courts, de grands, d'allongés,
De gros, et de bien dougés,
Comme il plaît aux Destinées.

*Dodonien feuillard*, feuillage des chênes de Dodone.   *pezon*, poids attaché au fuseau
*dougé*, mince (mot d'Anjou).

## XX

*Strophe*

Ces trois sœurs à l'œuvre ententives
Marmottaient un charme fatal,
Tortillant les filasses vives
Du corps futur de l'Hospital.
Cloton qui le filet replie
Ces deux vers mâcha par neuf fois:
JE RETORDS LA PLUS BELLE VIE
QUI JAMAIS TORDIRENT MES DOIGTS.
Mais sitôt qu'elle fut tirée
A l'entour du fuseau humain,
Le Temps la jeta dans la main
Du fils de Saturne, et de Rhée.

· · · · ·

*Antistr.*

Ourdis, ô douce lyre mienne,
Encor' un chant à celui-ci,
Qui met ta corde dorienne
Sous le travail d'un doux souci.
Il n'y a ni torrent, ni roche
Qui puisse engarder un sonneur
Que près des vertueux n'approche
Courant pour chanter leur honneur.
Puisse-je autant darder cet hymne
Par l'air d'un bras présumptueux,
Comme il est sage, et vertueux,
Et comme il est de mes vers digne.

*Epode*

Faisant parler sa grandeur
Aux sept langues de ma lyre,
De lui je ne veux rien dire
Dont je puisse être menteur:

*Sonneur*, musicien.

Mais véritable, il me plaît
De chanter bien haut qu'il est
L'ornement de notre France,
Et qu'en fidèle équité,
En justice, et vérité,
Les vieux siècles il devance.

### XXIII

#### *Strophe*

C'est lui dont les grâces infuses
Ont ramené dans l'univers
Le chœur des Pierides Muses,
Faites illustres par ses vers:
Par lui leurs honneurs s'embellissent,
Soit d'écrits rampants à deux pieds,
Ou soit par des nombres qui glissent,
De pas tous francs et déliés:
C'est lui qui honore, et qui prise
Ceux qui font l'amour aux neuf Sœurs,
Et qui estime leurs douceurs,
Et qui anime leur emprise.

#### *Antistr.*

C'est lui (chanson) que tu révères
Comme l'honneur de notre Ciel,
C'est celui qui aux loix sévères
A fait goûter l'attique miel:
C'est lui qui la sainte balance
Connaît, et qui ni bas ni haut,
Juste, son poids douteux n'élance,
La tenant droite comme il faut:
C'est lui dont l'œil non variable
Note les méchants et les bons,
Et qui contre le heurt des dons
Oppose son cœur imployable.

## *Epode*

J'avise au bruit de ces mots
Toute France, qui regarde
Mon trait qui droitement darde
Le riche but de ton los.
Je trahirais les vertus,
Et les hommes revêtus
De vertueuses louanges,
Sans publier leur renom
Et sans envoyer leur nom
Jusques aux terres étranges.

. . . . .

# HYMNE À LA NUIT

Nuit, des amours ministre, et sergente fidèle
Des arrêts de Vénus, et des saintes lois d'elle,
    Qui secrète accompagnes
L'impatient ami de l'heure accoutumée,
O mignonne des Dieux, mais plus encore aimée
    Des étoiles compagnes,
Nature de tes dons honore l'excellence;
Tu caches les plaisirs dessous muet silence
    Que l'amour jouissante
Donne, quand ton obscur étroitement assemble
Les amants embrassés, et qu'ils tombent ensemble
    Sous l'ardeur languissante:
Lorsque la main tâtonne ore la cuisse, et ore
Le tétin pommelu qui ne s'égale encore
    A nul rubis qu'on voie:
Et la langue en errant sur la joue et la face,
Plus d'odeurs et de fleurs d'un seul baiser amasse
    Que l'Orient n'envoie,

C'est toi qui les soucis, et les gênes mordantes,
Et tout le soin enclos en nos âmes dolentes,
   Par ton présent arraches,
C'est toi qui rends la vie aux vergers qui languissent,
Aux jardins la rosée, et aux cieux qui noircissent
   Les idoles attaches.
Mets, si te plaît, Déesse, une fin à ma peine,
Et dompte sous mes bras celle qui m'est trop pleine
   De menaces cruelles:
Afin que de ses yeux (yeux qui captif me tiennent)
Les trop ardents flambeaux plus brûler ne me viennent
   Le fond de mes mouëlles.

## AMOURS DE CASSANDRE

Je voudrais bien richement jaunissant
  En pluië d'or goutte à goutte descendre
  Dans le giron de ma belle Cassandre,
  Lorsqu'en ses yeux le somme va glissant.
Je voudrais bien en taureau blanchissant
  Me transformer pour finement la prendre
  Quand en Avril par l'herbe la plus tendre
  Elle va, fleur, mille fleurs ravissant.
Je voudrais bien pour alléger ma peine
  Etre un Narcisse, et elle une fontaine
  Pour m'y plonger une nuit à séjour:
Et voudrais bien que cette nuit encore
  Durât toujours sans que jamais l'Aurore
  D'un front nouveau nous rallumât le jour.

Si seulement l'image de la chose
  Fait à nos yeux la chose concevoir,
  Et si mon œil n'a puissance de voir,
  Si quelqu'idole au devant ne s'oppose:

Que ne m'a fait Celui qui tout compose
    Les yeux plus grands, afin de mieux pouvoir
    En leur grandeur la grandeur recevoir
    Du simulacre, où ma vie est enclose?
Certes le ciel trop ingrat de son bien,
    Qui seul la fit, et qui seul vit combien
    De sa beauté divine était l'idée,
Comme jaloux du trésor de son mieux,
    Silla le monde, et m'aveugla les yeux,
    Pour de lui seul seule être regardée.


Soit que son or se crêpe lentement,
    Ou soit qu'il vague en deux glissantes ondes,
    Qui çà qui là par le sein vagabondes,
    Et sur le col nagent folâtrement:
Ou soit qu'un nœud diapré tortement
    De maints rubis et maintes perles rondes,
    Serre les flots de ses deux tresses blondes,
    Mon cœur se plaît en son contentement.
Quel plaisir est-ce, ainçois quelle merveille,
    Quand ses cheveux troussés dessus l'oreille,
    D'une Vénus imitent la façon?
Quand d'un bonnet sa tête elle Adonise,
    Et qu'on ne sait s'elle est fille ou garçon,
    Tant en ces deux sa beauté se déguise?

        *ainçois*, plutôt.


Ha, Bel Accueil, que ta douce parole
    Vint traîtrement ma jeunesse offenser
    Quand au premier tu l'amenas danser
    Dans le verger l'amoureuse carole.
Amour adonc me mit à son école,
    Ayant pour maître un peu sage penser,
    Qui dès le jour me mena commencer
    Le chapelet de la danse plus folle.

        *carole*, danse en rond.

Depuis cinq ans dedans ce beau verger,
　　Je vais ballant avecque Faux Danger,
　　Sous la chanson d'Allégez-moi Madame:
Le tambourin se nommait fol plaisir,
　　La flûte erreur, le rebec vain désir,
　　Et les cinq pas la perte de mon âme.


O de Népenthe et de liesse pleine,
　　Chambrette heureuse, où deux heureux flambeaux
　　Les plus ardents du ciel et les plus beaux
　　Me font escorte après si longue peine.
Or je pardonne à la mer inhumaine,
　　Aux flots, aux vents, mon naufrage et mes maux,
　　Puisque par tant et par tant de travaux,
　　Une main douce à si doux port me mène.
Adieu tourmente, adieu naufrage, adieu
　　Vous, flots cruels, aïeux du petit Dieu
　　Qui dans mon sang a sa flèche souillée;
Ores ancré dedans le sein du port,
　　Par vœu promis, j'appends dessus le bord
　　Aux dieux marins ma dépouille mouillée.


Je veux brûler, pour m'envoler aux cieux,
　　Tout l'imparfait de cette écorce humaine,
　　M'éternisant, comme le fils d'Alcmène,
　　Qui tout en feu s'assit entre les Dieux.
Jà mon esprit chatouillé de son mieux,
　　Dedans ma chair, rebelle se promène,
　　Et jà le bois de sa victime amène
　　Pour s'enflammer aux rayons de tes yeux.
O saint brasier, ô feu chastement beau,
　　Las, brûle-moi d'un si chaste flambeau
　　Qu'abandonnant ma dépouille connue,
Net, libre, et nu, je vole d'un plein saut,
　　Outre le ciel, pour adorer là-haut
　　L'autre beauté dont la tienne est venue.

### ODE A CASSANDRE

Mignonne, allons voir si la rose
Qui ce matin avait déclose
Sa robe de pourpre au soleil
A point perdu cette vêprée
Les plis de sa robe pourprée,
Et son teint au vôtre pareil.

Las! voyez comme en peu d'espace
Mignonne, elle a dessus la place,
Las! las! ses beautés laissé choir!
O vraiment marâtre Nature,
Puisqu'une telle fleur ne dure
Que du matin jusques au soir!

Donc, si vous me croyez, mignonne,
Tandis que votre âge fleuronne
En sa plus verte nouveauté,
Cueillez, cueillez votre jeunesse:
Comme à cette fleur, la vieillesse
Fera ternir votre beauté.

## SECOND LIVRE DES AMOURS

Douce, belle, amoureuse, et bien-fleurante Rose,
Que tu es à bon droit aux amours consacrée!
Ta délicate odeur hommes et Dieux recrée,
Et bref, Rose, tu es belle sur toute chose.
Marie pour son chef un beau bouquet compose
De ta feuille, et toujours sa tête en est parée:
Toujours cette Angevine, unique Cythérée,
Du parfum de ton eau sa jeune face arrose.
Ha Dieu, que je suis aise alors que je te vois
Eclore au point du jour sur l'épine à requoi,

*chef*, tête.                    *requoi*, en tranquillité.

Aux jardins de Bourgueil près d'une eau solitaire!
De toi les Nymphes ont les coudes et le sein,
De toi l'Aurore emprunte et sa joue, et sa main,
Et son teint la beauté qu'on adore en Cythère.


Ma plume sinon vous ne sait autre sujet,
Mon pied qu'à vous chercher ne sait autre voyage,
Ma langue sinon vous ne sait autre langage,
Et mon œil ne connaît que vous pour son objet.
Si je souhaite rien, vous êtes mon souhait,
Vous êtes le doux gain de mon plaisant dommage,
Vous êtes le seul but où vise mon courage,
Et seulement en vous tout mon rond se parfait.
Je ne suis point de ceux qui changent de fortune.
Puisque je n'ai qu'un cœur, je n'en puis aimer qu'une:
Une m'est un millier, la nature y consent.
Il faudroit pour vêtir toute amour rencontrée,
Etre né Géryon, ou Typhe, ou Briarée.
Qui n'en peut servir une, il n'en peut servir cent.

*rien*, quelque chose.


Marie, levez-vous, ma jeune paresseuse,
Jà la gaie Alouette au ciel a fredonné,
Et jà le Rossignol doucement jargonné,
Dessus l'épine assis, sa complainte amoureuse.
Sus debout, allons voir l'herbelette perleuse,
Et votre beau rosier de boutons couronné,
Et vos œillets mignons, auxquels aviez donné
Hier au soir de l'eau d'une main si soigneuse.
Hier soir en vous couchant vous jurâtes vos yeux
D'être plus tôt que moi ce matin éveillée:
Mais le dormir de l'Aube aux filles gracieux
Vous tient d'un doux sommeil la paupière sillée.
Je vais baiser vos yeux et votre beau tétin
Cent fois pour vous apprendre à vous lever matin.

### CHANSON

Bonjour mon cœur, bonjour ma douce vie,
Bonjour mon œil, bonjour ma chère amie:
    Hé bonjour ma toute belle,
    Ma mignardise bonjour,
    Mes délices, mon amour.
Mon doux printemps, ma douce fleur nouvelle,
Mon doux plaisir, ma douce colombelle,
Mon passereau, ma gente tourterelle,
    Bonjour ma douce rebelle.


Je veux mourir, si plus on me reproche
Que mon service est plus froid qu'une roche
    T'abandonnant, ma maîtresse,
    Pour aller suivre le Roi,
    Mendiant je ne sais quoi
Que le vulgaire appelle une largesse.
Plutôt périsse honneur, cour, et richesse,
Que pour les biens jamais je te relaisse,
    Ma douce et belle Déesse.


Je vous envoie un bouquet, que ma main
    Vient de trier de ces fleurs épanies,
    Qui ne les eût à ce vêpre cueillies,
    Chutes à terre elles fussent demain.
Cela vous soit un exemple certain,
    Que vos beautés, bien qu'elles soient fleuries,
    En peu de temps cherront toutes flétries,
    Et, comme fleurs, périront tout soudain.
Le temps s'en va, le temps s'en va, ma Dame,
    Las! le temps non, mais nous nous en allons,
    Et tôt serons étendus sous la lame,
Et des amours, desquelles nous parlons,
    Quand serons morts, n'en sera plus nouvelle:
    Pour-ce, aimez-moi, ce-pendant qu'êtes belle.

## HYMNE DE LA MORT

On ne sauroit, Paschal, désormais inventer
Un argument nouveau qui fût bon à chanter,
Soit haut sur la trompette, ou bas dessus la lyre:
Aux Anciens la Muse a tout permis de dire,
Si bien que plus ne reste à nous autres derniers
Que le vain désespoir d'ensuivre les premiers,
Et, sans plus, de bien loin reconnaître leur trace
Faite au chemin frayé qui conduit sur Parnasse.
Lesquels, jadis guidés de leur mère Vertu,
Ont tellement des pieds ce grand chemin battu,
Qu'on ne voit aujourd'hui sur la docte poussière
D'Hélicon que les pas d'Hésiode et d'Homère
Imprimés vivement, et de mille autres Grecs
Des vieux siècles passés qui burent à longs traits
Toute l'eau jusqu'au fond des filles de Mémoire
N'en laissant une goutte aux derniers pour en boire:
Qui maintenant confus à-foule, à-foule vont
Chercher encor de l'eau dessur le double Mont:
Mais ils montent en vain: car plus ils y séjournent,
Et plus mourant de soif au logis s'en retournent.

     Moi donc qui de longtemps par épreuve sais bien
Qu'au sommet de Parnasse on ne trouve plus rien
Pour étancher la soif d'une gorge altérée,
Je m'en vais découvrir quelque source sacrée
D'un ruisseau non touché qui murmurant s'enfuit
Dedans un beau verger, loin de gens et de bruit:
Source, que le Soleil n'aura jamais connue,
Que les oiseaux de Ciel de leur bouche cornue
N'auront jamais souillée, et où les pastoureaux
N'auront jamais conduit les pieds de leurs taureaux.
Je boirai tout mon saoul de cette onde pucelle,
Et puis je chanterai quelque chanson nouvelle,
Dont les accords seront, peut-être, si trèsdoux,
Que les siècles voudront les redire après nous,
Et suivant ce conseil, à nul des vieux antiques,
Larron, je ne devrai mes chansons poétiques:

Car il me plaît pour toi, de faire ici ramer
Mes propres avirons dessus ma propre mer,
Et de voler au Ciel par une voie étrange,
Te chantant de la Mort la non-dite louange.
     C'est une grand' Déesse, et qui mérite bien
Mes vers, puisqu'elle fait aux hommes tant de bien.
Quand elle ne feroit que nous ôter des peines,
Et hors de tant de maux dont nos vies sont pleines,
Sans nous rejoindre à Dieu notre souv'rain Seigneur,
Encore elle nous fait trop de bien et d'honneur,
Et la devons nommer notre mère amiable.
Où est l'homme çà-bas, s'il n'est bien misérable,
Et lourd d'entendement, qui ne veuille être hors
De l'humaine prison de ce terrestre corps?
Ainsi qu'un prisonnier qui jour et nuit endure
Les manicles aux mains, aux pieds la chaîne dure,
Se doit bien réjouir à l'heure qu'il se voit
Délivré de prison: ainsi l'homme se doit
Réjouir grandement, quand la Mort lui délie
Le lien qui tenait sa misérable vie,
Pour vivre en liberté. Car on ne saurait voir
Rien de né qui ne soit par naturel devoir
Esclave de labeur, non seulement nous hommes,
Qui vrais enfants de peine et de misère sommes:
Mais le Soleil, la Lune, et les Astres des Cieux
Font avecque travail leur tour laborieux:
La Mer avec travail deux fois le jour chemine,
La Terre, tout ainsi qu'une femme en gésine
Qui avecques douleur met au jour ses enfants,
Ses fruits avec travail nous produit tous les ans:
Ainsi Dieu l'a voulu, afin que seul il vive
Affranchi du labeur qui la race chétive
Des humains va rongeant de soucis langoureux.
     Pource, l'homme est bien sot, ainçois bien malheureux,
Qui a peur de mourir, et mêmement à l'heure
Qu'il ne peut résister que soudain il ne meure:
Se moquerait-on pas de quelque combattant

*manicles*, menottes.    *mêmement*, surtout.    *ançois*, mais plutôt.

Qui dans le camp entré s'irait épouvantant
Ayant, sans coup ruer, le cœur plus froid que glace,
Voyant tant seulement de son haineux la face?
Puisqu'il faut au marchand sur la Mer voyager,
Est-ce pas le meilleur (sans suivre le danger)
Retourner en sa terre et revoir son rivage?
Puisqu'on est résolu d'accomplir un voyage,
Est-ce pas le meilleur de bientôt mettre à fin,
Pour regagner l'hôtel, aux labeurs du chemin,
De ce chemin mondain qui est dur et pénible,
Epineux, raboteux, et fâcheux au possible,
Maintenant large, et long, et maintenant étroit,
Où le chemin de Mort est un chemin tout droit,
Si certain à tenir, que ceux qui ne voyent goutte,
Sans fourvoyer d'un pas, n'en faillent point la route?

  Si les hommes pensaient à-part-eux quelquefois
Qu'il nous faut tous mourir, et que même les Rois
Ne peuvent éviter de la Mort la puissance,
Ils prendraient en leurs cœurs un peu de patience:
Sommes nous plus divins qu'Achille ni qu'Ajax,
Qu'Alexandre, ou César, qui ne se surent pas
Défendre de la Mort, bien qu'ils eussent en guerre
Réduite sous leurs mains presque toute la terre?

  Beaucoup ne sachant point qu'ils sont enfants de Dieu,
Pleurent avant partir, et s'attristent au lieu
De chanter hautement le Péan de victoire,
Et pensent que la Mort soit quelque bête noire,
Qui les viendra manger, et que dix mille vers
Rongeront de leurs corps les os tous découverts,
Et leur têt', qui sera, dans un lieu solitaire,
L'effroyable ornement d'un ombreux cimetière:
Chétif, après la mort le corps ne sent plus rien,
En vain tu es peureux, il ne sent mal ni bien
Non plus qu'il faisait lors que le germe à ton père
N'avait enflé de toi le ventre de ta mère.

  Télèphe ne sent plus la plaïe qu'il reçut
D'Achille, quand Bacchus en tombant le déçut,
Et des coups de Pâris plus ne se sent Achille,

Plus Hector ne sent rien, ni son frère Troïle.
C'est le tout que l'esprit qui sent après la mort,
Selon que le bon œuvre, ou le vice le mord:
C'est le tout que de l'âme, il faut avoir soin d'elle
D'autant que Dieu l'a faite à jamais immortelle:
Il faut trembler de peur que par faits vicieux
Nous ne la bannissions de sa maison, les Cieux,
Pour endurer après un exil très moleste,
Absente du regard de son Père céleste:
Et ne faut de ce corps avoir si grand ennui,
Qui n'est que son valet, et son mortel étui,
Brutal, impatient, de nature maligne,
Et qui toujours répugne à la raison divine.
Pource, il nous faut garder de n'être surmontés
Des traîtres hameçons des fausses voluptés,
Qui plaisent si très peu qu'en moins d'un seul quart-d'heure
Rien, fors le repentir, d'elles ne nous demeure.
　　Il ne faut pas humer de Circé le vaisseaux,
De peur que transformés en tigres ou pourceaux,
Nous ne puissions revoir d'Ithaque la fumée,
Du Ciel notre demeure, à l'âme accoutumée,
Où tous nous faut aller, non chargés du fardeau
D'orgueil, qui nous ferait périr notre bateau
Ains que venir au port, mais chargés d'Ignorance,
Pauvreté, Nudité, Tourment, et Patience,
Comme étant vrais enfants et disciples du Christ,
Qui vivant nous bailla ce chemin par écrit,
Et marqua de son sang cette voie très sainte,
Mourant tout le premier, pour nous ôter la crainte.
　　O que d'être jà morts nous serait un grand bien,
Si nous considérions que nous ne sommes rien
Qu'une terre animée, et qu'une vivante ombre,
Le sujet de douleur, de misère et d'encombre!
Voire, et que nous passons en misérables maux
Le reste (ô crevecœur!) de tous les animaux:
Non pour autre raison, Homère nous égale
A la feuille d'hiver, qui des arbres dévale,
Tant nous sommes chétifs et pauvres journaliers,

Recevant, sans repos, maux sur maux à-milliers,
Comme faits d'une masse impuissante et débile:
Pource, je m'ébahis des paroles d'Achille
Qui dit dans les enfers, qu'il aimerait trop mieux
Etre un pauvre valet, et jouir de nos Cieux,
Que d'être Roi des Morts: certes il faut bien dire
Que contre Agamemnon avait perdu son ire,
Et que de Briséis plus ne se souvenait,
Et que plus son Patrocle au cœur ne lui venait,
Qui tant et tant de fois lui donnèrent envie
De mourir de dépit, pendant qu'il fut en vie:
Ou bien s'il eût ouï l'un des Sages qui dit
Que l'homme n'est sinon, durant le temps qu'il vit,
Qu'une mutation qui n'a constance aucune,
Qu'une proie du temps, qu'un jouet de Fortune,
Il n'eût voulu çà haut renaître par deux fois,
Non pour être valet, mais le plus grand des Rois.

     Paschal, tu me diras que toute chose humaine
Se peut bien recouvrer, terres, rentes, domaine,
Maison, femmes, honneurs, mais que par nul effort
On ne peut recouvrer l'âme quand elle sort,
Et qu'il n'est rien si beau que de voir la lumière
De ce commun Soleil, qui n'est seulement chère
Aux hommes sains et forts, mais aux vieux chargés d'ans,
Perclus, estropiats, catarreux, impotents.

     Tu diras que toujours tu vois ces Platoniques,
Ces Philosophes pleins de propos magnifiques
Dire bien de la Mort: mais quand ils sont jà vieux,
Et que le flot mortel leur nouë dans les yeux,
Et que leur pied tremblant est déjà sur la tombe,
Que la parole grave et sévère leur tombe,
Et commencent, en vain, à gémir et pleurer,
Et voudroient, s'ils pouvoient, leur trépas différer.

     Tu me diras encor que tu trembles de crainte
D'un batelier Charon, qui passe par contrainte
Les âmes outre l'eau d'un torrent effroyant,
Et que tu crains le Chien à trois voix aboyant,

*nouë*, nage.

Et les eaux de Tantale et le roc de Sisyphe,
Et des cruelles Sœurs l'abominable griffe,
Et tout cela qu'ont feint les Poètes là-bas
Nous attendre aux Enfers après notre trépas.
    Quiconque dis ceci, pour Dieu! qu'il te souvienne
Que ton âme n'est pas païenne, mais chrétienne,
Et que notre grand Maître en la Croix étendu
Et mourant, de la Mort l'aiguillon a perdu,
Et d'elle maintenant n'a fait qu'un beau passage
A retourner au Ciel, pour nous donner courage
De porter notre croix, fardeau léger et doux,
Et de mourir pour lui comme il est mort pour nous,
Sans craindre, comme enfants, la nacelle infernale,
Le rocher d'Ixion et les eaux de Tantale,
Et Charon, et le Chien Cerbère à trois abois,
Desquels le sang de Christ t'affranchit en la Croix.

.    .    .    .    .

Que ta puissance (ô Mort) est grande et admirable!
Rien au monde par toi ne se dit perdurable:
Mais tout ainsi que l'onde aval des ruisseaux fuit
Le pressant coulement de l'autre qui la suit,
Ainsi le temps se coule, et le présent fait place
Au futur importun qui les talons lui trace.
Ce qui fut, se refait: tout coule comme une eau,
Et rien dessous le Ciel ne se voit de nouveau:
Mais la forme se change en une autre nouvelle,
Et ce changement-là Vivre, au monde s'appelle,
Et Mourir, quand la forme en une autre s'en va.
    Ainsi avec Vénus la Nature trouva
Moyen de ranimer par longs et divers changes
(La matière restant) tout cela que tu manges:
Mais notre âme immortelle est toujours en un lieu,
Au change non sujette, assise auprès de Dieu,
Citoyenne à jamais de la ville éthérée,

Qu'elle avoit si long temps en ce corps désirée.
Je te salue, heureuse et profitable Mort,
Des extrêmes douleurs médecin et confort:
Quand mon heure viendra, Déesse, je te prie
Ne me laisse long temps languir en maladie
Tourmenté dans un lit: mais puisqu'il faut mourir,
Donne-moi que soudain je te puisse encourir,
Ou pour l'honneur de Dieu, ou pour servir mon Prince,
Navré d'une grand' plaie au bord de ma province.


## A LA REINE D'ECOSSE

Bien que le trait de votre belle face
Peinte en mon cœur par le temps ne s'efface,
Et que toujours je le porte imprimé
Comme un tableau vivement animé:
J'ai toutefois pour la chose plus rare
(Dont mon étude et mes livres je pare)
Votre semblant qui fait honneur au lieu,
Comme un portrait fait honneur à son Dieu.
Vous n'êtes, vive, en drap d'or habillée,
Ni les joyaux de l'Inde dépouillée,
Riches d'émail et d'ouvrages, ne font
Luire un beau jour autour de votre front:
Et votre main des plus belles la belle
N'a rien sinon sa blancheur naturelle:
Et vos long doigts—cinq rameaux inégaux—
Ne sont pompeux de bagues ni d'anneaux,
Et la beauté de votre gorge vive
N'a pour carcan que sa blancheur naïve.

Un crêpe long, subtil et délié,
Pli contre pli retors et replié,
Habit de deuil, vous sert de couverture
Depuis le chef jusques à la ceinture,
Qui s'enfle ainsi qu'un voile quand le vent
Souffle la barque, et la cingle en avant.

De tel habit vous étiez accoutrée,
(Partant helas! de la belle contrée
Dont aviez eu le Sceptre dans la main)
Lorsque pensive, et baignant votre sein
Du beau cristal de vos larmes roulées
Triste marchiez par les longues allées
Du grand jardin de ce royal Château
Qui prend son nom de la source d'une eau.

Tous les chemins blanchissaient sous vos toiles,
Ainsi qu'on voit blanchir les rondes voiles,
Et se courber bouffantes sur la mer,
Quand les forçats ont cessé de ramer:
Et la galère au gré du vent poussée
Flot dessur flot s'en va toute élancée,
Sillonnant l'eau, et faisant d'un grand bruit
Pirouëtter la vague qui la suit.

Lors les rochers, bien qu'ils n'eussent point d'âme,
Voyant marcher une si belle Dame,
Et les déserts, les sablons, et l'étang
Où vit maint Cygne, habillé tout de blanc,
Et des hauts Pins la cime de vert peinte
Vous contemplaient comme une chose sainte;
Et pensaient voir (pour ne voir rien de tel)
Une Déesse en habit d'un mortel
Se promener, quand l'Aube retournée
Par les jardins poussait la matinée,
Et vers le soir, quand déjà le Soleil
A chef baissé s'en allait au sommeil.

Droit au devant de votre portraiture
J'ai mis d'un Roi l'excellente peinture
Bien jeune d'ans, qui jamais n'eut le cœur
Ni l'œil blessé d'amoureuse langueur:

Et toutefois à lui voir le visage
Chacun dirait qu'il aime votre Image,
Et qu'allumé des rais de votre jour
Il se consume et s'écoule d'amour
En sa peinture, et que son portrait même
Comme amoureux en devient froid et blême.

   .    .    .    .    .

     Vous d'autre part faites semblant d'avoir
En gré sa plainte, et de la recevoir,
Et l'appellant, lui ouvrir de vos villes
Les riches ports et les havres fertiles:
Mais cette Mer qui s'épand entre-deux
D'un large champ écumeux et ondeux,
Vous porte envie, et ne veut point ce semble,
Que soyez joints par mariage ensemble.
Et qu'est-il rien plus cruel que la Mer,
Mer qui son nom a dérobé d'amer?

     Vous n'êtes seule à qui celle marine
S'est fait connaître envieuse et maligne:
Héro le sait, Hellès, et celle-là
Que le Taureau sur sa croupe envola,
Qui fut Princesse en son printemps si belle
Que notre Europe a porté le nom d'elle.
     Je suis marri que la douce Vénus
Naquit des flots d'écume tous chenus:
Elle, d'Amour la compagne et la mère,
Digne n'était d'une naissance amère
Des flots couverts d'horreur et de péril,
Mais devait naître au Printemps en Avril
D'un pré fleuri, près d'une eau gazouillante
Dessur la mousse, et non de la tourmente.
     C'est pour montrer que l'Amour est trompeur,
Amer, cruel, plein de crainte et de peur,
Comme celui qui porte en ses mains closes
Plus de chardons que de lis ni de roses.

    *celle marine,* cette mer.

## CHANSON

Quand ce beau printemps je vois,
J'aperçois
Rajeunir la terre et l'onde,
Et me semble que le jour,
Et l'Amour,
Comme enfants naissent au monde.


Le jour qui plus beau se fait,
Nous refait
Plus belle et verte la terre,
Et Amour armé de traits
Et d'attraits,
Dans nos cœurs nous fait la guerre.


Il répand de toutes parts
Feux et dards,
Et dompte sous sa puissance
Hommes, bêtes et oiseaux,
Et les eaux
Lui rendent obéissance.


Vénus avec son enfant
Triomphant
Au haut de son coche assise,
Laisse ses cygnes voler
Parmi l'air
Pour aller voir son Anchise.


Quelque part que ses beaux yeux
Par les cieux
Tournent leurs lumières belles,
L'air qui se montre serein,
Est tout plein
D'amoureuses étincelles.

Puis en descendant à bas
Sous ses pas
Croissent mille fleurs écloses:
Les beaux lis et les œillets
Vermeillets
Y naissent entre les roses.

Je sens en ce mois si beau
Le flambeau
D'Amour qui m'échauffe l'âme,
Y voyant de tous côtés
Les beautés
Qu'il emprunte de ma dame.

Quand je vois tant de couleurs
Et de fleurs
Qui émaillent un rivage,
Je pense voir le beau teint,
Qui est peint
Si vermeil en son visage.

Quand je vois les grands rameaux
Des ormeaux,
Qui sont lacés de lierre,
Je pense être pris ès lacs
De ses bras,
Et que mon col elle serre.

Quand j'entends la douce voix
Par les bois
Du gai rossignol qui chante,
D'elle je pense jouir,
Et ouïr
Sa douce voix qui m'enchante.

Quand zéphire mène un bruit
Qui se suit
Au travers d'une ramée,
Des propos il me souvient
Que me tient
La bouche de mon aimée.

Quand je vois en quelque endroit
Un pin droit,
Ou quelque arbre qui s'élève,
Je me laisse décevoir,
Pensant voir
Sa belle taille et sa grève.

Quand je vois dans un jardin
Au matin
S'éclore une fleur nouvelle,
J'accompare le bouton
Au téton
De son beau sein qui pommelle.

Quand le soleil tout riant
D'orient
Nous montre sa blonde tresse,
Il me semble que je vois
Près de moi
Lever ma belle maîtresse.

Quand je sens parmi les prés
Diaprés
Les fleurs dont la terre est pleine,
Lors je fais croire à mes sens,
Que je sens
La douceur de son haleine.

Bref je fais comparaison
Par raison
Du printemps et de m'amie:
Il donne aux fleurs la vigueur,
Et mon cœur
D'elle prend vigueur et vie.

*grève*, jambe.

Je voudrais au bruit de l'eau
          D'un ruisseau
   Déplier ses tresses blondes,
   Frisant en autant de nœuds
          Ses cheveux,
   Que je verrais friser d'ondes.

Je voudrais pour la tenir
          Devenir
   Dieu de ces forêts désertes,
   La baisant autant de fois,
          Qu'en un bois
   Il y a de feuilles vertes.

Ha maîtresse, mon souci,
          Viens ici
   Viens contempler la verdure:
   Les fleurs de mon amitié
          Ont pitié,
   Et seule tu n'en as cure.

Au moins, lève un peu tes yeux
          Gracieux,
   Et vois ces deux colombelles,
   Qui font naturellement
          Doucement
   L'amour du bec et des ailes:

Et nous, sous ombre d'honneur,
          Le bonheur
   Trahissons par une crainte:
   Les oiseaux sont plus heureux
          Amoureux,
   Qui font l'amour sans contrainte.

Toutefois ne perdons pas
          Nos ébats
   Pour ses lois tant rigoureuses:
   Mais, si tu m'en crois, vivons
          Et suivons
   Les colombes amoureuses.

Pour effacer mon émoi
Baise-moi,
Rebaise-moi ma Déesse:
Ne laissons passer en vain
Si soudain
Les ans de notre jeunesse.


## SONNET SUR LA MORT DE MARIE

Comme on voit sur la branche au mois de mai la rose
En sa belle jeunesse, en sa première fleur,
Rendre le ciel jaloux de sa vive couleur,
Quand l'aube de ses pleurs au point du jour l'arrose;
La grâce dans sa feuille et l'amour se repose,
Embaumant les jardins et les arbres d'odeur;
Mais battue ou de pluie ou d'excessive ardeur,
Languissante elle meurt, feuille à feuille déclose.
Ainsi, en ta première et jeune nouveauté,
Quand la terre et le ciel honoraient ta beauté,
La Parque t'a tuée, et cendre tu reposes.
Pour obsèques reçois mes larmes et mes pleurs,
Ce vase plein de lait, ce panier plein de fleurs,
Afin que, vif et mort, ton corps ne soit que roses.


## ELÉGIE

### CONTRE LES BÛCHERONS DE LA FORÊT DE GÂTINE

Quiconque aura premier la main embesognée
A te couper, forêt, d'une dure cognée,
Qu'il puisse s'enferrer de son propre bâton
Et sentir en l'estomac la faim d'Erisichton,
Qui coupa de Cérès le chêne vénérable
Et qui, gourmand de tout, de tout insatiable,
Les bœufs et les moutons de sa mère égorgea,
Puis pressé de la faim, soi-même se mangea:

Ainsi puisse engloutir ses rentes et sa terre,
Et se dévorer après par les dents de la guerre,
Qu'il puisse, pour venger le sang de nos forêts,
Toujours nouveaux emprunts sur nouveaux intérêts
Devoir à l'usurier, et qu'enfin il consomme
Tout son bien à payer la principale somme :
Que toujours sans repos ne fasse en son cerveau
Que tramer pour néant quelque dessein nouveau,
Porté d'impatience et de fureur diverse
Et de mauvais conseil qui les hommes renverse.

    Ecoute, Bûcheron! arrête un peu le bras!
Ce ne sont pas des bois que tu jettes à bas;
Ne vois-tu pas le sang lequel dégoutte à force
Des nymphes qui vivaient dessous la dure écorce?
Sacrilège meurtrier, si on pend un voleur
Pour piller un butin de bien peu de valeur,
Combien de feux, de fers, de morts et de détresses
Mérites-tu, méchant, pour tuer des déesses?

    Forêt, haute maison des oiseaux bocagers,
Plus le cerf solitaire et les chevreuils légers
Ne paîtront sous ton ombre, et ta verte crinière
Plus du soleil d'été ne rompra la lumière.
Plus l'amoureux pasteur sur un tronc adossé,
Enflant son flageolet à quatre trous percé,
Son mâtin à ses pieds, à son flanc la houlette,
Ne dira plus l'ardeur de sa belle Janette;
Tout deviendra muet, Echo sera sans voix,
Tu deviendras campagne, et en lieu de tes bois
Dont l'ombrage incertain lentement se remue,
Tu sentiras le soc, le coutre et la charrue;
Tu perdras ton silence, et haletant d'effroi,
Ni Satyres ni Pans ne viendront plus chez toi.

    Adieu, vieille forêt, le jouet de Zéphire,
Où premier j'accordai les langues de ma lyre,
Où premier j'entendis les flèches résonner
D'Apollon, qui me vint tout le cœur étonner;
Où premier, admirant la belle Calliope,
Je devins amoureux de sa neuvaine trope,

Quand sa main sur les front cent roses me jeta,
Et de son propre lait Euterpe m'allaita.

    Adieu, vieille forêt, adieu, têtes sacrées,
De tableaux et de fleurs autrefois honorées,
Maintenant le dédain des passants altérés
Qui, brûlés en l'été des rayons éthérés,
Sans plus trouver le frais de tes douces verdures,
Accusent tes meurtriers et leur disent injures.

    Adieu, chênes, couronne aux vaillants citoyens,
Arbres de Jupiter, germes dodonéens,
Qui premiers aux humains donnâtes à repaître;
Peuples vraiment ingrats qui n'ont su reconnaître
Les biens reçus de vous, peuples vraiment grossiers
De massacrer ainsi leurs pères nourriciers!

    Que l'homme est malheureux qui au monde se fie!
O Dieux, que véritable est la philosophie
Qui dit que toute chose à la fin périra,
Et qu'en changeant de forme une autre vêtira!
De Tempé la vallée un jour sera montagne,
Et la cime d'Athos une large campagne;
Neptune quelquefois de blé sera couvert:
La matière demeure et la forme se perd.


## SONNETS POUR HÉLÈNE

Te regardant assise auprès de ta cousine
    Belle comme une Aurore, et toi comme un Soleil,
    Je pensai voir deux fleurs d'un même teint pareil,
    Croissantes en beauté l'une à l'autre voisine.
La chaste, sainte, belle et unique Angevine,
    Vite comme un éclair sur moi jeta son œil:
    Toi comme paresseuse et pleine de sommeil,
    D'un seul petit regard tu ne m'estimas digne.
Tu t'entretenais seule au visage abaissé,
    Pensive toute à toi, n'aimant rien que toi-même,
    Dédaignant un chacun d'un sourcil ramassé,

Comme une qui ne veut qu'on la cherche ou qu'on l'aime.
J'eus peur de ton silence, et m'en allai tout blême,
Craignant que mon salut n'eût ton œil offensé.


Quoi? me donner congé de servir toute femme,
Et mon ardeur éteindre au premier corps venu,
Ainsi qu'un vagabond, sans être retenu,
Abandonner la bride au vouloir de ma flamme,
Non, ce n'est pas aimer.   L'Archer ne vous entame
Qu'un peu le haut du cœur d'un trait faible et menu.
Si d'un coup bien profond il vous étoit connu,
Ce ne serait que soufre et braise de votre âme:
En soupçon de votre ombre en tous lieux vous seriez;
A toute heure, en tous temps, jalouse me suivriez,
D'ardeur et de fureur et de crainte allumée.
Amour au petit pas, non au galop, vous court,
Et votre amitié n'est qu'une flamme de Cour,
Où peu de feu se trouve et beaucoup de fumée.


Vous me dites, Maîtresse, étant à la fenêtre,
Regardant vers Montmartre et les champs d'alentour:
La solitaire vie, et le désert séjour
Valent mieux que la Cour, je voudrais bien y être.
A l'heure mon esprit de mes sens serait maître,
En jeûne et oraison je passerais le jour,
Je défierais les traits et les flammes d'Amour:
Ce cruel de mon sang ne pourrait se repaître.
Quand je vous répondis: Vous trompez de penser
Qu'un feu ne soit pas feu pour se couvrir de cendre:
Sur les cloîtres sacrés la flamme on voit passer:
Amour dans les déserts comme aux villes s'engendre.
Contre un dieu si puissant, qui les Dieux peut forcer,
Jeûnes ni oraisons ne se peuvent défendre.

Prenant congé de vous, dont les yeux m'ont dompté,
　　Vous me dites un soir comme passionnée:
　　Je vous aime, Ronsard, par seule destinée
　　Le Ciel à vous aimer force ma volonté.
Ce n'est votre savoir, ce n'est votre beauté
　　Ni votre âge qui fuit vers l'Automne inclinée:
　　Ce n'est ni votre corps ni votre âme bien-née,
　　C'est seulement du Ciel l'injuste Cruauté.
Vous voyant, ma Raison ne s'est pas défendue.
　　Vous puissé-je oublier comme chose perdue.
　　Hélas! je ne saurais et je le voudrais bien.
Le voudrant, je rencontre une force au contraire.
　　Puisqu'on dit que le Ciel est cause de tout bien,
　　Je n'y veux résister, il le faut laisser faire.


Au milieu de la guerre, en un siècle sans foi,
　　Entre mille procès, est-ce pas grand'folie
　　D'écrire de l'Amour? De menottes on lie
　　Les fols qui ne sont pas si furieux que moi.
Grison et maladif rentrer dessous la loi
　　D'Amour, ô quelle erreur! Dieux, merci je vous crie.
　　Tu ne m'es plus Amour, tu m'es une Furie,
　　Qui me rends fol enfant et sans yeux comme toi.
Voir perdre mon pays, proie des adversaires,
　　Voir en nos étendards les fleurs de lis contraires,
　　Voir une Thébaïde et faire l'amoureux!
Je m'en vais au Palais: adieu, vieilles Sorcières!
　　Muses, je prends mon sac, je serai plus heureux
　　En gagnant mes procès, qu'en suivant vos rivières.


Vous triomphez de moi, et pour ce je vous donne
　　Ce lierre qui coule et se glisse à l'entour
　　Des arbres et des murs, lesquels tour dessus tour,

Plis dessus plis il serre, embrasse et environne.
A vous de ce lierre appartient la Couronne.
    Je voudrais, comme il fait, et de nuit et de jour
    Me plier contre vous, et languissant d'amour,
    D'un nœud ferme enlacer votre belle colonne.
Ne viendra point le temps que dessous les rameaux,
    Au matin où l'Aurore éveille toutes choses,
    En un Ciel bien tranquille, au caquet des oiseaux
Je vous puisse baiser à lèvres demi-closes,
    Et vous conter mon mal, et de mes bras jumeaux
    Embrasser à souhait votre ivoire et vos roses?


Laisse de Pharaon la terre Egyptienne,
    Terre de servitude, et viens sur le Jourdain:
    Laisse-moi cette Cour et tout ce fard mondain,
    Ta Circé, ta Sirène, et ta magicienne.
Demeure en ta maison pour vivre toute tienne,
    Contente-toi de peu: l'âge s'enfuit soudain.
    Pour trouver ton repos, n'attends point à demain:
    N'attends point que l'hiver sur les cheveux te vienne.
Tu ne vois à la Cour que feintes et soupçons:
    Tu vois tourner une heure en cent mille façons:
    Tu vois la vertu fausse, et vraie la malice;
Laisse ces honneurs pleins d'un soin ambitieux,
    Tu ne verras aux champs que Nymphes et que Dieux,
    Je serai ton Orphée, et toi mon Eurydice.


    Ces longues nuits d'hiver, où la Lune ocieuse
        Tourne si lentement son char tout alentour,
        Où le coq si tardif nous annonce le jour,
        Où la nuit semble un an à l'âme soucieuse,
Je fusse mort d'ennui sans ta forme douteuse,
        Qui vient par une feinte alléger mon amour,
        Et faisant toute nue entre mes bras séjour,
        Me pipe doucement d'une joie menteuse.

Vraie tu es farouche, et fière en cruauté.
De toi fausse on jouit en toute privauté.
Près ton mort je m'endors, près de lui je repose:
Rien ne m'est refusé. Le bon sommeil ainsi
Abuse par le faux mon amoureux souci.
S'abuser en amour n'est pas mauvaise chose.

*mort*, double.


Quand vous serez bien vieille, au soir, à la chandelle,
Assise auprès du feu, dévidant et filant,
Direz, chantant mes vers, en vous émerveillant:
"Ronsard me célébrait du temps que j'étais belle."
Lors vous n'aurez servante oyant telle nouvelle,
Dejà sous le labeur à demi sommeillant,
Qui au bruit de mon nom ne s'aille réveillant,
Bénissant votre nom de louange immortelle.
Je serai sous la terre et fantôme sans os
Par les ombres myrteux je prendrai mon repos;
Vous serez au foyer une vieille accroupie,
Regrettant mon amour et votre fier dédain.
Vivez, si m'en croyez, n'attendez à demain;
Cueillez dès aujourd'hui les roses de la vie.


Le soir qu'Amour vous fit en la salle descendre
Pour danser d'artifice un beau ballet d'Amour,
Vos yeux, bien qu'il fût nuit, ramenèrent le jour,
Tant ils surent d'éclairs par la place répandre.
Le ballet fut divin, qui se soulait reprendre,
Se rompre, se refaire, et tour dessus retour
Se mêler, s'écarter, se tourner à l'entour,
Contre-imitant le cours du fleuve de Méandre:
Ores il était rond, ores long, or' étroit,
Or en pointe, en triangle, en la façon qu'on voit
L'escadron de la Grue évitant la froidure.
Je faux, tu ne dansais, mais ton pied voletait
Sur le haut de la terre: aussi ton corps s'était
Transformé pour ce soir en divine nature.

## ELEGIE A HÉLÈNE

Six ans étaient coulés, et la septième année
Etait presque entière en ses pas retournée,
Quand loin d'affection, de désir et d'amour,
En pure liberté je passais tout le jour,
Et franc de tout souci qui les âmes dévore,
Je dormais dès le soir jusqu'au point de l'aurore.
Car seul maître de moi j'allais plein de loisir,
Où le pied me portait, conduit de mon désir,
Ayant toujours ès mains pour me servir de guide
Aristote ou Platon, ou le docte Euripide,
Mes bons hôtes muets qui ne fâchent jamais:
Ainsi que je les prends, ainsi je les remets.
O douce compagnie et utile et honnête!
Un autre en caquetant m'étourdirait la tête.

    Puis du livre ennuyé, je regardais les fleurs,
Feuilles, tiges, rameaux, espèces et couleurs,
Et l'entrecoupement de leurs formes diverses,
Peintes de cent façons, jaunes, rouges et perses,
Ne me pouvant saouler, ainsi qu'en un tableau
L'admirer la Nature, et ce qu'elle a de beau:
Et de dire en parlant aux fleurettes écloses:
    "Celui est presque Dieu qui connaît toutes choses,
    Eloigné du vulgaire, et loin des courtisans,
    De fraude et de malice impudents artisans."
Tantôt j'errais seulet par les forêts sauvages
Sur les bords enjonchés des peinturés rivages,
Tantôt par les rochers reculés et déserts,
Tantôt par les taillis, verte maison des cerfs.

    J'aimais le cours suivi d'une longue rivière,
Et voir onde sur onde allonger sa carrière,
Et flot à l'autre flot en roulant s'attacher,
Et pendu sur le bord me plaisait d'y pêcher,
Etant plus réjoui d'une chasse muette
Troubler des écaillés la demeure secrète,
Tirer avec la ligne en tremblant emporté

Le crédule poisson pris à l'haim appâté,
Qu'un grand Prince n'est aise ayant pris à la chasse
Un cerf qu'en haletant tout un jour il pourchasse.
Heureux, si vous eussiez d'un mutuel émoi
Pris l'appât amoureux aussi bien comme moi,
Que tout seul j'avalai, quand par trop désireuse
Mon âme en vos yeux but la poison amoureuse.

Puis alors que Vesper vient embrunir nos yeux,
Attaché dans le ciel je contemple les cieux,
En qui Dieu nous écrit en notes non obscures
Les sorts et les destins de toutes créatures.
Car lui, en dédaignant (comme font les humains)
D'avoir encre et papier et plume entre les mains,
Par les astres du ciel qui sont ses caractères,
Les choses nous prédit et bonnes et contraires:
Mais les hommes chargés de terre et du trépas
Méprisent tel écrit, et ne le lisent pas.

Or le plus de mon bien pour décevoir ma peine,
C'est de boire à longs traits les eaux de la fontaine
Qui de votre beau nom se brave, et, en courant
Par les prés, vos honneurs va toujours murmurant,
Et la Reine se dit des eaux de la contrée:
Tant vaut le gentil soin d'une Muse sacrée,
Qui peut vaincre la mort, et les sorts inconstants,
Sinon pour tout jamais, au moins pour un long temps.

Là, couché dessus l'herbe en mes discours je pense
Que pour aimer beaucoup j'ai peu de récompense,
Et que mettre son cœur aux Dames si avant,
C'est vouloir peindre en l'onde et arrêter le vent:
M'assurant toutefois qu'alors que le vieil âge
Aura comme un sorcier changé votre visage,
Et lorsque vos cheveux deviendront argentés,
Et que vos yeux, d'amour ne seront plus hantés,
Que toujours vous aurez, si quelque soin vous touche,
En l'esprit mes écrits, mon nom en votre bouche.

*l'haim*, l'hameçon.
*se brave*, se vante.

Maintenant que voici l'an septième venir,
Ne pensez plus, Hélène, en vos lacs me tenir.
La raison m'en délivre, et votre rigueur dure,
Puis il faut que mon âge obéisse à Nature.

## DERNIERS VERS

Quoi, mon âme, dors-tu engourdie en ta masse?
    La trompette a sonné, serre bagage, et va
    Le chemin déserté que Jésus Christ trouva,
    Quand tout mouillé de sang racheta notre race.
C'est un chemin fâcheux, borné de peu d'espace,
    Tracé de peu de gens, que la ronce pava,
    Où le chardon poignant ses têtes éleva;
    Prends courage pourtant, et ne quitte la place.
N'appose point la main à la mansine, après
    Pour ficher ta charrue au milieu des guérets,
    Retournant coup sur coup en arrière ta vue:
Il ne faut commencer, ou du tout s'employer,
    Il ne faut point mener puis laisser la charrue,
    Qui laisse son métier n'est digne du loyer.

    *mansine*, manches d'une charrue.

Il faut laisser maisons et vergers et jardins,
    Vaisselles et vaisseaux que l'artisan burine,
    Et chanter son obsèque en la façon du Cygne,
    Qui chante son trépas sur les bord Méandrins.
C'est fait, j'ai dévidé le cours de mes destins,
    J'ai vécu, j'ai rendu mon nom assez insigne,
    Ma plume vole au ciel pour être quelque signe,
    Loin des appas mondains qui trompent les plus fins.
Heureux qui ne fut onc, plus heureux qui retourne
    En rien comme il était, plus heureux qui séjourne

D'homme fait nouvel ange auprès de Jésus Christ,
    Laissant pourrir ça-bas sa dépouille de boue
    Dont le sort, la fortune, et le destin se joue,
    Franc des liens du corps pour n'être qu'un esprit.

### A SON ÂME

    Amelette Ronsardelette,
Mignonnellette, doucelette,
Très chère hôtesse de mon corps,
Tu descends là-bas faiblelette,
Pâle, maigrelette, seulette,
Dans le froid Royaume des morts:
Toutefois simple, sans remords
De meurtre, poison, ou rancune,
Méprisant faveurs et trésors
Tant enviés par la commune.
    Passant, j'ai dit, suis ta fortune,
Ne trouble mon repos, je dors.

## Joachim du Bellay

### L'OLIVE

Ores qu'en l'air le grand Dieu du tonnerre
    Se rue au sein de son épouse aimée,
    Et que de fleurs la nature semée
    A fait le ciel amoureux de la terre:
Or que des vents le gouverneur desserre
    Le doux Zéphire, et la forêt armée
    Voit par l'épais de sa neuve ramée
    Maint libre oiseau qui de tous côtés erre:
Je vais faisant un cri non entendu,
    Entre les fleurs du sang amoureux nées,
    Pâle, dessous l'arbre pâle étendu:

Et de son fruit amer me repaissant,
  Aux plus beaux jours de mes vertes années
  Un triste hiver sens en moi renaissant.


S'il a dit vrai, sèche pour moi l'ombrage
  De l'arbre saint, ornement de mes vers,
  Mon nom sans bruit erre par l'univers,
  Pleuve du ciel sur moi toute la rage.
S'il a dit vrai, de mes soupirs l'orage,
  De cruauté les durs rochers couverts,
  De désespoir les abîmes ouverts,
  Et tout péril conspire en mon naufrage.
S'il a menti, la blanche main d'ivoire
  Ceigne mon front des feuilles que j'honore:
  Les Astres soient les bornes de ma gloire,
Le ciel bénin me découvre sa trace;
  Vos deux beaux yeux, deux flambeaux que j'adore,
  Guident ma nef au port de votre grâce.


Si notre vie est moins qu'une journée
  En l'éternel, si l'an qui fait le tour
  Chasse nos jours sans espoir de retour,
  Si périssable est toute chose née,
Que songes-tu mon âme emprisonnée?
  Pourquoi te plaît l'obscur de notre jour,
  Si pour voler en un plus clair séjour,
  Tu as au dos l'aile bien empennée?
Là est le bien que tout esprit désire,
  Là, le repos où tout le monde aspire,
  Là, est l'amour, là, le plaisir encore.
Là, ô mon âme, au plus haut ciel guidée,
  Tu y pourras reconnaître l'Idée
  De la beauté qu'en ce monde j'adore.

## LES AMOURS

Pâle est la Mort: de pâleur est dépeinte
  Cette beauté, qui sur toute autre excelle:
  Tout meurt par mort: tout meurt pour l'amour d'elle
  Où moins qu'en mort n'est l'espérance éteinte.
Froide est la mort: elle est de neige ceinte,
  Et comme neige est toujours pure et belle:
  Comme la mort elle est sourde et cruelle,
  Et de pitié, non plus qu'elle, est atteinte.
On peint la mort sans yeux: mais cette-ci
  Est clairvoyante, et plus cruelle aussi,
  Paissant ses yeux de voir notre martyre:
Et si ne va le penser effrayant
  Comme la mort, mais fait qu'en la voyant
  Tout gentil cœur si douce mort désire.

    *si*, pourtant.

## LES REGRETS

Las! où est maintenant ce mépris de Fortune?
  Où est ce cœur vainqueur de toute adversité,
  Cet honnête désir de l'immortalité,
  Et cette honnête flamme au peuple non commune?
Où sont ces doux plaisirs qu'au soir sous la nuit brune
  Les Muses me donnaient, alors qu'en liberté
  Dessus le vert tapis d'un rivage écarté
  Je les menais danser aux rayons de la lune?
Maintenant la fortune est maîtresse de moi,
  Et mon cœur, qui soulait être maître de soi,
  Est serf de mille maux et regrets qui m'ennuient.
De la postérité je n'ai plus de souci,
  Cette divine ardeur, je ne l'ai plus aussi,
  Et les Muses de moi, comme étranges, s'enfuient.

France, mère des arts, des armes et des lois,
    Tu m'as nourri longtemps du lait de ta mamelle:
    Ores, comme un agneau qui sa nourrice appelle,
    Je remplis de ton nom les antres et les bois.
Si tu m'as pour enfant avoué quelquefois,
    Que ne me réponds-tu maintenant, ô cruelle?
    France, France, réponds à ma triste querelle!
    Mais nul, sinon Echo, ne répond à ma voix.
Entre les loups cruels j'erre parmi la plaine.
    Je sens venir l'hiver, de qui la froide haleine
    D'une tremblante horreur fait hérisser ma peau.
Las! tes autres agneaux n'ont faute de pâture,
    Ils ne craignent le loup, le vent, ni la froidure:
Si ne suis-je pourtant le pire du troupeau.

        *querelle*, plainte.


Heureux qui, comme Ulysse, a fait un beau voyage,
    Ou comme cettui-là qui conquit la toison,
    Et puis est retourné, plein d'usage et raison,
    Vivre entre ses parents le reste de son âge!
Quand reverrai-je, hélas, de mon petit village
    Fumer la cheminée: et en quelle saison
    Reverrai-je le clos de ma pauvre maison,
    Qui m'est une province, et beaucoup davantage?
Plus me plaît le séjour qu'ont bâti mes aïeux,
    Que des palais Romains le front audacieux:
    Plus que le marbre dur me plaît l'ardoise fine,
Plus mon Loire Gaulois que le Tibre Latin,
    Plus mon petit Lyré que le mont Palatin,
    Et plus que l'air marin la douceur angevine.


Marcher d'un grave pas, et d'un grave sourcil
    Et d'un grave souris à chacun faire fête,
    Balancer tous ses mots, répondre de la tête,
    Avec un *Messer non*, ou bien un *Messer si:*

Entremêler souvent un petit *È così*,
  Et d'un *son Servitor*' contrefaire l'honnête,
  Et, comme si l'on eût sa part en la conquête,
  Discourir sur Florence, et sur Naples aussi:
Seigneuriser chacun d'un baisement de main,
  Et suivant la façon du courtisan Romain,
  Cacher sa pauvreté d'une brave apparence:
Voilà de cette Cour la plus grande vertu,
  Dont souvent mal monté, mal sain, et mal vêtu,
  Sans barbe et sans argent on s'en retourne en France.


Il fait bon voir, Magny, ces Couillons magnifiques,
  Leur superbe Arsénal, leurs vaisseaux, leur abord,
  Leur Saint Marc, leur Palais, leur Réalte, leur port,
  Leurs changes, leurs profits, leur banque et leurs trafiques;
Il fait bon voir le bec de leurs chapp'rons antiques,
  Leurs robes à grand' manche et leurs bonnets sans bord,
  Leur parler tout grossier, leur gravité, leur port,
  Et leurs sages avis aux affaires publiques.
Il fait bon voir de tout leur Sénat ballotter,
  Il fait bon voir partout leurs gondoles flotter,
  Leurs femmes, leurs festins, leur vivre solitaire:
Mais ce que l'on en doit le meilleur estimer,
  C'est quand ces vieux cocus vont épouser la mer,
  Dont ils sont les maris et le Turc l'adultère.


## LES ANTIQUITÉS DE ROME

Telle que dans son char la Bérécynthienne,
  Couronnëé de tours et joyeuse d'avoir
  Enfanté tant de dieux, telle se faisait voir
  En ses jours plus heureux cette ville ancienne,
Cette ville qui fut, plus que la Phrygienne,
  Foisonnante en enfants, et de qui le pouvoir

*la Bérécynthienne*, Cybèle.

123

Fut le pouvoir du monde, et ne se peut revoir
Pareille à sa grandeur, grandeur sinon la sienne.
Rome seule pouvait à Rome ressembler,
Rome seule pouvait Rome faire trembler:
Aussi n'avait permis l'ordonnance fatale
Qu'autre pouvoir humain, tant fût audacieux,
Se vantât d'égaler celle qui fit égale
Sa puissance à la Terre et son courage aux Cieux.


Sacrés coteaux, et vous, saintes ruines,
Qui le seul nom de Rome retenez,
Vieux monuments, qui encor soutenez
L'honneur poudreux de tant d'âmes divines;
Arcs triomphaux, pointes du ciel voisines,
Qui de vous voir le ciel même étonnez,
Las! peu à peu cendre vous devenez,
Fable du peuple et publiques rapines!
Et bien qu'au temps pour un temps fassent guerre
Les bâtiments, si est-ce que le temps
Œuvres et noms finablement atterre.
Tristes désirs, vivez donque contents:
Car si le temps finit chose si dure,
Il finira la peine que j'endure.


Pâles Esprits, et vous Ombres poudreuses,
Qui jouissant de la clarté du jour
Fîtes sortir ce orgueilleux séjour,
Dont nous voyons les reliques cendreuses:
Dites, Esprits (ainsi les ténébreuses
Rives de Styx non passable au retour,
Vous enlaçant d'un trois fois triple tour,
N'enferment point vos images ombreuses)
Dites-moi donc (car quelqu'une de vous
Possible encor se cache ici dessous),
Ne sentez-vous augmenter votre peine,

Quand quelquefois de ces coteaux Romains
    Vous contemplez l'ouvrage de vos mains
    N'être plus rien qu'une poudreuse plaine?


D'UN VANNEUR DE BLE AUX VENTS

    A vous, troupe légère,
    Qui d'aile passagère
    Par le monde volez,
    Et d'un sifflant murmure
    L'ombrageuse verdure
    Doucement ébranlez,

    J'offre ces violettes,
    Ces lis et ces fleurettes,
    Et ces roses ici,
    Ces vermeillettes roses,
    Tous fraîchement écloses,
    Et ces œillets aussi.

    De votre douce haleine
    Eventez cette plaine,
    Eventez ce séjour:
    Cependant qu'j'ahane
    A mon blé, que je vanne
    A la chaleur du jour.


## Jacques Tahureau

### SONNET

En quel fleuve aréneux jaunement s'écouloit
    L'or qui blondit si bien les cheveux de ma dame?
    Et du brillant éclat de sa jumelle flamme,
    Tout astre surpassant, quel haut ciel s'emperloit?
Mais quelle riche mer le corail receloit
    De cette belle lèvre, où mon désir s'affame?

Mais en quel beau jardin la rose, qui donne âme
A ce teint vermeillet, au matin s'étaloit?
Quel blanc rocher de Pare, en étoffe marbrine
A tant bien montagné cette plaine divine?
Quel parfum de Sabée a produit son odeur?
O trop heureux le fleuve, heureux ciel, mer heureuse,
Le jardin, le rocher, la Sabée odoreuse,
Qui nous ont enlustré le beau de son honneur!

## *Rémi Belleau*

### LA BERGERIE

#### SONNET

Lune porte-flambeau, seule fille héritière
Des ombres de la nuit au grand et large sein,
Seule dedans le ciel qui de plus vite train
Galopes tes moreaux par la noire carrière:
Seule quand il te plaît qui retiens ta lumière
D'un œil demi-clos, puis la versant soudain
Montres le teint vermeil de ton visage plein,
Et les rayons sacrés de ta belle paupière:
Laisse-moi, je te prie, sous le silence ombreux
De tes jeux argentés au séjour amoureux
De ces divinités qui m'ont l'âme ravie,
Et causent que, sans peur, j'erre dedans ce bois
Vagabond et seulet, comme toi quelquefois
Pour ton mignon dormeur sur le mont de Latmie.

#### AVRIL

Avril, l'honneur et des bois
Et des mois,
Avril, la douce espérance
Des fruits qui, sous le coton
Du bouton,
Nourrissent leur jeune enfance;

126

Avril, l'honneur des prés verts,
          Jaunes, pers,
    Qui, d'une humeur bigarrée,
Emaillent de mille fleurs
          De couleurs
Leur parure diaprée;

    Avril, l'honneur des soupirs
              Des zéphyrs,
    Qui, sous le vent de leur aile,
Dressent encor, ès forêts,
              Des doux rêts
Pour ravir Flore la belle;

    Avril, c'est ta douce main
              Qui, du sein
De la nature, desserre
Une moisson de senteurs
              Et de fleurs
Embaumant l'air et la terre.

    Avril, l'honneur verdissant,
              Florissant
Sur les tresses blondelettes
De ma dame et de son sein
              Toujours plein
De mille et mille fleurettes;

    Avril, la grâce et le ris
              De Cypris,
Le flair et la douce haleine;
Avril, le parfum des dieux
              Qui des cieux
Sentent l'odeur de la plaine.

    C'est toi courtois et gentil
              Qui d'exil
Retire ces passagères,

Ces arondelles qui vont
   Et qui sont
Du printemps les messagères.

L'aubépine et l'églantin,
   Et le thym,
L'œillet, le lis et les roses
En cette belle saison,
   A foison
Montrent leur robes écloses.

Le gentil rossignolet,
   Doucelet,
Découpe dessous l'ombrage
Mille fredons babillards,
   Frétillards
Au doux chant de son ramage.

C'est à ton heureux retour
   Que l'amour
Souffle à doucettes haleines
Un feu croupi et couvert
   Que l'hiver
Recélait dedans nos veines.

Tu vois en ce temps nouveau
   L'essaim beau
De ces pillardes avettes
Voleter de fleur en fleur
   Pour l'odeur
Qu'ils mussent en leurs cuissettes.

Mai vantera ses fraîcheurs,
   Ses fruits meurs
Et sa féconde rosée,
La manne et le sucre doux,
   Le miel roux,

*arondelles*, hirondelles.     *avettes*, abeilles.     *meurs*, mûrs.

Dont sa grâce est arrosée.

Mais moi je donne ma voix
A ce mois,
Qui prend le surnom de celle
Qui de l'écumeuse mer
Vit germer
Sa naissance maternelle.


# LES PIERRES PRÉCIEUSES

### LA PIERRE DU COQ — A LA FRANCE

Oiseau qui de garde fidèle
Dessillé fais la sentinelle
Sous le silence de la nuit,
Réveillant d'une voix hardie
La troupe de somme engourdie
Et de paresse, à ton haut bruit.
Oiseau à la crête pourprée
Compagnon de l'Aube dorée,
Trompette des feux du Soleil,
Qui te perches à la même heure
Qu'il plonge en mer sa chevelure
Pour se rendre allègre au travail.
N'était-ce assez que l'arrogance
De votre œil domptât la puissance
Et l'ire des Lions plus fiers,
Sans que pour la vaillance acquerre
S'endurcît encore cette pierre
Au ventre creux de vos gosiers?
Témoin ce lutteur indomptable,
Ce fort Milon inexpugnable,
Qui remparé de la vertu
De cette pierre, pour sa gloire
A toujours gagné la victoire.
Quelque part qu'il ait combattu.

On dit plus, que cil qui la porte
A l'esprit net, la grâce accorte
De bien dire, et qu'en réchauffant
Le froide glace de son âme,
Des fières rigueurs de sa Dame
Enfin demeure triomphant.

Dedans la bouche elle modère
La soif qui brûlant nous altère:
Elle est noirâtre, ou de couleur
De cristal: et point ne s'en treuve
Qui retienne plus qu'une fève
Ou de longueur ou de grosseur.

Fais que la race surnommée
De ton nom, dont la renommée
Est éparse par l'Univers,
N'altère jamais la puissance
Qu'elle a quise par sa vaillance,
Par force et par assauts divers.

*treuve,* trouve.　　*quise,* acquise.

## *Étienne de la Boëtie*

### SONNETS

Quand tes yeux conquérants étonné je regarde,
　　Je vois dedans à clair tout mon espoir écrit:
　　Je vois dedans amour lui-même qui me rit
　　Et m'y montre mignard le bonheur qu'il me garde.
Mais quand de te parler parfois je me hasarde,
　　C'est lors que mon espoir desséché se tarit.
　　Et, d'avouer jamais ton œil qui me nourrit,
　　D'un seul mot de faveur (cruelle) tu n'as garde.
Si tes yeux sont pour moi, or vois ce que je dis,
　　Ce sont ceux-là, sans plus à qui je me rendis.
　　Mon Dieu, quelle querelle en toi-même se dresse,
Si ta bouche et tes yeux se veulent démentir?
　　Mieux vaut, mon doux tourment, mieux vaut les départir:
　　Et que je prenne au mot de tes yeux la promesse.

Ce jourd'hui, du soleil la chaleur altérée
    A jauni le long poil de la belle Cérès;
    Ores, il se retire; et nous gagnons le frais
    (Ma Marguerite et moi), de la douce sérée.
Nous traçons dans les bois quelque voie égarée,
    Amour marche devant, et nous marchons après;
    Si le vert ne nous plaît des épaisses forêts,
    Nous descendons pour voir le couleur de la prée;
Nous vivons francs d'émoi, et n'avons point souci
    Des rois, ni de la cour, ni des villes aussi.
    O Médoc, mon pays solitaire et sauvage,
Il n'est point de pays plus plaisant à mes yeux!
    Tu es au bout du monde, et je t'en aime mieux;
    Nous savons, après tout, les malheurs de notre âge.

*sérée*, soirée.


## *Étienne Jodelle*

### LES AMOURS

Des astres, des forêts, et d'Acheron l'honneur,
    Diane, au monde haut, moyen et bas préside,
    Et ses chevaux, ses chiens, ses Euménides guide,
    Pour éclairer, chasser, donner mort et horreur.
Tel est le lustre grand, la chasse, et la frayeur
    Qu'on sent sous ta beauté claire, prompte, homicide,
    Que le haut Jupiter, Phébus, et Pluton cuide
    Son foudre moins pouvoir, son arc et sa terreur.
Ta beauté par ses rais, par son rets, par la crainte
    Rend l'âme éprise, prise, et au martyre étreinte:
    Luis-moi, prends-moi, mais hélas ne me perds
De flambants forts et griefs, feux, filets et encombres,
    Lune, Diane, Hécate, aux cieux, terre et enfers
    Ornant, quêtant, gênant, nos Dieux, nous, et nos ombres.

*cuide*, croit.

Recherche qui voudra cet Amour qui domine,
    Comme l'on dit, les Dieux, les hommes, les esprits,
    Qu'on feint le premier né des Dieux, et qui a pris
    Eternellement soin de cette grand' machine;
Dont l'arc, le trait, le trousse, et la torche divine
    N'a rien que la vertu pour son but et son prix,
    Sans passions, douleurs, remords, larmes et cris.
    Quant à moi, je croirai que tel on l'imagine,
Et qu'au monde il n'est point. Quant aux fausses amorces
    De l'autre aveugle Amour, j'en dépite les forces.
    Mais je crois si amour aucun nous vient des cieux,
C'est lorsque deux moitiés par mariage unies,
    Quittent, pour l'amour vrai dont se paissent leurs vies,
    Tout amour fantastique, et tout amour sans yeux.


Je me trouve et me perds, je m'assure et m'effroie,
    En ma mort je revis, je vois sans penser voir,
    Car tu as d'éclairer et d'obscurcir pouvoir
    – Mais tout orage noir de rouge éclair flamboie.
Mon front qui cache et montre avec tristesse joie,
    Le silence parlant, l'ignorance au savoir,
    Témoignent mon hautain et mon humble devoir.
    – Tel est tout cœur qu'espoir et désespoir guerroie.
Fier en ma honte et plein de frisson chaleureux,
    Blâmant, louant, fuyant, cherchant l'art amoureux,
    Demi-brut, demi-Dieu je suis devant ta face
Quand d'un œil favorable et rigoureux, je crois,
    Au retour tu me vois, moi las! qui ne suis moi:
    O clair-voyant aveugle, ô Amour, flamme et glace!

## SONNET SPIRITUEL

Dieu, (ce Dieu qui promet aux Français plus de bien
    Qu'il ne leur a, ces jours, permis faire d'outrage),
    De foi, d'œuvre, de sens, de langue et de courage
    Doit être, aux biens aux maux, le seul but du Chrétien:
Seule cause de tout, de tout seul entretien,
    Tout infini, tout bon, tout puissant et tout sage,
    L'âme, le gond, l'appuy du monde son ouvrage
    Qu'il fit, Lui étant tout, et pouvant tout de rien:
Qui, pacifique en tout, par harmonie accorde
    Des neufs cieux et des quatre éléments la discorde,
    Par son destin certain guidant l'incertain sort:
Qui par ordre et raison donne ou âme ou croissance,
    Qui nous sauve par CHRIST, sa race et son essence,
    Seul fort, et seul vengeur du tort et de la mort.

## *Jean-Antoine de Baïf*

## SONNETS D'AMOUR

O doux plaisir plein de doux pensement,
    Quand la douceur de la douce mêlée,
    Entretient et joint l'âme à l'âme mêlée,
    Le corps au corps accouplé doucement.
O douce vie, o doux trépassement,
    Mon âme alors de grand' joïe troublée,
    De moi dans toi s'écoulant à l'emblée,
    Puis haut, puis bas quiert son ravissement.
Quand nous ardents, Méline, d'amour forte,
    Moi d'être en toi, toi d'en toi tout me prendre,
    Par cela mien, qui dans toi entre plus,
Tu me reçois, me laissant masse morte;
    Puis vient ta bouche en ma bouche le rendre,
    Me ranimant tous mes membres perclus.

Afin que pour jamais une marque demeure,
    A l'âge qui viendra, comme vôtre je suis,
    Je vous fais vœu du peu mais du tout que je puis,
    De peur que la mémoire avec nous ne s'en meure.
Je vous donne de moi la part qui est meilleure:
    C'est l'esprit et la voix, qui, menés et conduits
    Sous le flambeau d'Amour, des éternelles nuits
    Sauveront votre nom, paravant que je meure.
Et, si assez à temps je n'ai pas commencé
    De m'employer pour vous, puisque la destinée,
    Qui vous cachoit à moi, m'en a désavancé,
Je ferai, comme fait le dévot Pélerin,
    Qui s'étant levé tard, pour faire sa journée,
    Regagne à se hâter le temps et le chemin.

## CHANSONNETTE MESURÉE

*    A la fontaine je voudrais*
*    Avec ma belle aller jouer.*
*Là dedans l'eau nous irions tous deux rafraîchir*
*    Notre amour trop ardent.*


    Mille douceurs, mille bons mots, mille plaisirs,
    Mille gentils amoureux jeux se feraient là,
Mille baisers, mille doux embrassements là nous nous donn'rions.


*    A la fontaine je voudrais*
*    Avec ma belle aller jouer*, etc.


    Nous irions par la fleuri pré courir aux fleurs,
    Cueillerions l'or fin et l'argent et le pourprin,
Chapelets ronds et bouquets, chaînes et tortils nous y li'rions.

*A la fontaine je voudrais*
*Avec ma belle aller jouer*, etc.


Si le destin le nous permet que feignons-nous,
Que n'allons-nous jouir heureux de si beaux dons?
Et le printemps nous y convie de notre âge la saison.


*A la fontaine je voudrais*
*Avec ma belle aller jouer*, etc.


Pèse bien: Qu'est-ce du monde, ô mon amour doux?
Si l'amour manque et la plaisance, ce n'est rien:
Du désir donc et du plaisir recueillons, belle, le doux fruit.


*A la fontaine je voudrais*
*Avec ma belle aller jouer*, etc.


## Jean Passerat


## SAUVEGARDE
### POUR LA MAISON DE BAGNOLET CONTRE LES REÎTRES


Empistolés au visage noirci,
Diables du Rhin, n'approchez point d'ici:
C'est le séjour des filles de Mémoire.
Je vous conjure en lisant le grimoire,
De par Bacchus, dont suivez les guidons,
Qu'alliez ailleurs combattre les pardons.
Volez ailleurs, messieurs les hérétiques:
Ici n'y a ni chapes ni reliques.

Les oiseaux peints vous disent en leurs chants,
Retirez-vous, ne touchez à ces champs:
A Mars n'est point cette terre sacrée,
Ains à Phébus, qui souvent s'y recrée.
N'y gâtez rien: et ne vous y jouez:
Tous vos chevaux deviendraient encloués.
Vos chariots, sans essieux et sans roues,
Demeureraient versés parmi les boues.
Encore un coup, sans espoir de retour,
Vous trouveriez le Roi à Moncontour:
Où maudiriez votre folle entreprise,
Rassiègeant Metz gardé du Duc de Guise:
Et en fuyant, battus, et désarmés,
Boiriez de l'eau, que si peu vous aimez.
Gardez-vous donc d'entrer en cette terre:
Ainsi jamais ne vous faille la guerre:
Ainsi jamais ne laissiez en repos
Le porc salé, les verres, et les pots:
Ainsi toujours pissiez-vous sous la table:
Ainsi toujours couchiez-vous à l'étable,
Vainqueurs de soif, et vaincus de sommeil,
Ensevelis en vin blanc et vermeil,
Sales et nus, vautrés dedans quelque auge:
Comme un sanglier qui se fouille en sa bauge.
Bref, tous souhaits vous puissent advenir,
Fors seulement d'en France revenir;
Qui n'a besoin, ô Etourneaux étranges,
De votre main à faire ses vendanges.

## LA SEMAINE

### LE PREMIER JOUR

Toi, qui guides le cours du Ciel porte-flambeaux,
Qui, vrai Neptune, tiens le moite frein des eaux,
Qui fais trembler la terre, et de qui la parole
Serre et lâche la bride aux postillons d'Eole,
Elève à Toi mon âme, épure mes esprits,
Et d'un docte artifice enrichis mes écrits.
O Père, donne-moi, que d'une voix faconde
Je chante à nos neveux la naissance du monde.
O Grand Dieu, donne-noi, que j'étale en mes vers
Les plus rare beautés de ce grand univers.
Donne-moi qu'en son front ta puissance je lise:
Et qu'enseignant autrui, moi-même je m'instruise.

De toujours le clair feu n'environne les airs:
Les airs d'éternité n'environnent les mers:
La terre de tous temps n'est ceinte de Neptune:
Tout ce Tout fut bâti, non des mains de fortune,
Faisant entrechoquer par discordants accords
Du rêveur Démocrit' les invisibles corps.
L'immuable décret de la bouche divine,
Qui causera sa fin, causa son origine:
Non en temps, avant temps, ains même avec le temps.
J'entends un temps confus, car les courses des ans,
Des siècles, des saisons, des mois et des journées,
Par le bal mesuré des astres sont bornées.

Or donc avant tout temps, matière, forme, et lieu,
Dieu tout en tout étoit, et tout étoit en Dieu,
Incompris, infini, immuable, impassible,
Tout esprit, tout lumière, immortel, invisible,
Pur, sage, juste, et bon, Dieu seul régnoit en paix:
Dieu de soi-même était et l'hôte et le palais.

.  .  .  .  .

Dieu qui ne peut tomber ès lourds sens des humains.
Se rend comme visible ès œuvres de ses mains

Fait toucher à nos doigts, flairer à nos narines,
Goûter à nos palais ses vertus plus divines:
Parle à nous à toute heure, ayant pour truchements
Des pavillons astrés les reglés mouvements.

    Vraiment cet univers est une docte école,
Où Dieu son propre honneur enseigne sans parole:
Une vis à repos, qui par certains degrés
Fait monter nos esprits sur les planchers sacrés
Du Ciel porte-brandons: une superbe salle,
Où Dieu publiquement ses richesses étale:
Un pont sur qui l'on peut, sans crainte d'abîmer
Des mystères divins passer la large mer.

    Le monde est un nuage, à travers qui rayonne
Non le fils tire-traits de la belle Latone;
Ains ce divin Phœbus, dont le visage luit
A travers l'épaisseur de la plus noire nuit.
Le monde est un théâtre, où de Dieu la puissance,
La justice, l'amour, le savoir, la prudence,
Jouent leur personnage, et comme à qui mieux mieux,
Les esprits plus pesants ravissent sur les Cieux.
Le monde est un grand livre où du souverain maître
L'admirable artifice on lit en grosse lettre.
Chaque œuvre est une page, et chaque sien effet
Est un beau caractère en tous ses traits parfait.
Mais, tous tels que l'enfant, qui se paît dans l'école,
Pour l'étude des arts, d'une étude frivole,
Notre œil admire tant ses marges peinturés
Son cuir fleur-de-lisé et ses bords surdorés,
Que rien il ne nous chaut d'apprendre la lecture
De ce texte disert, où la docte Nature
Enseigne aux plus grossiers qu'une Divinité
Police de ces lois cette ronde Cité:
Pour lire là-dedans il ne nous faut entendre
Cent sortes de jargons: il ne nous faut apprendre
Les caractères Turcs, de Memphe les portraits,
Ni les points des Hébreux, ni les notes des Grecs.
L'Antarctique brutal, le vagabond Tartare,

    *vis à repos*, escalier à vis avec *repos* ou paliers.

L'Arabe plus cruel, le Scythe plus barbare,
L'enfant qui n'a sept ans, le chassieux vieillard,
Y lit passablement, bien que dépourvu d'art:
Mais celui qui la foi reçoit pour ses lunettes,
Passe de part en part les cercles des Planètes,
Comprend le grand Moteur de tous ces mouvements,
Et lit bien plus courant dans ces vieux documents.

## LA NUIT

O douce nuit, sans toi, sans toi l'humaine vie
Ne serait qu'un enfer, où le chagrin, l'envie,
La peine, l'avarice et cent façons de morts
Sans fin bourrelleraient et nos cœurs et nos corps.
O nuit, tu vas ôtant le masque et la feintise,
Dont sur l'humain théâtre en vain on se déguise
Tandis que le jour luit. Ô nuit alme, par toi
Sont faits du tout égaux le bouvier et le roi,
Le pauvre et l'opulent, le Grec et le barbare,
Le juge et l'accusé, le savant et l'ignare,
Le maître et le valet, le difforme et le beau,
Car, nuit, tu couvres tout de ton obscur manteau.
Celui qui, condamné pour quelque énorme vice,
Recherche sous les monts l'amorce d'avarice,
Et qui dans les fourneaux, noirci, cuit et recuit
Le soufre de nos cœurs, se repose la nuit.
Celui qui tout courbé le long des rives tire
Contre le fil du fleuve un trafiquant navire,
Et, fondant tout en eau, remplit les bords de bruit,
Sur la paille étendu se repose la nuit.
Celui qui, d'une faux maintes fois émoulue,
Tond l'honneur bigarré de la plaine velue,
Se repose la nuit et dans les bras lassés
De sa compagne perd tous les travaux passés.
Seuls, seuls, les nourrissons des neuf doctes pucelles,
Cependant que la nuit de ses humides ailes
Embrasse l'univers d'un travail gracieux,
Se tracent un chemin pour s'envoler aux cieux,

Et plus haut que le ciel d'un vol docte conduisent
Sur l'aile de leurs vers le humains qui les lisent.

PHÉBÉ ET PHÉBUS (FRAGMENT DU QUATRIÈME JOUR)

. . . Phébé mère des mois, Phébus père des ans,
Ah! vous me cachez donc vos visages luisants?
Quoi, vous ne voulez pas me montrer vos Etoiles,
Qu'à travers l'épaisseur de deux funèbres voiles?
Otez-moi ces bandeaux; dépouillez-moi ce deuil:
Tout tels qu'êtes au ciel montrez-vous à mon œil,
Et par l'éternel vol de ma Muse emplumée
Votre gloire sera par moi si loin semée,
Que loin-loin vous courez pour conduire à leur tour
Le jour après la nuit, la nuit après le jour.
Postillon, qui jamais ne voit fin à ta course,
Fontaine de chaleur, de clarté vive source,
Vië de l'univers, clair flambeau de ce Tout,
Riche ornement des Cieux, ah, dis-moi par quel bout
Je dois prendre ton los? Je semble cil qui nombre
Les cailles, qui couvrant la mer Itale d'ombre,
Pour vivre sous un Ciel plus fécond et plus doux,
Viennent par escadrons passer l'été chez nous;
Tandis qu'il est après à compter une bande,
Une autre, une autre encor, une autre encor plus grande
Se présente à ses yeux: si qu'essaim sur essaim
Lui trouble la mémoire, et rompt tout son dessein. . . .

*Jacques Grévin*

SONNETS DE LA GÉLODACRIE

Qu'est-ce de cette vie? un public échafaud,
    Où celui qui sait mieux jouer son personnage,
    Selon ses passions échangeant son visage
    Est toujours bien venu, et rien ne lui défaut.

Encor qui se peut bien déguiser comme il faut,
　　Prêt à servir un Roi, représentant un page,
　　Ou lui donner conseil s'il faut faire le sage,
　　Celui de jour en jour s'avancera plus haut.
Ainsi souventesfois l'on voit sur un théâtre
　　Un comte, un duc, un roi à mille jeux s'ébattre,
　　Et puis en un instant un savetier nouveau.
Et cil qui maintenant banni de sa province
　　N'était sûr de soi-même, or gouverner un Prince,
　　Après avoir passé derrière le rideau.


Souffle dans moi, Seigneur, souffle dedans mon âme
　　Une part seulement de ta sainte grandeur;
　　Engrave ton vouloir au rocher de mon cœur
　　Pour assurer le feu qui mon esprit enflamme.
Supporte, Seigneur Dieu, l'imparfait de ma flamme
　　Qui défaut trop en moi: rend-toi le seul vainqueur,
　　Et de ton grand pouvoir touche, époinçonne, entame
　　Le feu, le cœur, l'esprit de moi, ton serviteur.
Elève quelquefois mon âme dépêtrée
　　Du tombeau de ce corps qui la tient enserrée;
　　Fais, fais-la comparoir devant ta Majesté:
Autrement je ne puis, ne voyant que par songe,
　　D'avec la chose vraie éplucher le mensonge
　　Qui se masque aisément du nom de Vérité.


## Philippe Desportes

### AMOURS D'HIPPOLYTE

Autour des corps, qu'une mort avancée
　　Par violence a privés du beau jour,
　　Les ombres vont et font maint et maint tour,
　　Aimant encor leur dépouille laissée.

Au lieu cruel, où j'eus l'âme blessée
    Et fus meurtri par les flèches d'Amour,
    J'erre, je tourne et retourne à l'entour,
    Ombre maudite, errante, et déchassée.
Légers esprits, plus que moi fortunés,
    Comme il vous plaît vous allez et venez
    Au lieu qui clôt votre dépouille aimée.
Vous la voyez, vous la pouvez toucher,
    Où, las! je crains seulement d'approcher
    L'endroit qui tient ma richesse enfermée.

# STANCES CONTRE UNE NUIT TROP CLAIRE

O Nuit! jalouse Nuit, contre moi conjurée,
Qui renflamme le ciel de nouvelle clarté,
T'ai-je donc aujourd'hui tant de fois désirée,
Pour être si contraire à ma félicité?

Pauve moi! je pensai qu'à ta brune rencontre
Les cieux d'un noir bandeau dussent être voilés;
Mais, comme un jour d'été, claire, tu fais ta montre,
Semant parmi le ciel mille feux étoilés.

Et toi, sœur d'Apollon, vagabonde courrière,
Qui pour me découvrir flambes si clairement,
Allumes-tu la nuit d'aussi grande lumière,
Quand sans bruit tu descends pour baiser ton amant?

Hélas! s'il t'en souvient, amoureuse déesse,
Et si quelque douceur se cueille en le baisant,
Maintenant que je sors pour baiser ma maîtresse,
Que l'argent de ton front ne soit pas si luisant.

Ah! la fable a menti, les amoureuses flammes
N'échauffèrent jamais ta froide humidité;

Mais Pan, qui te connut du naturel des femmes,
T'offrant une toison, vainquit ta chasteté.

Si tu avais aimé, comme on nous fait entendre,
Les beaux yeux d'un berger, de long sommeil touchés,
Durant tes chauds désirs tu aurais pu apprendre
Que les larcins d'amour veulent être cachés.

Mais flamboie à ton gré, que ta corne argentée
Fasse de plus en plus ses rais étinceler:
Tu as beau découvrir, ta lumière empruntée
Mes amoureux secrets ne pourra déceler.

Que de fâcheuses gens, mon Dieu! quelle coutume
De demeurer si tard dans la rue à causer!
Otez-vous du serein, craignez-vous point le rhume?
La nuit s'en va passée, allez vous reposer.

Je vais, je viens, je fuis, j'écoute et me promène,
Tournant toujours mes yeux vers le lieu désiré,
Mais je n'avance rien, toute la rue est pleine
De jaloux importuns, dont je suis éclairé.

Je voudrais être roi pour faire une ordonnance
Que chacun dût la nuit au logis se tenir:
Sans plus les amoureux auraient toute licence;
Si quelque autre faillait, je le ferois punir.

O somme! ô doux repos de travaux ordinaires,
Charmant par ta douceur les pensers ennemis,
Charme ces yeux d'Argus, qui me sont si contraires
Et retardent mon bien, faute d'être endormis.

Mais je perds, malheureux, le temps et la parole,
Le somme est assommé d'un dormir ocieux;
Puis, durant mes regrets, la nuit prompte s'envole,
Et l'aurore déjà veut défermer les cieux.

Je m'en vais pour entrer, que rien ne me retarde,
Je veux de mon manteau mon visage boucher;

Mais las! je m'aperçois que chacun me regarde,
Sans être découvert je ne puis approcher.

Je ne crains pas pour moi, j'ouvrirais une armée
Pour entrer au séjour qui recèle mon bien;
Mais je crains que ma dame en pût être blâmée,
Son repos mille fois m'est plus cher que le mien.

Quoi? m'en irai-je donc? mais que voudrais-je faire?
Aussi bien peu à peu le jour s'en va levant.
O trompeuse espérance! Heureux cil qui n'espère
Autre loyer d'amour que mal en bien servant!

## ÉPIGRAMME

Je t'apporte, o sommeil! du vin de quatre années
Du lait, des pavots noirs aux têtes couronnées,
Veuilles tes ailerons en ce lieu déployer,
Tant qu'Alison, la vieille accroupie au foyer,
Qui, d'un pouce retors et d'une dent mouillée,
Sa quenouille chargée a quasi dépouillée,
Laisse choir le fuseau, cesse de babiller,
Et de toute la nuit ne se puisse éveiller;
Afin qu'à mon plaisir j'embrasse ma rebelle,
L'amoureuse Ysabeau, qui soupire auprès d'elle.

## SONNET SPIRITUEL

Si la course annuelle en serpent retournée
Devance un trait volant par le ciel emporté,
Si la plus longue vie est moins qu'une journée,
Une heure, une minute, envers l'éternité;
Que songes-tu, mon âme, en la terre enchaînée?
Quel appât tient ici ton désir arrêté?
Faveur, trésors, grandeurs, ne sont que vanité,
Trompant des fols mortels la race infortunée.

Puisque l'heur souverain ailleurs se doit chercher,
Il faut de ces gluaux ton plumage arracher
Et voler dans le ciel d'une légère traite.
Là se trouve le bien affranchi de souci,
La foi, l'amour sans feinte et la beauté parfaite
Qu'à clos yeux, sans profit, tu vas cherchant ici.

## Robert Garnier

## LA TROADE

### CHŒUR DES FEMMES TROYENNES

L'âme fut de celui méchantement hardie,
Hardie à notre mal,
Qui vogua le premier sur la mer assourdie
Et son flot inégal;
Qui d'un frêle vaisseau râclant des ondes bleues
Les larges champs moiteux
Ne craignit d'Aquilon les haleines émues,
Ni de l'Autan pesteux;
Qui méprisant la mort à ses desseins compagne,
Et prodigue de soi,
Au moissons préféra d'une herbeuse campagne,
Un élément sans foi,
Et d'un cours incertain, sur des nefs passagères,
Sa terre abandonnant,
Alla, pour le profit, aux terres étrangères,
Leurs rives moissonant.
Quelle crainte de mort descendit dans ses moelles
Qui le pût effrayer,
Qui sans peur vit enfler la cavité des voiles,
Et les flots abayer;
Qui vit les rocs battus d'écumeuses tempêtes,
Les astres menaçants,
Et d'Épire les monts aux sourcilleuses têtes
De foudre rugissants;

*abayer*, aboyer.

Qui vit les Capharés et les rages de Scylle,
   Qui vit Charybde auprès
En son ventre engloutir les ondes de Sicile,
   Pour les vomir après?
Sans cause Jupiter la terre a séparée
   D'une vagueuse mer,
Si les hardis mortels de l'une à l'autre orée
   Font leurs vaisseaux ramer.
Qu'heureux furent jadis nos regrettables pères
   En leur temps bien-heureux,
Qui de voir, nautonniers, les rives étrangères
   Ne furent désireux,
Ains d'avarice francs, d'envie et de cautèles,
   Les pestes de ce temps,
Paisibles labouraient les terres paternelles,
   Dont ils vivaient contents.
On ne connaissait lors les humides Pléiades,
   Orion, ni les feux,
Les sept feux redoutés des pleureuses Hyades,
   Le Charton, ni ses bœufs.
Zéphyr et Aquilon étaient sans noms encore,
   Vénus et les Jumeaux,
Astres que le nocher pâle de crainte adore,
   Flambant sur ses vaisseaux.
Tiphis tenta premier la poissonneuse plaine
   Avec le fils d'Eson,
Pour aller dépouiller une rive lointaine
   De sa riche toison.
Puis notre beau Pâris de voiles et de rames
   Fendit l'onde à son tour:
Mais au lieu de toison il apporta les flammes
   D'un adultère amour.
La Grèce repassa la mer acheminée,
   Apportant le brandon
Qui vient d'enflamber Troie et l'ardeur obstinée
   Du feu de Cupidon.

## D'Aubigné

## LE PRINTEMPS

### L'HERMITAGE DE D'AUBIGNÉ

Tous ceux qui ont goûté combien de morts on treuve
Couvertes sous les fleurs d'une longue amitié,
Ceux qui en bien aimant ont bien su faire preuve
De leurs cœurs et non pas d'un regard de pitié,

Ceux qui affriandoient comme moi leurs pensées
D'un poison ensucré, loyer de leur printemps,
Qu'ils lisent mes regrets et mes larmes versées,
Et mes sanglots perdus aux pertes de mon temps.

Mais ceux-là qui auront d'une rude sagesse
Résisté à l'amour, les sauvages esprits
Qui n'ont ployé le col au joug d'une maîtresse,
Je leur défends mes vers, mes rages et mes cris.

Les uns goûteront bien l'âme de mes complaintes
Par les effets sanglants d'une avare beauté,
Les autres penseraient mes larmes être feintes,
De l'aigreur des mes maux doutant la vérité.

Ha! bien-heureux esprits, cessez, je me contente,
N'épiez plus avant le sens de mes propos,
Fuyez au loin de moi, et que je me tourmente
Sans troubler, importun de pleurs, votre repos!

Sus! tristes amoureux, recourons à nos armes
Pour n'en blesser aucun que nos seins malheureux,
Faisons un dur combat et noyons dans nos larmes
Le reste de nos jours en ces sauvages lieux.

Usons ici le fiel de nos fâcheuses vies,
Horriblant de nos cris les ombres de ces bois:
Ces rochers égarés, ces fontaines, suivies
Par l'écho des forêts, répondront à nos voix.

*treuve*, trouve.        *Horriblant*, rendant horrible (néologisme).

Les vents continuels, l'épais de ces nuages,
Ces étangs noirs remplis d'aspics, non de poissons,
Les cerfs craintifs, les ours et lézardes sauvages
Trancheront leur repos pour ouïr mes chansons.

Comme le feu cruel qui a mis en ruine
Un palais, forcenant léger de lieu en lieu,
Le malheur me dévore, et ainsi extermine
Le brandon de l'Amour, l'impitoyable Dieu . . .

Le lieu de mon repos est une chambre, peinte
De mille os blanchissants et de têtes de morts,
Où ma joie est plus tôt de son objet éteinte:
Un oubli gracieux ne la pousse dehors.

Sortent de là tous ceux qui ont encore envie
De semer et chercher quelque contentement:
Viennent ceux qui voudront me ressembler de vie,
Pourvu que l'amour soit cause de leur tourment.

Je mire en adorant dans une anatomie
Le portrait de Diane entre les os, afin
Que, voyant sa beauté, ma fortune ennemie
L'environne partout de ma cruelle fin:

Dans le corps de la mort j'ai enfermé ma vie
Et ma beauté paraît horrible dans les os.
Voilà comment ma joie de regret est suivie,
Comment de mon travail la mort seule a repos.

Je veux punir les yeux qui premier ont connue
Celle qui confina mes regrets en ces lieux:
Jamais votre beauté n'approchera ma vue
Qu'en ces champs ennemis du plaisir de mes yeux.

Jamais le pied qui fit les premières approches
Dans le piège d'amour ne marchera aussi
De carreau plus poli que ces hideuses roches
Où à mon gré trop tôt il s'est réendurci.

### D'Aubigné

Tu n'auras plus de gants, o malheureuse dextre
Qui promis mon départ et le tins constamment;
Un épieu raboteux te fera méconnaistre
Si ma dame voulait faire un autre serment . . .

Je cherche les déserts, les roches égarées,
Les forêts sans chemin, les chênes périssants,
Mais je hais les forêts de leurs feuilles parées,
Les séjours fréquentés, les chemins blanchissants . . .

Heureux quand je rencontre une tête séchée,
Un massacre de cerf, quand j'ouis les cris des faons;
Mais mon âme se meurt de dépit assechée,
Voyant la biche folle aux sauts de ses enfants.

J'aime à voir de beautés la branche déchargée,
A fouler le feuillage étendu par l'effort
D'Automne, sans espoir leur couleur orangée
Me donne pour plaisir l'image de la mort . . .

Si, quelquefois poussé d'une âme impatiente
Je vais précipitant mes fureurs dans les bois,
M'échauffant sur la mort d'une bête innocente,
Ou effrayant les eaux et les monts de ma voix,

Mille oiseaux de nuit, mille chansons mortelles
M'environnent, volant par ordre sur mon front:
Que l'air en contrepoids fâché des mes querelles
Soit noirci de hiboux et de corbeaux en rond.

Les herbes sécheront sous mes pas, à la vue
Des misérables yeux dont les tristes regards
Feront tomber les fleurs et cacher dans la nue
La lune, le soleil et les astres épars.

Ma présence fera dessecher les fontaines
Et les oiseaux passants tomber morts à mes pieds,
Etouffés de l'odeur et du vent de mes peines:
Ma peine, étouffe-moi, comme ils sont étouffés!

Quand, vaincu de travail, je finirai, par crainte
(Au repos étendu au pied des arbres verts)
La terre autour de moi crèvera de sang teinte,
Et les arbres feuillus seront tôt découverts.

Déjà mon col lassé de supporter ma tête
Se rend sous un tel faix et sous tant de malheurs,
Chaque membre de moi se dessèche et s'apprête
De chasser mon esprit, hôte de mes douleurs.

Je chancelle incertain, et mon âme inhumaine
Pour me vouloir faillir, trompe mes volontés:
Ainsi que vous voyez en la forêt un chêne
Etant demi coupé branler des deux côtés.

Il reste qu'un démon connaissant ma misère
Me vienne un jour trouver aux plus sombres forêts
M'essayant, me tentant pour que je désespère,
Que je suive ses arts, que je l'adore après:

Moi, je résisterai, fuyant la solitude
Et des bois et des rocs, mais le cruel suivant
Mes pas, assiégera mon lit et mon étude,
Comme un air, comme un feu, et léger comme un vent.

Il m'offrira de l'or: je n'aime la richesse;
Des états, des faveurs: je méprise les cours;
Puis me promettera le corps de ma maitresse:
A ce point Dieu viendra soudain à mon secours.

Le menteur empruntant la même face belle,
L'idée de mon âme et de mon doux tourment,
Viendra entre mes bras apporter ma cruelle,
Mais je n'embrasserai pour elle que du vent.

Tantôt une fumée épaisse, noire ou bleue
Passant devant mes yeux me fera tressaillir;
En bouc et en barbet, en fascinant ma vue,
Au lit de mon repos il viendra m'assaillir.

Neuf gouttes de pur sang naîtront sur ma serviette,
Ma coupe brisera sans coup entre mes mains,
J'oirai des coups en l'air, on verra des bluettes
De feux que pousseront les Démons inhumains.


Puis il viendra tantôt un courrier à la porte
En courtisan, mais lors il n'y entrera pas;
Enfin me tourmentant, suivant en toute sorte,
Mes os s'assécheront jusques à mon trépas.


Et lorsque mes rigueurs auront fini ma vie
Et que pour se mourir finira mon souffrir,
Quand de me tourmenter la fortune assouvie
Voudra mes maux, ma vie et son ire finir,


Nymphes, qui avez vu la rage qui m'affolle,
Satyres, que je fis contrister à ma voix,
Baptizez en pleurant quelque pauvre mausole
Aux fonds plus égarés et plus sombres des bois;


Plus heureux mort que vif, si mon âme éveillée
Des enfers, pour revoir mon sépulcre une fois,
Trouvait autour de moi la bande échevelée
Des Dryades conter mes peines de leurs voix,


Que pour éterniser la sanguinaire force
Des mes amours ardents et de mes maux divers,
Le chêne plus prochain portât en son écorce
Les succès de ma mort et ma vie en ces vers:


QUAND, CERF, BRULANT, GEHENNÉ, TROP FIDÈLE, JE PENSE
VAINCRE UN CŒUR SANS PITIÉ, SOURD, SANS YEUX, ET SANS LOI,
IL A D'IRE, DE MORT, DE RAGE, ET D'INCONSTANCE
PAYÉ MON SANG, MES FEUX, MES PEINES, ET MA FOI.

*oirai*, ouïrai.

## SONNET

Suzanne m'écoutait soupirer pour Diane
    Et troubler de sanglots mon paisible minuit,
    Mes soupirs s'augmentaient, et faisaient un tel bruit
    Que fait parmi les pins la rude tramontane.
Mais quoi! Diane est morte, et comment, dit Suzanne,
    Peut-elle du tombeau plus que moi dans ton lit,
    Peut bien son œil éteint plus que le mien qui luit?
    Aimer encor les morts n'est-ce chose profane?
Tires-tu de l'Enfer quelque chose de Saint?
    Peut son astre éclairer alors qu'il est éteint
    Et faire du repos guerre à ta fantaisie?
– Oui, Suzanne, la nuit de Diane est un jour:
    Pourquoi ne peut sa mort me donner de l'amour
    Puisque morte elle peut te donner jalousie?

## LES TRAGIQUES

### MISÈRES

.     .     .     .     .

    Barbares en effet, Français de nom, Français,
Vos fausses lois ont fait de faux et jeunes Rois,
Impuissants sur leurs cœurs, cruels en leur puissance;
Rebelles, ils ont vu la désobéissance.
Dieu sur eux et par eux déploya son courroux,
N'ayant autres bourreaux de nous-mêmes que nous. . . .
Les bélîtres armés ont le gouvernement,
Le sac de nos cités: comme anciennement
Une croix bourguignonne épouvantait nos pères,
Le blanc les fait trembler, et les tremblantes mères
Pressent à l'estomac leurs enfants éperdus,
Quand les grondants tambours sont battants entendus.

Les places de repos sont places étrangères:
Les villes du milieu sont les villes frontières;
Le village se garde, et nos propres maisons
Nous sont le plus souvent garnisons et prisons.
L'honorable bourgeois, l'exemple de sa ville,
Souffre devant ses yeux violer femme et fille,
Et tomber sans merci dans l'insolente main
Qui s'étendait naguère à mendier du pain.
Le sage justicier est traîné au supplice,
Le malfaiteur lui fait son procès: l'injustice
Est principe de droit; comme au monde à l'envers,
Le vieil père est fouetté de son enfant pervers;
Celui qui en la paix cachait son brigandage
De peur d'être puni, étale son pillage.
Au son de la trompette, au plus fort des marchés,
Son meurtre et son butin sont à l'encan prêchés:
Si qu'au lieu de la roue, au lieu de la sentence,
Le peine du forfait se change en récompense.
Ceux qui n'ont discerné les querelles des grands,
Au lit de leur repos tressaillent, entendant
En paisible minuit que la ville surprise
Ne leur promet sauver rien plus que la chemise.
Le soldat trouve encore quelque espèce de droit,
Et même, s'il pouvait, sa peine il lui lui vendroit.
L'Espagnol mesurait les rançons et les tailles
De ceux qu'il retirait du meurtre des batailles
Selon leur revenu; mais les Français n'ont rien
Pour loi de la rançon des Français que le bien.
Encor vous, bienheureux, qui aux villes fermées
D'un métier inconnu avez les mains armées,
Qui goûtez en la peur l'alternatif sommeil
De qui le repos est à la fièvre pareil;
Mais je te plains, rustique, qui ayant, la journée,
Ta pantelante vie en rechignant gagnée,
Reçois au soir les coups, l'injure et le tourment,
Et la fuite et la faim, injuste paiement.
Le paysan de cent ans (dont la tête chenue
Est couverte de neige) en suivant sa charrue

Voit galoper de loin l'argolet outrageux
Qui d'une rude main arrache les cheveux,
(L'honneur du vieillard blanc) piqué de son ouvrage,
Par qui la seule faim se trouvait au village.
Ne voit-on pas déjà dès trois lustres passés,
Que les peuples fuyards des villages chassés
Vivent dans les forêts: là chacun d'eux s'asserre
Aux ventre de leur mère, aux cavernes de terre.
Ils cherchent, quand l'humain leur refuse secours,
Les bauges des sangliers et les roches des ours,
Sans compter les perdus à qui la mort propice
Donne poison, cordeau, le fer, le précipice.
        Ce ne sont pas les Grands, mais les simples paysans
Que la terre connaît pour enfants complaisants.
La terre n'aime pas le sang, ni les ordures.
Il ne sort des Tyrans et de leurs mains impures
Qu'ordures ni que sang: les aimés laboureurs
Ouvragent son beau sein de si belles couleurs,
Font courir les ruisseaux dedans les vertes prées
Par les sauvages fleurs en émail diaprées:
Ou par ordre et compas les jardins azurés,
Montrent au Ciel riant leurs carreaux mesurés,
Les parterres tondus, et les droites allées
Des droiturières mains au cordeau sont reglées.
Ils sont peintres, brodeurs, et puis leurs grands tapis
Noircissent de raisins, et jaunissent d'épis;
Les ombreuses forêts leur demeurent plus franches,
Eventent leurs sueurs et les couvrent de branches.
La terre semble donc, pleurante de souci,
Consoler les petits en leur disant ainsi:
        "Enfants de ma douleur, du haut Ciel l'ire émue
Pour me vouloir tuer premièrement vous tue;
Vous languissez; et lors le plus doux de mon bien
Va saoulant de plaisirs ceux qui ne valent rien.
Or, attendant le temps que le Ciel se retire,
Ou que le Dieu du Ciel détourne ailleurs son ire,
Pour vous faire goûter de ses douceurs après,

*s'asserre*, s'assemble.

Cachez-vous sous ma robe en mes noires forêts,
Et au fond du malheur, que chacun de vous entre,
Par deux fois mes enfants, dans l'obscur de mon ventre.
Les fainéants ingrats font brûler vos labeurs;
Vos seins sentent la faim et vos fronts les sueurs.
Je mets de la douceur aux amères racines,
Car elles vous seront, viande et médecines,
Et je retirerai mes bénédictions
De ceux qui vont suçant le sang des nations:
Tout pour eux soit amer, qu'ils sortent exécrables
Du lit sans reposer, allouvis de leurs tables."

     Car pour montrer comment en la destruction
L'homme n'est plus un homme, il prend réfection
Des herbes, de charogne et viandes non prêtes,
Ravissant les repas apprêtés pour les bêtes.
La racine douteuse est prise sans danger,
Bonne si on la peut amollir et manger.
Le conseil de la faim apprend aux dents par force
A piller des forêts et la robe et l'écorce.
La terre sans façon a honte de se voir,
Cherche encore des mains et n'en peut plus avoir.
Tout logis est exil; les villages champêtres
Sans meubles et planchers, sans portes et fenêtres,
Font une mine affreuse, ainsi que le corps mort
Montre, en montrant les os, que quelqu'un lui fait tort.
Les loups et les renards et les bêtes sauvages
Tiennent place d'humains, possèdent les villages,
Si bien qu'en même lieu où en paix on eut soin
De reserrer le pain, on y cueille le foin.
Si le rustique peut dérober à soi-même
Quelque grain recelé par une peine extrême,
Espérant sans espoir la fin de ses malheurs,
Lors on peut voir coupler troupe de laboureurs,
Et d'un soc attaché faire place en la terre
Pour y semer le blé, le soutien de la guerre.
Et puis l'an ensuivant, les misérables yeux
Qui des sueurs du front trempaient, laborieux,

    *allouvis*, affamés comme des loups.

(Quand subissant le joug des plus serviles bêtes,
Liés comme des bœufs ils se couplaient par têtes)
Voyent d'un étranger la ravissante main
Qui leur tire la vie et l'espoir et le grain.

Alors, baignés en pleurs, dans les bois ils retournent,
Aux aveugles rochers les affligés séjournent;
Ils vont souffrant la faim, qu'ils portent doucement
Au prix du déplaisir et infernal tourment
Qu'ils sentirent jadis, quand leurs maisons, remplies
Des démons incarnés, sépulchres de leurs vies,
Leur servaient de crottons, où, pendus par les doigts
A des cordons tranchants, ou attachés au bois
Et couchés dans le feu, ou de graisses flambantes
Les corps nus tenaillés, ou les plaintes pressantes
De leurs enfants pendus par les pieds, arrachés
Du sein qu'ils empoignaient, des tétins asséchés;
Ou bien quand du soldat la diète allouvie
Tirait au lieu de pain de son hôte la vie,
Vengé, mais non saoulé, père et mère meurtris
Laissaient dans les berceaux des enfants si petits
Qu'enserrés de cimois, prisonniers dans leur couche,
Ils mouraient par la faim: de l'innocente bouche
L'âme plaintive allait en un plus heureux lieu
Eclater sa clameur au grand trône de Dieu,
Cependant que les Rois parés de leur substance,
En pompes et festins trompaient leur conscience,
Etoffaient leur grandeur des ruines d'autrui,
Gras du suc innocent, s'égayant de l'ennui,
Stupides, sans goûter ni pitiés, ni merveilles,
Pour les pleurs et les cris sans yeux et sans oreilles.

Ici je veux sortir du général discours
De mon tableau public: je fléchirai le cours
De mons fil entrepris, vaincu de la mémoire
Qui effraye mes sens d'une tragique histoire:
Car mes yeux sont témoins du sujet de mes vers.

J'ai vu le reître noir foudroyer au travers

*crottons*, prisons.    *allouvie*, affamée.    *cimois*, lisières.
*reître noir*, cavalerie allemande aux manteaux noirs.

Les masures de France, et comme une tempête
Emporter ce qu'il peut, ravager tout le reste.
Cet amas affamé nous fit à Montmoreau
Voir la nouvelle horreur d'un spectacle nouveau:
Nous vîmes sur leurs pas une troupe lassée
Que la terre portait, de nos pas harassée.
Là de mille maisons on ne trouva que feux,
Que charognes, que morts, ou visages affreux.
La faim va devant moi, force est que je la suive.
J'ois d'un gosier mourant une voix demi-vive;
Le cri me sert de guide et fait voir à l'instant
D'un homme demi-mort le chef se débattant,
Qui sur le seuil d'un huis dissipait sa cervelle.
Ce demi-vif la mort à son secours appelle.
De sa mourante voix cet esprit demi-mort
Disait en son patois (langue de Périgord):
        "Si vous êtes Français, Français je vous adjure,
Donnez secours de mort, c'est l'aide la plus sûre
Que j'espère de vous, le moyen de guérir;
Faites-moi d'un bon coup et promptement mourir.
Les reîtres m'ont tué par faute de viande:
Ne pouvant ni fournir ni savoir leur demande,
D'un coup de coutelas l'un d'eux m'a emporté
Ce bras que vous voyez près du lit à côté;
J'ai au travers du corps deux balles de pistole."
Il suivit en coupant d'un grand vent sa parole:
"C'est peu de cas encore et de pitié de nous;
Ma femme en quelque lieu, grosse, est morte de coups.
Il y a quatre jours qu'ayant été en fuite,
Chassés à la minuit, sans qu'il nous fût licite
De sauver nos enfants, liés en leurs berceaux,
Leurs cris nous appelaient, et entre ces bourreaux,
Pensant les secourir, nous perdîmes la vie.
Hélas! si vous avez encore quelque envie
De voir plus de malheur, vous verrez là-dedans
Le massacre piteux de nos petits enfants."
J'entre, et n'en trouve qu'un, qui lié dans sa couche
Avait les yeux flétris, qui de sa pâle bouche

Poussait et retirait cet esprit languissant
Qui, à regret son corps par la faim délaissant,
Avait laissé sa voix bramant après sa vie.
Voici après entrer l'horrible anatomie
De la mère assechée: elle avait de dehors,
Sur ses reins dissipés traîné, roulé son corps,
Jambes et bras rompus, une amour maternelle
L'émouvant pour autrui beaucoup plus que pour elle.
A tant ell' approcha sa tête du berceau,
La releva dessus: il ne sortait plus d'eau
De ses yeux consumés; de ses plaies mortelles
Le sang mouillait l'enfant; point de lait aux mamelles,
Mais des peaux sans humeur; ce corps séché, retrait,
De la France qui meurt fut un autre portrait.
Elle cherchait des yeux deux de ses fils encore:
Nos fronts l'épouvantaient; enfin la mort dévore
En même temps ces trois. J'eus peur que ces esprits
Protestassent mourants contre nous de leurs cris;
Mes cheveux étonnés hérissent en ma tête;
J'appelle Dieu pour juge, et tout haut je déteste
Les violeurs de paix, les perfides parfaits
Qui d'une sale cause amènent tels effets.
Là je vis étonnés les cœurs impitoyables,
Je vis tomber l'effroi dessus les effroyables.
Quel œil sec eût pu voir les membres mi-mangés
De ceux qui par la faim étaient morts enragés!

     Et encore aujourd'hui, sous la loi de la guerre
Les tigres vont brûlant les trésors de la terre,
Notre commune mère; et le dégât du pain
Au secours des lions ligue la pâle faim.
En ce point, lorsque Dieu nous épanche une pluie,
Une manne de blés pour soutenir la vie,
L'homme, crevant de rage et de noire fureur
Devant les yeux émus de ce grand bienfaiteur,
Foule aux pieds ses bienfaits en villenant sa grâce,
Crache contre le Ciel, ce qui tourne en sa face.

. . . . .

*anatomie*, squelette. *dissipés*, rompus. *retrait*, contracté. *villenant*, méprisan

Jadis nos Rois anciens, vrais Pères et vrais Rois,
Nourrissons de la France, en faisant quelquefois
Le tour de leur pays en diverses contrées,
Faisaient par les cités de superbes entrées.
Chacun s'éjouissait, on savait bien pourquoi;
Les enfants de quatre ans criaient: Vive le Roi!
Les villes employaient mille et mille artifices
Pour faire comme font les meilleures nourrices,
De qui le sein fécond se prodigue à l'ouvrir,
Veut montrer qu'il en a pour perdre et pour nourrir.
Il semble que le pis, quand il est ému, voie;
Il se jette en la main, dont ces mères, de joie,
Font rejaillir aux yeux de leurs mignons enfants
Du lait qui leur regorge; à leurs Rois triomphants,
Triomphants par la paix, ces villes nourricières
Prodiguaient leur substance, et en toutes manières
Montraient au Ciel serein leurs trésors enfermés,
Et leur lait et leur joie à leurs Rois bien-aimés.

Nos Tyrans aujourd'hui entrent d'une autre sorte,
La ville qui les voit a visage de morte:
Quand son Prince la foule, il la voit de tels yeux
Que Néron voyait Rome en l'éclat de ses feux.
Quand le Tyran s'égaie en la ville où il entre,
La ville est un corps mort, il passe sur le ventre,
Et ce n'est plus du lait qu'elle prodigue en l'air,
C'est du sang, pour parler comme peuvent parler
Les corps qu'on trouve morts: portés à la justice,
On les met en la place, afin que ce corps puisse
Rencontrer son meurtrier: le meurtrier inconnu
Contre qui le corps saigne est coupable tenu.

Henri, qui tous les jours vas prodiguant ta vie,
Pour remettre le règne, ôter la tyrannie,
Ennemi des Tyrans, ressource des vrais Rois,
Quand le sceptre des lis joindra le Navarrois,
Souviens-toi de quel œil, de quelle vigilance
Tu vois et remédie aux malheurs de la France.
Souviens-toi quelque jour combien sont ignorants
Ceux qui pour être Rois, veulent être Tyrans.

Ces Tyrans sont des loups, car le loup, quand il entre
Dans le parc des brebis, ne suce de leur ventre
Que le sang par un trou, et quitte tout le corps,
Laissant bien le troupeau, mais un troupeau de morts:
Nos villes sont charogne, et nos plus chères vies,
Et le suc, et la force en ont été ravies;
Les pays ruinés sont membres retranchés
Dont le corps séchera, puisqu'ils sont asséchés.

France, puisque tu perds tes membres en la sorte,
Apprête le suaire et te compte pour morte;
Ton pouls faible, inégal, le trouble de ton œil
Ne demande plus rien qu'un funeste cercueil.

Que si tu vis encore, c'est la mourante vie
Que le malade vit en extrême agonie,
Lorsque les sens sont morts, quand il est au rumeau,
Et que d'un bout de plume on l'abecque avec l'eau.

Si en louve tu peux dévorer la viande,
Ton chef mange tes bras; c'est une faim trop grande:
Quand le désespéré vient à manger si fort
Après le goût perdu, c'est indice de mort.

Mais quoi! tu ne fus onc, si fière en ta puissance,
Si roide en tes efforts, o furieuse France!
C'est ainsi que les nerfs des jambes et des bras
Roidissent au mourant à l'heure du trépas. . . .

Tu donnes aux forains ton avoir qui s'égare,
A celui du dedans rude, sèche et avare;
Cette main a promis d'aller trouver les morts,
Qui, sans humeur dedans, est suante au dehors.

France, tu es si docte et parles tant de langues!
O monstrueux discours, ô funestes harangues!
Ainsi, mourant les corps, on a vu les esprits
Prononcer les jargons qu'ils n'avaient point appris.

Tu as plus que jamais de merveilleuses têtes,
Des cerveaux transcendants, de vrais et faux prophètes;
Toi prophète, en mourant du mal de ta grandeur,
Mieux que le médecin tu chantes ton malheur.

*rumeau*, râle.

France, tu as commerce aux nations étranges,
Partout intelligence, et partout des échanges;
L'oreille du malade est ainsi claire, alors
Que l'esprit dit adieu aux oreilles du corps.

France, bien qu'au milieu tu sens des guerres fières,
Tu as paix et repos à tes villes frontières:
Le corps tout feu dedans, tout glace par dehors,
Demande la bière et bientôt est fait corps. . . .

France, tu t'élevais orgueilleuse au milieu
Des autres nations; et ton père, et ton Dieu,
(Qui tant et tant de fois par guerres étrangères
T'éprouva) t'avertit de verges, de misères.
Ce grand Dieu voit au Ciel, du feu de son clair œil,
Que des maux étrangers tu doublais ton orgueil.
Tes superstitions et tes coutumes folles
De Dieu qui te frappait te poussaient aux idoles.
Tu te crevais de graisse en patience, mais
Ta paix était la sœur bâtarde de la paix:
Rien n'était honoré parmi toi que le vice;
Au Ciel était bannie, en pleurant, la Justice,
L'Eglise au sec désert, la Vérité après.
L'Enfer fut épuisé et visité de près,
Pour chercher en son fonds une verge nouvelle,
A punir jusqu'aux os la nation rebelle.

.    .    .    .    .

"Tu vois, juste vengeur, les fleaux de ton Eglise.
Qui par eux mise en cendre et en masure mise
A contre tout espoir son espérance en toi,
Pour son retranchement le rempart de la foi.

"Tes ennemis et nous sommes égaux en vice
Si, juge, tu te sieds en ton lit de justice;
Tu fais pourtant un choix d'enfants ou d'ennemis,
Et ce choix est celui que ta grâce y a mis.

"Si tu leur fais des biens, ils s'enflent en blasphèmes,
Si tu nous fais du mal, il nous vient de nous-mêmes.

*étranges*, etrangères.       *fleau*, fléau.

Ils maudissent ton nom quand tu leur es plus doux;
Quand tu nous meurtrirais, si te bénirons-nous.

"Cette bande meurtrière à boire nous convie
Le vin de ton courroux: boiront-ils point la lie?
Ces verges, qui sur nous s'égayent comme au jeu,
Sales de notre sang, vont-elles pas au feu?

"Châtie en ta douceur, punis en ta furie
L'escapade aux agneaux, des loups la boucherie;
Distingue pour les deux, comme tu l'as promis,
La verge à tes enfants, la barre aux ennemis.

"Veux-tu longtemps laisser, en cette terre ronde,
Régner ton ennemi? N'es-tu Seigneur du Monde,
Toi, Seigneur, qui abats, qui blesses, qui guéris,
Qui donnes vie et mort, qui tue et qui nourris?

"Les princes n'ont point d'yeux pour voir ces grand(es
    merveilles;
Quand tu voudras tonner, n'auront-ils point d'oreilles?
Leurs mains ne servent plus qu'à nous persécuter,
Ils ont tout pour Satan, et rien pour te porter.

"Sion ne reçoit d'eux que refus et rudesses,
Mais Babel les rançonne et pille leurs richesses;
Tels sont les monts cornus, qui, avaricieux,
Montrent l'or aux enfers et les neiges aux cieux.

"Les temples du païen, du Turc, de l'idolâtre,
Haussent au ciel l'orgueil du marbre et de l'albâtre;
Et Dieu seul, au désert pauvrement hébergé,
A bâti tout le monde, et n'y est pas logé!

"Les moineaux ont leurs nids, leurs nids les hirondelles;
On dresse quelque fuie aux simples colombelles;
Tout est mis à l'abri par le soin des mortels,
Et Dieu, seul immortel, n'a logis ni autels.

"Tu as tout l'univers, où ta gloire on contemple,
Pour marchepied la terre et le ciel pour un temple.
Où te chassera l'homme, ô Dieu victorieux?
Tu possèdes le ciel et les cieux des hauts cieux!

"Nous faisons des rochers les lieux où l'on te prêche,
Un temple de l'étable, un autel de la crèche;
Eux, du temple une étable aux ânes arrogants,
De la sainte maison la caverne aux brigands.

"Les premiers des chrétiens priaient aux cimetières:
Nous avons fait ouïr aux tombeaux nos prières,
Fait sonner aux tombeaux le nom de Dieu le fort,
Et annoncé la vie au logis de la mort.

"Tu peux faire conter ta louange à la pierre;
Mais n'as-tu pas toujours ton marchepied en terre?
Ne veux-tu plus avoir d'autres temples sacrés
Qu'un blanchissant amas d'os de morts massacrés?

"Les morts te loueront-ils? Tes faits grands et terribles
Sortiront-ils du creux de ces bouches horribles?
N'aurons-nous entre nous que visages terreux,
Murmurant ta louange aux secrets de nos creux?

"En ces lieux caverneux tes chères assemblées,
Des ombres de la mort incessamment troublées,
Ne feront-elles plus résonner tes saints lieux
Et ton renom voler des terres dans les Cieux?

"Quoi! serons-nous muets, serons-nous sans oreilles,
Sans mouvoir, sans chanter, sans ouïr tes merveilles?
As-tu éteint en nous ton sanctuaire? Non,
De nos temples vivants sortira ton renom.

"Tel est en cet état le tableau de l'Église:
Elle a les fers aux pieds, sur les géhennes assise,

*gehennes* = on the rack.

163

A sa gorge la corde et le fer inhumain,
Un psaume dans la bouche et un luth en la main.

"Tu aimes de ses mains le parfaite harmonie:
Notre luth chantera le principe de vie;
Nos doigts ne sont plus doigts que pour trouver tes sons,
Nos voix ne sont plus voix qu'à tes saintes chansons.

"Mets à couvert ces voix que les pluies enrouent;
Déchaîne donc ces doigts, que sur ton luth ils jouent;
Tire nos yeux ternis des cachots ennuyeux,
Et nous montre le Ciel pour y tourner les yeux.

"Soyent tes yeux adoucis à guérir nos misères,
Ton oreille propice ouverte à nos prières,
Ton sein déboutonné à loger nos soupirs
Et ta main libérale à nos justes désirs.

"Que ceux qui ont fermé les yeux à nos misères,
Que ceux qui n'ont point eu d'oreille à nos prières,
De cœur pour secourir, mais bien pour tourmenter,
Point de main pour donner, mais bien pour nous ôter,

"Trouvent tes yeux fermés à juger leurs misères;
Ton oreille soit sourde en oyant leurs prières;
Ton sein ferré soit clos aux pitiés, aux pardons;
Ta main sèche, stérile aux bienfaits et aux dons.

"Soient tes yeux clair-voyants à leurs péchés extrêmes,
Soit ton oreille ouverte à leurs cris de blasphèmes,
Ton sein déboutonné pour s'enfler de courroux
Et ta main diligente à redoubler tes coups.

"Ils ont pour un spectacle et pour jeu le martyre;
Le méchant rit plus haut que le bon n'y soupire;
Nos cris mortels n'y font qu'incommoder leurs ris,
Leurs ris de qui l'éclat ôte l'air à nos cris.

"Ils crachent vers la lune, et les voûtes célestes
N'ont-elles plus de foudre et de feux et de pestes?
Ne partiront jamais du trône où tu te sieds
Et la Mort et l'Enfer qui dorment à tes pieds?

   "Lève ton bras de fer, hâte tes pieds de laine;
Venge ta patience en l'aigreur de la peine:
Frappe du Ciel Babel: les cornes de son front
Défigurent la terre et lui ôtent son rond."

## JUGEMENT

·    ·    ·    ·    ·

Mais quoi! c'est trop chanté. Il faut tourner les yeux
Eblouis de rayons dans le chemin des cieux.
C'est fait! Dieu vient régner; de toute prophétie
Se voit la période à ce point accomplie.
La terre ouvre son sein, du ventre des tombeaux
Naissent des enterrés les visages nouveaux.
Du pré, du bois, du champ, presque de toutes places
Sortent les corps nouveaux et les nouvelles faces.
Ici les fondements des châteaux rehaussés
Par les ressuscitants promptement sont percés;
Ici un arbre sent des bras de sa racine
Grouiller un chef vivant, sortir une poitrine;
Là l'eau trouble bouillonne, et puis, s'éparpillant,
Sent en soi des cheveux et un chef s'éveillant.
Comme un nageur venant du profond de son plonge,
Tous sortent de la mort comme l'on sort d'un songe.
Les corps par les tyrans autrefois déchirés
Se sont en un moment en leurs corps asserrés,
Bien qu'un bras ait vogué par la mer écumeuse
De l'Afrique brûlée en Tylé froiduleuse.
Les cendres des brûlés volent de toutes parts;
Les brins plus tôt unis qu'ils ne furent épars
Viennent à leur poteau, en cette heureuse place,

*asserrés,* rassemblés.      *poteau* (de bûcher).

Riant au ciel riant d'une agréable audace. . . .
Voici le Fils de l'Homme et du grand Dieu le Fils,
Le voici arrivé à son terme préfix.
Déjà l'air retentit et la trompette sonne,
Le bon prend assurance, et le méchant s'étonne.
Les vivants sont saisis d'un feu de mouvement,
Ils sentent mort et vie en un prompt changement;
En une période ils sentent leurs extrêmes;
Ils ne se trouvent plus eux-mêmes comme eux-mêmes,
Une autre volonté et un autre savoir
Leur arrache des yeux le plaisir de se voir;
Le ciel ravit leurs yeux: des yeux premiers l'usage
N'eût pu du nouveau ciel porter le beau visage.
L'autre ciel, l'autre terre ont cependant fui,
Tout ce qui fut mortel se perd évanoui.
Les fleuves sont séchés, la grand'mer se dérobe,
Il fallait que la terre allât changer de robe.
Montagnes, vous sentez douleurs d'enfantements;
Vous fuyez comme agneaux, ô simples éléments!
Cachez-vous, changez-vous! Rien mortel ne supporte
Le front de l'Eternel ni sa voix rude et forte.
  Dieu paraît: le nuage entre lui et nos yeux
S'est tiré à l'écart, il s'est armé de feux;
Le ciel neuf retentit du son de ses louanges;
L'air n'est plus que rayons tant il est semé d'anges.
Tout l'air n'est qu'un soleil; le soleil radieux
N'est qu'une noire nuit au regard de ses yeux;
Car il brûle le feu, au soleil il éclaire,
Le centre n'a plus d'ombre et ne fuit sa lumière.
  Un grand Ange s'écrie à toutes nations:
"Venez répondre ici de toutes actions!
L'Eternel veut juger." Toutes âmes venues
Font leurs sièges en rond en la voûte des nues,
Et là les Chérubins ont au milieu planté
Un trône rayonnant de sainte majesté.
Il n'en sort que merveille et qu'ardente lumière.
Le soleil n'est pas fait d'une étoffe si claire;
L'amas de tous vivants en attend justement

La désolation ou le contentement.
Les bons du Saint-Esprit sentent le témoignage,
L'aise leur saute au cœur et s'épand au visage;
Car, s'ils doivent beaucoup, Dieu leur en a fait don:
Ils sont vêtus de blanc et lavés de pardon.
O tribus de Juda! vous êtes à la dextre,
Edom, Moab, Agar, tremblent à la senestre;
Les tyrans, abattus, pâles et criminels,
Changent leurs vains honneurs aux tourments éternels;
Ils n'ont dans le front la furieuse audace,
Ils souffrent en tremblant l'impérieuse face,
Face qu'ils ont frappée, et remarquent assez
Le chef, les membres saints qu'ils avaient transpercés:
Ils le virent lié, le voici les mains hautes;
Ses sévères sourcils viennent compter leurs fautes;
L'innocence a changé sa crainte en majestés,
Son roseau en acier tranchant des deux côtés,
Sa croix au tribunal de présence divine;
Le Ciel l'a couronné, mais ce n'est plus d'épine.
Ores viennent trembler à cet acte dernier
Les condamneurs aux pieds du juste prisonnier.

  Voici le grand Héraut d'une étrange nouvelle,
Le Messager de mort, mais de mort éternelle.
Qui se cache? qui fuit devant les yeux de Dieu?
Vous, Caïns fugitifs, où trouverez-vous lieu?
Quand vous auriez les vents collés sous vos aisselles,
Ou quand l'aube du jour vous prêterait ses ailes,
Les monts vous ouvriraient le plus profond rocher,
Quand la nuit tâcherait en sa nuit vous cacher,
Vous enceindre la mer, vous enlever la nue,
Vous ne fuirez de Dieu ni le doigt ni la vue.
Or voici les lions de torches acculés,
Les ours à nez percé, les loups emmuselés.
Tout s'élève contre eux: les beautés de Nature,
Que leur rage troubla de venin et d'ordure,
Se confrontent en mire et se lèvent contr'eux.
"Pourquoi (dira le Feu) avez-vous de mes feux,
Qui n'étaient ordonnés qu'à l'usage de vie,

Fait des bourreaux, valets de votre tyrannie?"
L'Air encore une fois contr'eux se troublera,
Justice au Juge saint, trouble, demandera,
Disant: "Pourquoi, Tyrans et furieuses bêtes,
M'empoisonnâtes-vous de charognes, de pestes,
Des corps de vos meurtris." – "Pourquoi, diront les Eaux,
Changeâtes-vous en sang l'argent de nos ruisseaux?"
Les Monts qui ont ridé le front à vos supplices:
"Pourquoi nous avez-vous rendus vos précipices?"
"Pourquoi nous avez-vous, diront les Arbres, faits,
D'arbres délicieux, exécrables gibets?"

    .       .       .       .       .

La gueule de l'Enfer s'ouvre en impatience
Et n'attend que de Dieu la dernière sentence,
Qui, à ce point, tournant son œil bénin et doux,
Son œil tel que le montre à l'épouse l'époux,
Se tourne à la main droite, où les heureuses vues
Sont au trône de Dieu sans mouvement tendues,
Extatiques de joie et franches de souci.
Leur Roi donc les appelle et les fait rois ainsi:
     "Vous qui m'avez vêtu au temps de la froidure,
Vous qui avez pour moi souffert peine et injure,
Qui à ma sèche soif et à mon âpre faim
Donnâtes de bon cœur votre eau et votre pain;
Venez, race du ciel, venez, élus du père;
Vos péchés sont éteints, le Juge est votre frère;
Venez donc, bien-heureux, triompher pour jamais
Au Royaume éternel de victoire et de paix."
    A ce mot, tout se change en beautés éternelles,
Ce changement de tout est si doux aux fidèles:
Que de parfaits plaisirs! ô Dieu, qu'ils trouvent beau
Cette terre nouvelle et ce grand ciel nouveau!
    Mais d'autre part, si tôt que l'Eternel fait bruire
A sa gauche ces mots, les foudres de son ire,
Quand ce juge, et non père, au front de tant de rois,
Irrévocable, pousse et tonne cette voix:
"Vous qui avez laissé mes membres aux froidures,
Qui leur avez versé injures sur injures,

Qui à ma sèche soif et à mon âpre faim
Donnâtes fiel pour eau et pierre au lieu de pain;
Allez, maudits, allez grincer vos dents rebelles
Au gouffre ténébreux des peines éternelles" . . .
    Le Soleil vêt de noir le bel or de ses feux;
Le bel œil de ce monde est privé de ses yeux.
L'âme de tant de fleurs n'est plus épanouie;
Il n'y a plus de vie au principe de vie;
Le Lune perd l'argent de son teint clair et blanc,
La Lune tourne en haut son visage de sang;
Toute étoile se meurt; les prophètes fidèles
Du Destin vont souffrir éclipses éternelles;
Tout se cache de peur; le feu s'enfuit dans l'air,
L'air en l'eau, l'eau en terre; au funèbre mêler
Tout beau perd sa couleur. Et voici tout de mêmes
A la pâleur d'en haut tant de visages blêmes
Prennent l'impression de ces feux obscurcis,
Tels qu'on voit aux fourneaux paraître les transis.
Mais plus, comme les fils du ciel ont au visage
La forme de leur chef, de Christ la vive image,
Les autres de leur père ont le teint et les traits,
Du Prince Belzébuth véritables portraits.
A la première mort ils furent effroyables,
La seconde redouble, où les abominables
Crient aux monts cornus: "O Monts, que faites-vous?
Ebranlez vos rochers et vous crevez sur nous;
Cachez-nous, et cachez l'opprobre et l'infamie
Qui, comme chiens, nous met hors la cité de vie;
Cachez-nous pour ne voir la haute majesté
De l'Agneau triomphant sur le trône monté."
Ce jour les a pris nus, les étouffe de craintes
Et de pires douleurs que les femmes enceintes.
Voici le vin fumeux, le courroux méprisé
Duquel ces fils de terre avoient thésaurisé.
De la terre leur mère ils regardent le centre,
Cette mère en douleurs sent mi-partir son ventre,
Où les serfs de Satan regardent frémissants
De l'enfer aboyant les tourments renaissants,

L'étang de soufre vif qui rebrûle sans cesse,
Les ténèbres épais plus que la nuit èpaisse.
Ce ne sont des tourments inventés des cagots
Et présentés aux yeux des infirmes bigots;
La terre ne produit nul crayon qui nous trace
Ni du haut paradis ni de l'enfer la face.

    Vous avez dit, perdus: "Notre nativité
N'est qu'un sort; notre mort, quand nous aurons été,
Changera notre haleine en vent et en fumée.
Le parler est du cœur l'étincelle allumée:
Ce feu éteint, le corps en cendre deviendra,
L'esprit, comme air coulant parmi l'air s'épandra;
Le temps avalera de nos faits la mémoire,
Comme un nuage épais étend sa masse noire,
L'éclaircit, la départ, la dérobe à notre œil;
C'est un brouillard chassé des rayons du soleil;
Notre temps n'est rien plus qu'un ombrage qui passe,
Le sceau de tel arrêt n'est point sujet à grâce."

    Vous avez dit, brutaux: "Qu'y a-t-il en ce lieu
Pis que d'être privé de la face de Dieu?"
Ha! vous regretterez bien plus que votre vie
La perte de vos sens, juges de telle envie:
Car, si vos sens étaient tous tels qu'ils ont été,
Ils n'auraient un tel goût, ni l'immortalité;
Lors vous saurez que c'est de voir de Dieu la face,
Lors vous aurez au mal le goût de la menace.

    O enfants de ce siècle, ô abusés moqueurs,
Imployables esprits, incorrigibles cœurs,
Vos esprits trouveront en la fosse profonde
Vrai ce qu'ils ont pensé une fable en ce monde.
Ils languiront en vain de regret sans merci.
Votre âme à sa mesure enflera de souci.
Qui vous consolera? L'ami qui se désole
Vous grincera les dents au lieu de la parole.
Les Saints vous aimaient-ils? Un abîme est entr'eux;
Leur chair ne s'émeut plus, vous êtes odieux.
Mais n'espérez-vous point fin à votre souffrance?
Point n'éclaire aux enfers l'aube de l'espérance.

Dieu aurait-il sans fin éloigné sa merci?
Qui a peché sans fin souffre sans fin aussi.
La clémence de Dieu fait au Ciel son office,
Il déploie aux Enfers son ire et sa justice.
Mais le feu ensouffré, si grand, si violent
Ne détruira-t-il pas les corps en les brûlant?
Non, Dieu les gardera entiers à sa vengeance,
Conservant à cela et l'étoffe et l'essence,
Et le feu qui sera si puissant d'opérer
N'aura pouvoir d'éteindre ains que de faire durer,
Et servira par loi à l'éternelle peine.
L'air corrupteur n'a plus sa corrompante haleine,
Et ne fait aux Enfers office d'élément;
Celui qui le mouvait, qui est le firmament,
Ayant quitte son branle et motives cadences,
Sera sans mouvement et de là sans muances.
Transis, désespérés, il n'y a plus de Mort
Qui soit pour votre mer des orages le port.
Que si vos yeux de feu jettent l'ardente vue
A l'espoir du poignard, le poignard plus ne tue.
Que la Mort (direz-vous) était un doux plaisir!
La Mort morte ne peut vous tuer, vous saisir.
Voulez-vous du poison? en vain cet artifice.
Vous vous précipitez? en vain le précipice.
Courez au feu brûler? le feu vous gélera;
Noyez-vous? l'eau est feu, l'eau vous embrasera;
La peste n'aura plus de vous miséricorde;
Etranglez-vous? en vain vous tordez une corde;
Criez après l'enfer? de l'enfer il ne sort
Que l'éternelle soif de l'impossible mort.

·  ·  ·  ·  ·

## PRIÈRE DU SOIR

Dans l'épais des ombres funèbres,
Parmi l'obscure nuit, image de la mort,
Astre de nos esprits, sois l'étoile du Nord,
Flambeau de nos ténèbres.

Délivre-nous des vains mensonges,
Et des illusions des faibles en la foi:
Que le corps dorme en paix, que l'esprit veille à toi,
    Pour ne veiller à songes.

Le cœur repose en patience;
Dorme la froide crainte et le pressant ennui!
Si l'œil est clos en paix, soit clos ainsi que lui
    L'œil de la conscience.

Ne souffre pas en nos poitrines
Les sursauts des méchants sommeillant en frayeur,
Qui sont couverts de plomb, et se courbent en peur,
    Sur un chevet d'épines.

A ceux qui chantent tes louanges,
Ton visage est leur ciel, leur chevet ton giron;
Abrités de tes mains, les rideaux d'environ
    Sont le camp de tes anges.

## L'HIVER DU SIEUR D'AUBIGNÉ

Mes volages humeurs, plus stériles que belles,
S'en vont, et je leur dis: Vous sentez, hirondelles,
S'éloigner la chaleur et le froid arriver;
Allez nicher ailleurs, pour ne fâcher, impures,
Ma couche de babil et ma table d'ordures;
Laissez dormir en paix la nuit de mon hiver.

D'un seul point le soleil n'éloigne l'hémisphère,
Il jette moins d'ardeur, mais autant de lumière.
Je change sans regrets, lorsque je me repens
Des frivoles ardeurs et de leur artifice
J'aime l'hiver, qui vient purger mon cœur de vice,
Comme de peste l'air, la terre de serpents.

Mon chef blanchit dessous les neiges entassées,
Le soleil qui me luit les échauffe glacées,

Mais ne les peut dissoudre au plus court de ces mois.
Fondez, neiges, venez dessus mon cœur descendre,
Qu'encores il ne puisse allumer de ma cendre
Du brasier, comme il fit des flammes autrefois.

Mais quoi, serai-je éteint devant ma vie éteinte?
Ne luira plus en moi la flamme vive et sainte?
Le zèle flamboyant de la sainte maison?
Je fais aux saints autels holocaustes des restes,
De glace aux feux impurs, et de naphte aux célestes:
Clair et sacré flambeau, non funèbre tison.

Voici moins de plaisirs mais voici moins de peines:
Le rossignol se tait, se taisent les sirènes;
Nous ne voyons cueillir ni les fruits ni les fleurs;
L'éspérance n'est plus bien souvent tromperesse;
L'hiver jouit de tout. Bienheureuse vieillesse,
La saison de l'usage et non plus des labeurs!

Mais la mort n'est pas loin. Cette mort est suivie
D'un vivre sans mourir, fin d'une fausse vie,
Vie de notre vie et mort de notre mort.
Qui hait la sûreté pour aimer le naufrage?
Qui a jamais été si friand du voyage
Que la longueur en soit plus douce que le port?

*devant*, avant.

# Jacques Davy du Perron

## SONNET

Au bord tristement doux des eaux je me retire,
Et vois couler ensemble et les eaux et mes jours,
Je m'y vois sec et pâle, et si j'aime toujours
Leur rêveuse mollesse où ma peine se mire.

*et si*, pourtant.

Au plus secret des bois je conte mon martyre,
    Je pleure mon martyre en chantant mes amours:
    Et si j'aime les bois, et les bois les plus sourds
    Quand j'ai jetté mes cris, me les viennent redire.
Dame dont les beautés me possèdent si fort,
    Qu'étant absent de vous je n'aime que la mort:
    Les eaux en votre absence et les bois me consolent.
Je vois dedans les eaux, j'entends dedans le bois,
    L'image de mon teint et celle de ma voix,
    Toutes peintes de morts qui nagent, et qui volent.

## CANTIQUE DE LA VIERGE MARIE

Quand au dernier sommeil la Vierge eut clos les yeux,
Les Anges qui veillaient autour de leur Maîtresse
Elevèrent son corps en la gloire des Cieux,
Et les Cieux furent pleins de nouvelle allégresse.

Les plus hauts Séraphins à son avènement
Volaient au-devant d'elle et lui cédaient leur place,
Se sentant tout ravis d'aise et d'étonnement
De pouvoir contempler la splendeur de sa face.

Dessus les Cieux des Cieux elle va paraissant,
Les flambeaux étoilés lui servent de couronne,
La lune est sous ses pieds en forme de croissant,
Et comme un vêtement le soleil l'environne.

Elle est là-haut assise auprès du Roi des rois
Pour rendre à nos clameurs ses oreilles propices,
Et sans cesse l'adjure au saint nom de sa Croix
De purger en son sang nos erreurs et nos vices.

Elle rend nos désirs par ses vœux exaucés,
Et pour mieux impétrer ce dont elle le presse,
Remet devant ses yeux tous les actes passés
Qui le peuvent toucher de joie ou de tristesse.

*impétrer*, obtenir.

Et lors elle lui va ses mamelles montrant
Qui dedans le berceau son enfanee allaitèrent,
Dont le doux souvenir lui pénètre le cœur,
Et les flancs bienheureux qui neuf mois le portèrent.

Elle lui ramentoit la douleur et l'ennui,
Les sanglants déplaisirs et les gênes terribles
Que durant cette vie elle endura pour lui,
Quand il souffrait pour nous tant de peines horribles.

Comme en le voyant lors si rudement traité,
Son cœur fut entamé d'une poignante épine,
Et puis comme à sa mort pleine de cruauté
Le glaive de douleur lui navra la poitrine.

Hélas! de quels regrets et de quel déconfort
Le Vierge en son esprit se sentit traversée,
Quand elle vit livrer son cher Fils à la mort,
Et de combien de cloux son âme fut percée!

Elle le vit meurtrir en tant et tant d'endroits,
Souffrir mille tourments et mille violences,
Et puis comme un trophée attacher sur la Croix
Toute notre injustice et toutes nos offenses.

Elle serrait la Croix de ses bras précieux,
Regardant par pitié ses blessures cruelles,
Et répandait autant de larmes de ses yeux
Comme il versait de sang de ses plaies mortelles.

L'air, la mer et la terre en sentaient les effets,
Et de leurs accidents accompagnaient sa plainte;
Les fondements du Ciel ployèrent sous leur faix,
Et la terre trembla de frayeur et de crainte.

Le Soleil contristé prit un voile de deuil,
Les astres de la nuit en plein jour resplendirent,
Les ossements des morts quittèrent leur cercueil,
Et des durs monuments les pierres se fendirent.

*ramentoit*, rappelait.

Ames qui surpassez les rochers en dur'té,
Ames que les plaisirs si vainement affolent,
Vous ne gémissez point de le voir tourmenté,
Et tous les Eléments à sa mort se désolent.

Les plus fermes esprits l'effroi les emporta,
Voyant mourir celui qui la mort épouvante,
Et des plus assurés l'assurance douta;
Seule entre tous les Saints la Vierge fut constante.

Pour toute la douleur qui son âme atteignit,
Pour tous les déplaisirs et les regrets funèbres,
Jamais dedans son cœur la foi ne s'éteignit,
Mais demeura luisante au milieu des ténèbres.

C'est celle dont la foi dure éternellement,
C'est celle dont la foi n'eut jamais de pareille,
C'est celle dont la foi pour notre sauvement
Crut à la voix de l'Ange, et conçut par l'oreille.

C'est l'astre lumineux qui jamais ne s'éteint,
Où comme en un miroir tout le Ciel se contemple,
Le luisant tabernacle et le lieu pur et saint
Où Dieu même a voulu se consacrer un temple.

C'est le Palais royal tout rempli de clarté,
Plus pur et transparent que le Ciel qui l'enserre;
C'est le beau Paradis vers l'Orient planté,
Les délices du Ciel et l'espoir de la Terre.

C'est cette myrrhe et fleur et ce baume odorant
Qui rend de sa senteur nos âmes consolées,
C'est ce jardin reclus suavement flairant,
C'est la Rose des champs et le Lis des vallées.

C'est le rameau qui garde en tout temps sa couleur,
La branche de Jessé, la tige pure et sainte
Qui rapporte son fruit et ne perd point sa fleur,
Qui demeure pucelle et qui se voit enceinte.

C'est l'aube du matin qui produit le soleil
Tout couvert de rayons et de flammes ardentes,
L'astre des navigants, le phare nonpareil
Qui la nuit leur éclaire au milieu des tourmentes.

Etoile de la mer, notre seul réconfort,
Sauve-nous des rochers du vent et du naufrage;
Aide-nous de tes vœux pour nous conduire au port,
Et nous montre ton Fils sur le bord du rivage.


*Jean de la Ceppède*


# THÉORÈMES SUR LE SACRÉ MYSTÈRE DE
# NOTRE RÉDEMPTION


Vers la plage rosine où le Soleil se lève,
　　Loin d'Acre et de Sion le chemin d'un sabbat,
　　Vis-à-vis du Calvaire un autre mont s'élève
　　Toujours vert des honneurs du Minervé combat.
Ces feuilleux arbrisseaux, ennemis du débat,
　　Ce mont qui dans Cédron ses racines abrève,
　　Où l'humble solitude aux soucis donne trève,
　　Etaient de Notre Amant le coutumier ébat.
Il y avoit au pied de ce mont une terre
　　Dite Géthsémani, et, dedans, un parterre
　　Où le Sauveur s'en va loin du peuple et du bruit.
O voyage, ô village, ô jardin, ô montagne,
　　Si dévot maintenant le Sauveur j'accompagne,
　　Permettez qu'à ce coup je goûte votre fruit.

*abrève*, abreuve.

Or sus donc, serrez fort, liez fort, ô canaille,
　　Celui qui vient à vous pour dénouer vos nœuds,
　　Tiraillez, travaillez celui-ci qui travaille
　　Pour soulager les griefs de vos travaux peineux.
Resserrez, captivez dans un roc caverneux
　　Cil qui sa liberté pour vos libertés baille;
　　Combattez, abattez celui-ci qui bataille
　　Pour abattre, abattu, vos antiques haineux.
O liens, ô travaux, ô mystiques étreintes,
　　O combats, si les Juifs de vos fortes épreintes
　　Ne font bien leur profit, profitez-les sur nous.
Déliez nos liens, soulagez nos misères,
　　Délivrez-nous des fers de l'éternel courroux
　　Et combattez l'effort de nos forts adversaires.


Blanc est le vêtement du grand Père sans âge,
　　Blancs sont les courtisans de sa blanche maison,
　　Blanc est de son esprit l'étincelant pennage,
　　Blanche est de son Agneau la brillante toison.
Blanc est le crêpe saint dont (pour son cher blason)
　　Aux Noces de l'Agneau l'Epouse s'avantage.
　　Blanc est or' le manteau, dont par même raison
　　Cet innocent Époux se pare en son Noçage.
Blanc était l'ornement dont le Pontife vieux
　　S'affublait pour dévot offrir ses vœux aux Cieux.
　　Blanc est le parement de ce nouveau grand Prêtre.
Blanche est la robe due au fort victorieux.
　　Ce vainqueur (bien qu'il aille à la mort se soumettre)
　　Blanc sur la dure mort triomphe glorieux.

Voici l'Homme, ô mes yeux, quel objet déplorable!
    La honte, le veiller, la faute d'aliment,
    Les douleurs, et le sang perdu si largement
    L'ont bien tant déformé qu'il n'est plus désirable.
Ces cheveux, l'ornement de son chef vénérable,
    Sanglantes, hérissés, par ce couronnement,
    Embrouillés dans ces joncs, servent indignement
    A son têt ulcéré d'une haie exécrable.
Ces yeux, tantôt si beaux, rebattus, renfoncés,
    Resalis, sont hélas! deux soleils éclipsés,
    Le corail de sa bouche est ores jaune pâle.
Les roses et les lys de son teint sont flétris:
    Le reste de son corps est de couleur d'opale,
    Tant de la tête aux pieds ses membres sont meurtris.

*têt*, tête.


Du vrai Deucalion le bois industrieux
    Qui soutint la fureur du général naufrage,
    Dans une mer de sang à cette heure surnage,
    Pour sauver les humains des bouillons stygieux.
Le vieux arc bigarré (signe présagieux
    De la fin du déluge, et mis en témoignage
    Qu'on ne souffrirait plus des ondes le ravage)
    Est maintenant courbé sur ce bois précieux.
Puisque ce Nuau peint des couleurs de l'opale,
    Calmait les flots, ce corps rouge, livide et pâle
    Pourra bien de son Père appaiser le courroux.
Par ce gage sacré de ta chère alliance
    Je t'adjure, ô grand Dieu, qu'ore et toujours pour nous
    Ton courroux justicier cède à ta patience.

*stygieux*, du Styx.        *ce Nuau*, ce nuage.

L'Autel des vieux parfums dans Solyme encensé
    Fait or' d'une voirie un temple vénérable
    Où du Verbe incarné l'Hypostase adorable
    S'offre très odorante à son Père offensé.
Le vieux Pal, sur lequel jadis fut agencé
    En Edom le serpent aux mordus secourable,
    Elève ores celui qui piteux a pansé
    Du vieux serpent d'Eden la morsure incurable.
Le pressoir de la Vigne en Calvaire est dressé,
    Où ce fameux raisin ce pressoir a pressé
    Pour noyer dans son vin nos léthales vipères.
L'échelle israélite est posée en ce lieu,
    Sur laquelle aujourd'hui s'appuyant l'homme-Dieu
    Nous fait jouir des biens qu'il promit à nos pères.


Dès qu'il eut dit, J'AI SOIF, un Juif prend une éponge,
    L'environne d'hyssope, et (suivant la façon
    Des Juifs) dans le vinaigre il la plonge, et replonge,
    Et lui porte à la bouche, ô cruelle boisson.
Par cette amère aigreur vous payez la rançon
    (Or que sur vous la mort plus ses griffes allonge,
    O Christ) de la douceur, qui servit d'hameçon
    Pour prendre le vieil Homme, au père de mensonge.
Mais, las! est-ce le fruit si longtemps attendu
    Que vous a votre vigne à ce besoin rendu?
    Qui vous l'a convertie en lambrusque sauvage?
Il ne restoit plus rien caché dans les replis
    De tant d'Oracles vieux, que cet ingrat breuvage:
    Ils sont ores en vous tout à fait accomplis.

## La Ceppède

### VEXILLA REGIS

Les Cornettes du Roi volent par la campagne,
La Croix mystérieuse éclate un nouveau jour
Où l'Auteur de la chair, de sa chair s'accompagne,
Et fait de son gibet un théâtre d'amour.

Là, pour notre rachat, là, pour notre doctrine
Il tend ore ses mains, tend ses deux pieds aux clous,
Tandis les clous d'amour clouent dans sa poitrine
Son cœur tout amoureux, qui s'immole pour nous.

Mort sur cette potence, une lance outrageuse
Lui perce le côté, d'où surgeonne soudain
De son sang et d'eau vive une onde avantageuse
Pour laver le bourbier qu'il a tant à dédain.

C'est ce qu'obscurément le bon David soupire,
C'est ores que suivant ses prophétiques vers
Du bois le Tout-Puissant établit son Empire,
Qu'au bois, que par le bois, il régit l'Univers.

Arbre brillant et beau, que la pourpre royale
Pare, orne, vermillonne, enlumine, enrichit,
De quell'tige t'élut cette âme déloyale,
Qui pour ces membres saints en gibet t'affranchit?

Arbre trois fois heureux, qui vois pendre à tes branches
La rançon de ce Tout, tu balances ce Corps
Qui nos péchés balance. En toi sont nos revanches,
Tu reprends sa reprise au Corsaire des morts.

O Croix, que mon espoir à tes bouts aboutisse,
A ce jour que le sang sur toi coule à randon,
Augmente, s'il te plaît, aux justes la justice,
Et donne aux criminels le désiré pardon.

Esprits que cette Croix, que ce gibet recrée
Au saint los du Trin-un rangez tous vos propos;
Trin-un, qui nous sauvez par cette Croix sacrée,
Guidez-nous, guindez-nous au sublime repos.

## *Philippe du Plessis-Mornay*

### SONNET

Barque qui va flottant sur les écueils du monde,
    Qui vois l'air tout épris, et les vents conjurés,
    Le gouffre entrebaillé, les flots démesurés,
    Sans ancre, sans abri, sans amare et sans sonde;
Barque, ne perds point cœur! Qui doute que cette onde
    Ne soit sujette aux vents? Aux flots mal assurés,
    Un esquif mi-brisé? Mais les cieux azurés
    Sont-ils pas sur les vents et sur la mer profonde?
Au ciel? Non! qu'à la mer commande ton pilote!
    Par lui vente le vent, par lui ce monde flotte,
    Vente et flotte pour toi, pour te conduire au port.
Ton port, c'est l'Eternel, et tu t'en veux soustraire.
    Veux-tu calme ou bon vent? tu demandes ta mort;
    Pour surgir à ton port, il te faut vent contraire.

        *épris*, saisi d'une passion violente.

## *Jean de Sponde*

### LES AMOURS

Je meurs, et les soucis qui sortent du martyre
    Que me donne l'absence, et les jours et les nuits
    Font tant, qu'à tous moments je ne sais que je suis,
    Si j'empire du tout ou bien si je respire.

Un chagrin survenant mille chagrins m'attire,
 Et me cuidant aider moi-même je me nuis;
 L'infini mouvement de mes roulants ennuis
 M'emporte, et je le sens, mais je ne le puis dire.
Je suis cet Actéon de ses chiens déchiré!
 Et l'éclat de mon âme est si bien altéré
 Qu'elle, qui me devrait faire vivre, me tue:
Deux Déesses nous ont tramé tout notre sort,
 Mais pour divers sujets nous trouvons même mort,
 Moi de ne la voir point, et lui de l'avoir vue.


Mon Dieu, que je voudrais que ma main fût oisive,
 Que ma bouche et mes yeux reprissent leur devoir.
 Ecrire est peu: c'est plus de parler et de voir:
 De ces deux œuvres l'une est morte et l'autre vive.
Quelque beau trait d'amour que notre main écrive,
 Ce sont témoins muets qui n'ont pas le pouvoir
 Ni le semblable poids que l'œil pourrait avoir
 Et de nos vives voix la vertu plus naïve.
Mais quoi! n'étaient encor ces faibles étançons
 Et ces fruits mi-rongés dont nous les nourrissons
 L'Amour mourrait de faim et cherrait en ruine;
Ecrivons, attendant de plus fermes plaisirs,
 Et si le temps domine encor sur nos désirs,
 Faisons que sur le temps la constance domine.


## SONNETS DE LA MORT

Mortels, qui des mortels avez pris votre vie,
 Vië qui meurt encor dans le tombeau de Corps,
 Vous qui ramoncelez vos trésors, des trésors
 De ceux dont par la mort la vië fut ravie:
Vous qui voyant de morts leur mort entresuivie,
 N'avez point de maisons que les maisons des morts,
 Et ne sentez pourtant de la mort un remords,
 D'où vient qu'au souvenir son souvenir s'oublie?

Est-ce que votre vie adorant ses douceurs
  Déteste des pensers de la mort les horreurs,
  Et ne puisse envier une contraire envie?
Mortels, chacun accuse, et j'excuse le tort
  Qu'on forge en votre oubli. Un oubli d'une mort
  Vous montre un souvenir d'une éternelle vie.


Mais si faut-il mourir! et la vie orgueilleuse,
  Qui brave de la mort, sentira ses fureurs;
  Les soleils hâleront ces journalières fleurs,
  Et le temps crèvera cette ampoule venteuse.
Ce beau flambeau qui lance une flamme fumeuse
  Sur le vert de la cire éteindra ses ardeurs,
  L'huile de ce tableau ternira ses couleurs,
  Et cos flots se rompront à la rive écumeuse.
J'ai vu ces clairs éclairs passer devant mes yeux,
  Et le tonnerre encor qui gronde dans les cieux.
  Où d'une ou d'autre part éclatera l'orage.
J'ai vu fondre la neige, et ces torrents tarir,
  Ces lions rugissants, je les ai vus sans rage.
  Vivez, hommes, vivez – mais si faut-il mourir.
  *Mais si faut-il,* pourtant il faut.  *brave de,* tient tête à . . .


Tout le monde se plaint de la cruelle envie
  Que la Nature porte aux longueurs de nos jours:
  Hommes, vous vous trompez, ils ne sont pas trop courts,
  Si vous vous mesurez au pied de votre vie.
Mais quoi? je n'entends point quelqu'un de vous qui die:
  Je me veux dépêtrer de ces fâcheux détours,
  Il faut que je revole à ces plus beaux séjours,
  Où séjourne des Temps l'entresuite infinie.
Beaux séjours, loin de l'œil, près de l'entendement,
  Au prix de qui ce Temps ne monte qu'un moment,
  Au prix de qui le jour est un ombrage sombre,
Vous êtes mon désir: et ce jour, et ce Temps,
  Où le Monde s'aveugle et prend son passetemps,
  Ne me seront jamais qu'un moment et qu'une Ombre.

Qui sont, qui sont ceux-là, dont le cœur idolâtre
  Se jette aux pieds du Monde, et flatte ses honneurs?
  Et qui sont ces Valets, et qui sont ces Seigneurs?
  Et ces âmes d'Ebène, et ces faces d'Albâtre?
Ces masques déguisés, dont la troupe folâtre
  S'amuse à caresser je ne sais quels donneurs
  De fumées de Cour, et ces entrepreneurs
  De vaincre encor le Ciel, qu'ils ne peuvent combattre?
Qui sont ces louvoyers qui s'éloignent du Port?
  Hommagers à la Vie, et félons à la Mort,
  Dont l'étoile est leur Bien, le vent leur Fantaisie?
Je vogue en même mer, et craindrais de périr
  Si ce n'est que je sais que cette même vie
  N'est rien que le fanal qui me guide au mourir.

Et quel bien de la Mort? où la vermine ronge
  Tous ces nerfs, tous ces os; où l'Ame se départ
  De cette orde charogne, et se tient à l'écart,
  Et laisse un souvenir de nous comme d'un songe?
Ce corps, qui dans la vie en ses grandeurs se plonge,
  Si soudain dans la mort étouffera sa part,
  Et sera ce beau Nom, qui tant partout s'épard,
  Borné de vanité, couronné de mensonge.
A quoi cette Ame, hélas! et ce corps désunis?
  Du commerce du monde hors du monde bannis?
  A quoi ces nœuds si beaux que le Trépas délie?
Pour vivre au Ciel il faut mourir plutôt ici:
  Ce n'en est pas pourtant le sentier raccourci,
  Mais quoi? nous n'avons plus ni d'Hénoch ni d'Elie.
    *s'épard*, s'epand.

## STANCES DE LA MORT

  Mes yeux, ne lancez plus votre pointe éblouie
Sur les brillants rayons de la flammeuse vie,
Sillez-vous, couvrez-vous de ténèbres, mes yeux;
  Non pas pour étouffer vos vigueurs coutumières,
Car je vous ferai voir de plus vives lumières,
Mais sortant de la nuit vous n'en verrez que mieux.

Je m'ennuie de vivre, et mes tendres années,
Gémissant sous le faix de bien peu de journées,
Me trouvent au milieu de ma course cassé:
   Si n'est-ce pas du tout par défaut de courage,
Mais je prends, comme un port, à la fin de l'orage,
Dédain de l'avenir pour l'horreur du passé.


   J'ai vu comme le Monde embrasse ses délices,
Et je n'embrasse rien au Monde que supplices,
Ses gais Printemps me sont de funestes Hivers,
   Le gracieux Zéphir de son repos me semble
Un Aquilon de peine, il s'assure et je tremble;
O que nous avons donc de desseins bien divers!


   Ce Monde qui croupit ainsi dedans soi-même,
N'éloigne point jamais son cœur de ce qu'il aime,
Et ne peut rien aimer que sa difformité.
   Mon Esprit, au contraire, hors du Monde m'emporte,
Et me fait approcher des Cieux en telle sorte
Que j'en fais désormais l'amour à leur Beauté.


   Mais je sens dedans moi quelque chose qui gronde,
Qui fait contre le Ciel le partisan du Monde,
Qui noircit ses clartés d'un ombrage touffu.
   L'Esprit qui n'est que feu de ses désirs m'enflamme,
Et la chair qui n'est qu'eau pleut des eaux sur ma flamme,
Mais ces eaux-là pourtant n'éteignent point ce feu.


   La chair, des vanités de ce Monde pipée,
Veut être dans sa vie encor enveloppée,
Et l'Esprit pour mieux vivre en souhaite la mort.
   Ces partis m'ont réduit en un péril extrême:
Mais, mon Dieu, prends parti dans ces partis toi-même,
Et je me rangerai du parti le plus fort.


   Sans ton aide, mon Dieu, cette chair orgueilleuse
Rendra de ce combat l'issue périlleuse,
Car elle est en son règne, et l'autre est étranger:
        *Si*, yet.

La chair sent le doux fruit des voluptés présentes,
L'Esprit ne semble avoir qu'un espoir des absentes.
Et le fruit pour l'espoir ne se doit point changer.

Et puis si c'est ta main qui façonna le Monde,
Dont la riche Beauté à ta Beauté réponde,
La chair croit que le Tout pour elle fût parfait:
Tout fut parfait pour elle, et elle davantage
Se vante d'être, ô Dieu, de tes mains un ouvrage,
Hé! déferais-tu donc ce que tes mains ont fait?

Voilà comme l'effort de la charnelle ruse
De son bien pour son mal ouvertement abuse,
En danger que l'Esprit ne ploie enfin sous lui.
Viens donc, et mets la main, mon Dieu, dedans ce trouble,
Et la force à l'Esprit par ta force redouble,
Un bon droit a souvent besoin d'un bon appui.

Ne crains point, mon Esprit, d'entrer en cette Lice,
Car la chair ne combat ta puissante justice
Que d'un bouclier de verre et d'un bras de roseau:
Dieu t'armera de fer pour piler ce beau verre,
Pour casser ce roseau; et la fin de la guerre
Sera pour toi la vie, et pour elle un Tombeau.

C'est assez enduré que de cette vermine
La superbe insolence à ta grandeur domine,
Tu lui dois commander, cependant tu lui sers:
Tu dois purger la chair, et cette chair te souille;
Voire, de te garder un désir te chatouille,
Mais cuidant te garder, mon Esprit, tu te perds.

Je te sens bien ému de quelque inquiétude,
Quand tu viens à songer à cette servitude,
Mais ce songe s'étouffe au sommeil de ce corps:
Que si la voix de Dieu te frappe les oreilles,
De ce profond sommeil soudain tu te réveilles:
Mais quand elle a passé soudain tu te rendors.

*cuidant*, imaginant.

187

Tu surmontes tantôt, mais tantôt tu succombes,
Tu vas tantôt au Ciel mais tantôt tu retombes,
Et le Monde t'enlace encore de ses détours:
    C'est bien plus, car tu crains ce que plus tu désires,
Ton Espérance même a pour toi des martyres,
Et bref tu vois ton Bien, mais tu suis le rebours.

    Encor ce peu de temps que tu mets à résoudre
Ton départ de la Terre, un nuage de poudre,
Que tu pousses en l'air, enveloppe tes pas:
    J'ai bien vu sauteler les bouillons de ton zèle,
J'ai vu fendre le vent aux cerceaux de ton aile,
Mais tu t'es refroidi pour revoler en bas.

    Hélas! que cherches-tu dans ces relants abîmes
Que tu noircis sans fin des horreurs de tes crimes?
Hé! que tâtonnes-tu dans cette obscurité,
    Où ta clarté, du vent de Dieu même allumée,
Ne pousse que les flots d'une épaisse fumée,
Et contraint à la mort son immortalité?

    Quelle plaine en l'enfer de ces pointus encombres?
Quel beau jour en la nuit de ces affreuses ombres?
Quel doux largue au détroit de tant de vents battu?
    Reprends cœur, mon Esprit, reprends nouvelle force,
Toi, mouelle d'un fétu, perce à travers l'écorce,
Et, vivant, fais mourir l'écorce, et le fétu.

    Apprends même du Temps, que tu cherches d'étendre,
Qui coule, qui se perd, et ne te peut attendre.
Tout se hâte, se perd, et coule avec ce Temps:
    Où trouveras-tu donc quelque longue durée?
Ailleurs: mais tu ne peux sans la fin mesurée
De ton Mal, commencer le Bien que tu prétends.

    Ton Mal, c'est ta prison, et ta prison encore
Ce corps dont le souci jour et nuit te dévore:
Il faut rompre, il faut rompre enfin cette prison.

    *relants*, here adjective (musty).    *largue*, mer ouverte.

Tu seras lors au calme, au beau jour, à la plaine!
Au lieu de tant de vents, tant de nuit, tant de gêne,
Qui battent, qui noircit, qui presse ta raison.

O la plaisante Mort qui nous pousse à la vie,
Vië qui ne craint plus d'être encore ravie!
O le vivre cruel qui craint encore la Mort!
　　Ce vivre est une Mer où le bruyant orage
Nous menace à tous coups d'un assuré naufrage:
Faisons, faisons naufrage, et jettons-nous au Port.

Je sais bien, mon Esprit, que cet air et cette onde,
Cette terre, et ce feu, ce ciel qui ceint le Monde,
Enfle, abîme, retient, brûle, étreint tes désirs:
　　Tu vois je ne sais quoi de plaisant et aimable,
Mais le dessus du Ciel est bien plus estimable,
En de plaisants amours, et d'aimables plaisirs.

Ces amours, ces plaisirs (dont les troupes des Anges
Caressent du grand Dieu les merveilles étranges
Aux accords rapportés de leurs diverses voix)
　　Sont bien d'autres plaisirs, amours d'autre Nature.
Ce que tu vois ici n'en est pas la peinture,
Ne fût-ce rien sinon pour ce que tu le vois.

Invisibles beautés, Délices invisibles!
Ravissez-moi du creux de ces manoirs horribles,
Fondez-moi cette chair et rompez-moi ces os:
　　Il faut passer vers vous à travers mon martyre,
Mon martyre en mourant: car hélas! je désire
Commencer au travail et finir au repos.

Mais dispose, mon Dieu, ma tremblante impuissance
A ces pesants fardeaux de ton obéissance:
Si tu veux que je vive encore, je le veux.
　　Et quoi? m'enviës-tu ton bien que je souhaite?
Car ce ne m'est que mal que la vie imparfaite,
Qui languit sur la terre et qui vivrait aux Cieux.

Non, ce ne m'est que mal, mais mal plein d'espérance
Qu'après les durs ennuis de ma longue souffrance,
Tu m'étendras ta main, mon Dieu, pour me guérir.

Mais tandis que je couve une si belle envie
Puisqu'un Bien est le bout, et le but de ma vie,
Apprends-moi de bien vivre, afin de bien mourir.

## Marie de Jars de Gournay

### DU JOUR DE PÂQUES FLEURIES 1589

Toi qui pour délivrer les âmes gémissantes,
    Le flanc sanglant encore et le front pâlissant,
    Battant de la croix sainte au portail noircissant
    Fais voir l'enfer patent aux étoiles tremblantes:
Soit que jà mille esprits tressaillant à tes plantes
    Sucent le sang vermeil d'où sort le clou perçant:
    Soit qu'au subit éclair de ton chef splendissant
    Ils poussent l'Hosannah sur les sphères brillantes.
O germe, ô grand moteur, ô gloire des hauts cieux,
    Retourne devers nous un doux rai de tes yeux.
    En France est Israël comme aux limbes profondes.
Son jour est arrivé, son grand jour périlleux:
    Roidis-tu point ce bras dont l'effort merveilleux
    Rétrograde un soleil, et pend en l'air les ondes?

## Antoine Favre

## SONNETS SPIRITUELS

Magnifiques mondains qui de vos mortels pères,
    Après leur jour venu, faites ouvrir les corps,
    Feignant de ne savoir d'où procèdent leur morts,
    Effets du seul péché, source de nos misères,
Elevez vos esprits à plus divins mystères,
    Voyez morte la Vie, et dites quels efforts
    Meurtrirent l'Immortel, le plus fort des plus forts,
    Qui, franc de tout péché, souffrit tant d'impropères.
L'anatomie est faite, et le coup, jà donné
    Dans le flanc jusqu'au cœur, m'en fait moins étonné.
    Voyez le cœur ouvert par la lance pointue.
Voyez quel feu d'amour brûle encor au dedans,
    Ne cherchez de sa mort autres motifs plus grands
    Ni de la vôtre aussi, si ce coup ne vous tue.

*impropères*, insultes.

Parlerai-je à mon Dieu, moi qui ne suis que cendre?
    Oserai-je du ciel les voûtes œillader,
    Moi qui ne suis que terre, et qui ne sait darder
    Mes yeux que contre-bas pour aux enfers descendre?
S'il ne te plaît, ô Dieu, quand je me tais, m'entendre,
    Mais venir jusqu'à moi sans plus guères tarder,
    Quelle échelle pourrait mes ailes seconder
    Afin que jusqu'à toi je puisse un jour me rendre?
Ha! Je suis exaucé. Tu descends. Je te vois
    Non point pour me parler, mais pour m'unir à toi,
    Si j'ose m'approcher, si je ne meurs de honte!
Mais que me servirait de te voir descendu
    Pour ma nature unir t'étant homme rendu,
    Si ma personne à toi par toi-même ne monte.

## Jean-Baptiste Chassignet

## LE MÉPRIS DE LA VIE ET CONSOLATION
## CONTRE LA MORT

Nos corps aggravantés sous le poids des tombeaux
 (Quand du clairon bruyant la clameur résonnante
 Elancera le feu sur la terre flambante,
 Purifiant du ciel les étonnés flambeaux)
Du cercueil oublieux ressortiront plus beaux,
 Comme on voit par les champs la palme verdoyante,
 Malgré le faix pesant, plus belle et fleurissante
 Contre le ciel ouvert relever ses rameaux.
Lors nous serons ravis, autant que le pilote
 Qui dormant en la nef quand douteuse elle flotte,
 Se voit au réveiller dans le môle arrivé.
Et jouissant là-haut d'une paix éternelle
 Le corps ne sera plus à son âme rebelle
 Ni l'esprit de son corps si longuement privé.

aggravantés, accablés.

Vous avez beau croupir en ce bas édifice,
 Le temps de votre mort vous ne diminu'rez,
 Mais aussi longuement endormis vous serez
 Que si vous étiez mort aux bras de la nourrice.
La vie est toute là, où qu'elle se finisse;
 Ce que du temps futur, mourant vous laisserez
 N'était non plus à vous que les ans expirés
 Avant que vous fussiez conçus en la matrice.
Nul meurt avant son tour, peut-être au même temps
 Que vous rendez l'esprit, mille autres moins contents
 Ressentent de la mort l'homicide rudesse.
N'estimeriez-vous pas les pélerins bien fous
 Qui vont sans savoir où, chétifs! et pensiez-vous
 N'arriver jamais là où vous couriez sans cesse?

Est-il rien de plus vain qu'un songe mensonger,
  Un songe passager, vagabond et muable?
  La vie est toutefois au songe comparable,
  Au songe vagabond, muable et passager;
Est-il rien de plus vain que l'ombrage léger,
  L'ombrage remuant, inconstant, et peu stable?
  La vie est toutefois à l'ombrage semblable,
  A l'ombrage tremblant sous l'arbre d'un verger;
Aussi pour nous laisser une preuve assurée
  Que cette vie était seulement une entrée
  Et départ de ce lieu, entra soudainement
Le sage Pythagore en sa chambre secrette
  Et n'y fut point si tôt, ô preuve bientôt faite!
  Comme il en ressortit encor plus vitement.


Quand le fruit est vieilli, la feuille ternissante
  Est de nulle valeur, quand les raisins contraints
  Ont passé par deux fois sous les pressoirs étreints,
  On jette à l'abandon la pressure fumante.
Le moulin s'alentit, quand la meule tournante
  Pour exercer son tour n'a farines ni grains;
  Je dis que les vieillards de leur fin sont prochains
  Quand l'amandier fleurit sur leur tête branlante.
Encore en y a-t-il qui peignant leurs cheveux
  De vieillesse chenus, voyent de leurs neveux
  Et des fils de leurs fils la maison toute pleine,
Et ne s'estiment vieux, ne considérant pas,
  Lorsque le chaud été sur les arbres amène
  Les fruits délicieux, que les fleurs tombent bas.

## PARAPHRASE DU PSAUME 79
### QUI REGIS ISRAEL, INTENDE

O grand Dieu, qui conduis le Peuple Israélite,
Ainsi que le berger conduit & sollicite
    Un troupeau de moutons,
Exauce ma priere, offre-moi ta conduite,
Et préserve ton parc des animaux gloutons!

Grand Dieu, qui de tout temps, assis en sentinelle
Sur les deux Chérubins, qui couvrent de leur aile
    L'arche du testament,
Montres de ta grandeur la lumière nouvelle,
Illuminant les yeux de notre entendement:

Déploye en Ephraïm, manifeste en Manasse,
Découvre en Benjamin ton pouvoir et ta grâce,
    Nous sauvant des malheurs:
Seigneur, convertis-nous; si nous voyons ta face,
Nous serons délivrés de toutes nos douleurs.

Jette l'œil sur ta vigne, autrefois apportée
D'Egypte en ces quartiers, où tes mains l'ont plantée,
    Autour d'elle arrachant
Des profanes Gentils la tige surmontée,
Et de tes propres mains toi-même la béchant.

Soudain le froid tremblant de son large feuillage
Mit les champs à couvert, mit les monts à l'ombrage
    Et ses reins plantureux
Passèrent en grosseur de tronc et de branchage,
Les cèdres plus puissants du Liban odoreux.

Cette vigne de Dieu si soigneusement faite,
A l'instant commença de réchauffer la crête,
    Avançant ses provins
De la mer jusqu'au fleuve, et d'une longue traite
Porter au loin les bras de ses pampres divins.

*sollicite* = 'to look very carefully into' (Cotgrove).

Pourquoi, Sire, à ce coup, négligeant sa culture,
As-tu démantelé les murs de sa clôture;
    Mis en proie son vin?
Pourquoi l'as-tu donnée aux passants en pâture,
Qui, pour la vendanger, s'écartent du chemin?


Les sangliers outrageux, hôtes des bois sauvages,
Les animaux de champs, qui gîtent ès bocages,
    Les ours et les limiers,
L'ont froissée et détruite, en ont fait tels ravages,
Qu'on n'y voit un seul trait de ses honneurs premiers.


O grand Dieu des combats, retourne et considère
Des yeux de ta merci quelle est notre misère;
    Et du ciel, ton séjour,
Viens, hélas! visiter ta vigne solitaire,
Qui maintenant ressemble un désert sans amour!


Surtout regarde, ô Dieu, ce petit cep débile,
Que tu as élevé en puissance virile,
    Par toi-même planté;
Parfais et le remets en état plus tranquille,
Si que ton sacré los en soit partout chanté.


O grand Dieu des combats, qui rehausse ou terrasse
Ceux à qui tu dépars ou la mort ou la grâce,
    Les biens ou les malheurs!
Seigneur, convertis-nous; si nous voyons ta face,
Nous serons garantis de toutes nos douleurs.

# NOTES

## Prologue

### *Anon*

p. 1, REVERDIE POITEVINE = LA REGINE AVRILLOUSE. This spirited *reverdie* (twelfth century) indicates in several respects links with the pre-Christian May-day dances and ceremonies of country folk against which, from Saint Augustine to Charlemagne, the church – and secular – authorities keep on protesting. Quite uselessly, as the long survival of these May traditions shows. The *regine avrillouse* is our May Queen. This is a dance-song for women, no doubt, as the chorus (and it is a chorus of young men and women) indicates. The aged King and the *jaloux* (who assume so prominent a role in the Troubadour tradition) are also significant. In fact, compared with the more familiar type of *reverdie* (see p. 5), *La Regine Avrillouse* would appear to have far deeper roots in folk-lore and belong to a more primitive stratum than any of the other handful of medieval texts printed here. The dialect also is closer to Provençal.

First printed by Leroux de Lincy, *Recueil de Chants historiques . . .*, I, p. 79. J. Tiersot, *La Chanson Populaire en France* transcribes the air as follows:

A l'en tra-da del tens clar, e · ya, Per joi - a re-com-men-çar, e · ya, E per je-los ir-ri- tar, e - ya, Vol la re-gi-na mo-strar Qu'el'es si a mo - ro - za. A la vi', a la vi - a, je - los. Lais-saz nos, lais-saz nos Bal - lar - - en-tre nos, en-tre nos.

p. 2, CHANSONS DE TOILE.

These short narrative lyrics seem to owe their name to the fact that they were sung while spinning or weaving. They may be compared to Border ballads and to the later *Complaintes*, *v.* Introduction, p. xxv.

p. 2, BELE EREMBORS. Note that both in this name and in that of Raynau[t]
the *s* or *ʒ* is a nominative singular form.

p. 5, REVERDIE, or Spring Song, which often, as in this case, presents a
dialogue with birds. The long stanza, with its shift from seven to eight,
and then to ten five-syllable lines, is fitted to a single melody reproduced
from Gennrich, *Altfranzösische Lieder*, I, 1953. The allegorical strain appears already in the description of the *dieus* (*nominative* form not plural)
*d'Amors*, but the iris sword, the jay's beak spurs and more elusive
details (*mignotie?*) suggest the play of free association.

```
1 En a-vril au tens pas-cour,   Que sur l'her-be naist. la    flour
3 L'a-lou-ete au point du jour  Chan-te par moult grant   bau-dour
5 Pour la douç-or du tems nou-vel, Si me le-vai par   un   ma   tin,
7 S'o-ï cha-nter sur l'ar-briss-el Un oi-se-let en   son  la-tin.
9 Un pe-tit me sou-le-vai  10 Pour es-gar-der sa fai-tu-   re;
11 N'en sai mot, que des oi-seaux
12 Vi ve-nir à des-me-su- - re  13 Je vis l'o-ri-ou, 14 Et le ros-si
                             15 Si vi  le pin-son
gnou 16 Et l'es-meri-llon,  17 Dieus   et tant des au-tres oi-seaux, 18 De quoi je
ne sai pas les  noms, Qui sur cel ar-bre s'as-sistrent Et com-menc-ent
leur- - chan-çon
```

p. 6, AUBE. One of the *chansons à personnages* or dialogue songs like the
*reverdie* and the *pastourelle*. The *aube* presents the parting of two lover[s]
at dawn, warned by the watchman (the imitation of whose horn i[s]
heard in the refrain to another *aube*) or, as here, by the lark. Compar[e]
the *aube* scene in *Aucassin et Nicolette*.

## Charles d'Orleans

### Thibaut de Champaigne (1201–53)

omte de Champagne and King of Navarre, he is one of the most important
orthern imitators of the Provençal poetry of the Troubadours.

7, PASTOURELLE. *J'aloie l'autrier errant.* The *pastourelle* (of which there
are nearly a hundred surviving examples) is another *chanson à personnages* which presents the chance meeting of a Knight and a shepherd
girl. His advances are sometimes refused (with an overtone of social
satire) and sometimes accepted. Thibaut's *pastourelle* has a piquancy of
its own and when it is ended leaves us guessing.

### Charles d'Orléans (1394–1465)

:harles was the son of that younger brother of Charles V, Louis, Duke of
)rléans, whose marriage with Valentina Visconti, daughter of the Duke of
1ilan, was later to provide the pretext for French military adventures in
orthern Italy. Married at twelve to his cousin Isabella, Richard II of
ngland's widow, in less than a year he was to have thrust upon him the duty
f avenging his father's murder at the hands of Jean sans Peur, Duke of
urgundy (1407). The boy was soon to lose his wife and his mother, and led
vagabond life with the men-at-arms of the Armagnac faction. In 1414 he
1arried the Count of Armagnac's daughter and obtained some measure of
:dress for his father's assassination. A year later he was to fall prisoner to the
.nglish at the Battle of Agincourt and spend twenty-five years (half his adult
fe) in England. He was closely guarded for nearly nine years, and it was only
fter 1432 that he hunted, hawked, and enjoyed young society at Wingfield
1anor, but his existence was self-stultifying. After his return to France (1440)
is attempts to mediate between French, English, and Burgundians, and to
ssert his claims in Milan were both unsuccessful. His court at Blois became a
:entre of poets and men of letters, the most picturesque testimony of this
eing the *concours* on the theme: *Je meurs de soif auprès de la Fontaine*, which
rovided us with the twin *ballades* of Duke Charles and the semi-outcast,
'illon. Charles's son by his third wife, Marie de Clèves, was to become
.ouis XII of France.

In 1509 appeared over the signatures of Octavien de Saint-Gelais and
3laise d'Arive *La Chasse et le départ d'amours*, which in the words of P.
:hampion "contient la plupart des poésies de Charles d'Orléans, démarquées
t rajeunies, sous la forme romanesque de lettres de l'Amant Parfait à sa
)ame". A good selection was printed by l'Abbé Sullier in 1740, but the
:omplete Works only in 1803.

*Poésies* (ed. P. Champion 1923); P. Champion, *Rondeaux Choisis*, introduc̣
tion et glossaire de Jean Marc Bernard. Consult: Pierre Champion, *V*
*de Charles d'Orléans*, 1911. J. Charpier, *Ch. d'O. et son Temps*, 1958.

p. 9, LA COMPLAINTE DE FRANCE. This noble poem serves not only as
reminder that the humiliation of his country – *fille aînée de l'Eglise*
was not without its effect on a man whose whole active life was frustra
tion: it is also an indication of an unexpected talent for eloquence on
larger scale than the miniature works of the *rondels*. The references t
*oriflamme*, *Sainte ampoule*, and relics as symbols of divine grace give a
almost heraldic expression typical of the later Middle Ages.

p. 10, *Montjoie* or more explicitly *Montjoie Saint Denis*, the battle cry of th
French, so called from *montjoie* in sense of 'war banner', doubtless fro
place where raised. *T'envoya sa Hautesse L'oriflamme:* The square plai
red banner of Saint Denis hung over the Saint's tomb in his abbe
Later accounts explain the name by saying it had golden tongues c
flame on a red ground. Louis VI appears to have abandoned the blu
cape of Saint Martin for Saint Denis's flag in 1124. Charles saw it wit
his own eyes unfurled at Agincourt. It was to be for the last time. S
*Hautesse*, i.e. God. Charles attributes to the *oriflamme* the supernatur
origin of Constantine's *labarum* (*In hoc signo vinces*) or the Sair
Martin's cape which a divine omen seemed to indicate as the bann
which Clovis was to bear into battle against Alaric.

   *Par un colomb ... La onction*. Reference to the legend of the Sain
Ampoule, which the Holy Dove was supposed to have brought dov
to Saint Remigius, the apostle of the Franks, who used it in th
consecration of Clovis. Hence the French coronation ceremony a
Reims, where a drop from the phial was mixed with sacramental oi
The *ampoule* itself was publicly destroyed by the Revolutionaries i
1793.

   *Son bras dextre*. Allusion to France as *fille ainée de l'Eglise*.

   *Saint Louis Roi*, etc. The two crusades of 1248 and 1270, bot
equally disastrous.

p. 11, BALLADE 63. *En la Foret d'Ennuyeuse Tristesse*. The subject of th
*ballade*, as of a number of other *ballades* and *complaintes*, is the death c
Bonne d'Armagnac, Charles's wife (d. 1434). A good example of th
charm of the allegorical mode of expression. On the structure of th
*ballade* see above p. cx. Pronounce *oi* as [we] not [wa] as in Moder
French, otherwise the rhymes of this poem sound all wrong. In th
*envoi* Charles omits the traditional addressing of his poem to some re
or imaginary recipient, and no doubt the maintenance of this fictio

would be inappropriate in what is a direct enough expression of the poet's sense of loss – and sense of being lost.

). 12, BALLADE 120. *Je n'ai plus soif, tarie est la fontaine.* See Introduction, p. xxx.

). 13, CHANSON 6. *Dieu! qu'il la fait bon regarder.* For the *chanson* and *rondel* form see above p. cx. Many of these *rondels* are called *chansons* in some editions of the poet. Perhaps there is in v. 2 of this charming exclamatory poem a play of words on the name of Bonne d'Armagnac. Given a choral setting by Claude Debussy.

). 14, CHANSON 73. *Jeunes amoureux nouveaux.* Miniature *tableau de genre* with epigrammatic close.

RONDEL 30. *Les fourriers d'été sont venus.*

v. 4. *De fleurs et de verdure tissus.* When it is recollected that *mille fleurs* and *verdures* are both types of tapestry design we can see that the metaphor of the *fourriers* is still sustained.

). 15, RONDEL 31. *Le temps a laissé son manteau.* The secret of this gay little carillon is that each of its chimes has to do with dress, new dress, fine dress, shining dress.

RONDEL 33. *Dedans mon Livre de Pensée.* On the changes rung by Charles d'Orléans on *Pensée*, see Introduction, p. xxix.

). 16, RONDEL 38. *Quand j'ai oui le tabourin.*

v. 2 *au mai*, i.e. May day festivities.

). 17, RONDEL 325. *Au puits profond.*

v. 2 *que ne cesse tirer*, which I shall not cease to draw.

). 18, RONDEL 333. *Hiver, vous n'êtes qu'un vilain.* Given a brilliant choral setting by Claude Debussy.

# François Villon ( *1431 ? – after 1463* )

François de Montcorbier or des Loges, born in Paris, son of a poor widow who, as was not uncommon, entrusted his upbringing to a churchman, Guillaume de Villon,[1] Chaplain of Saint Benoît le Bestourné in the rue St Jacques and Professor of Canon Law. Hence the poet's assumed name. He appears in the Register of the University of Paris in 1449 as Bachelor, and in 1452 as Master of Arts and licentiate – dignities mentioned in his verse which indeed remains our chief source of information apart from some judicial

[1] The pronunciation [vilõ] not [vijõ] is now recommended by medieval scholars and more and more generally accepted.

records. According to these he fled from Paris in 1455 after a street brawl in which he killed in self-defence a disreputable priest. Condemned to death *in absentia,* he returned only when the sentence had been remitted on appeal. In 1456 he took part in robbing the chapel of the College of Navarre where the funds of the Faculty of Theology were kept – the one premeditated crime of which we have record. Prior to gaining the comparative safety of Angers he wrote (December 1456) *Le Lais* or *Le Petit Testament.* During the next five years we catch glimpses of the poet as pedlar, or vagabond in the Loire valley. At Blois he may have been temporarily the guest or pensioner of Charles d'Orléans and took part in a poetical tournament. He appears to visit Bourges and Moulins (his father came from this region). At Orleans in 1560 he would seem to have been released from imprisonment by amnesty on the occasion of the *joyeuse entrée* of Charles d'Orléans' infant daughter. In 1561 at Meung sur Loire, perhaps in connexion with a robbery for which his friend, Colin de Cayaux, a member of the Coquillard gang, was hanged, the bishop kept him for months in a dungeon from which another amnesty (or King Louis XI's accession) allowed him to escape. It is at this moment probably on returning to Paris, that Villon embarks on *Le Grand Testament.* Two further encounters with the Law were to follow. Early in November 1462 Villon is imprisoned on suspicion of intended robbery, his complicity in the Navarre robbery is brought up, and he is only released on undertaking to reimburse his share of the stolen money. Within the month he is involved, though little more than a spectator, in another street brawl and is (rather surprisingly) condemned to death. On appeal (January 1463) the sentence is quashed, but he is banished from Paris for ten years. That is the last we know of him, apart from the tradition used by Rabelais that he mended his ways and ended his life at Saint Maixent, where he composed mystery plays.

*Œuvres* (ed. Foulet): *Œuvres* (ed. Chaney, Blackwell): or in *Poètes et Romanciers du Moyen Age* (ed. Pauphilet, Pléiade).
Consult: D. B. Wyndham Lewis, *François Villon,* 1928; F. Desonay, *Villon* 1933; I. Siciliano, *François Villon et les thèmes poétiques du Moyen âge* 1934.

p. 18, LE TESTAMENT (Extrait). This passage consists of Stanzas 26–31 and 34–41 with the Ballade which immediately follows them. See Introduction, p. xxxii.
   *Le dit du Sage,* i.e Ecclesiastes XI, o. *Laetare ergo, juvenis, in adolescentia tua,* etc., but in v. 10: *Adolescentia enim et voluptas vana sunt.*

19, "*Comme*," dit Job, ... *Dies mei velocius transierunt quam a texenti tela succiditur, et consumpti sunt absque ulla spe.* (My days are swifter than a weaver's shuttle and are spent without hope.) It is thought that Villon read *succenditur* and hence got the notion of the 'burning off' of thread-ends.

*Les aucuns sont morts* ... Of the *gracieux galants* (rich young men of good bourgeois family who reappear in *Le Lais* and *Le Testament*) two, Regnier de Montigny and Colin de Cayaux, had already been hanged when V. wrote. We are entitled to suppose they were in his mind, though in his poetry V. is more than discreet about his criminal record.

*Célestins* and *Chartreux*. Two monastic orders, the Carthusians founded by St Bruno and the Celestines by Peter de Morrone, who became Pope under the name of Celestine V. Both rules were severe and obliged members to live as hermits within their houses of religion. *Bottés, houssés*, etc. In contradistinction to the bare-footed beggars of line 3: *pêcheurs d'huîtres* adds a typical note of grotesque humour.

20, *Ni son aïeul nommé Orace.* There is no reason to think that any of V.'s ancestors really bore the then unusual name of Horace. *Rime de bravure*, as Desonay remarks.

*Jacques Cœur* ... To appreciate this and the following stanza we must remember that the acquisition by trade of an immense fortune (which had made of Jacques Cœur (*c.* 1395–1456) a portent of the future) was followed by an important administrative and diplomatic career in which he served Charles VII admirably, and this in turn by disaster. In 1451 Cœur was arrested on a trumped-up charge, deprived of his letters of nobility (cf *Seigneur, las! et ne l'est-il mais?*), and his estates confiscated. After four years he himself escaped to Italy, where he was honourably treated by the Pope, in whose service he died at Chios on the way to relieve Rhodes. Villon writes before the new king, Louis XI, had rehabilitated his memory and restored to his heirs some part of his property.

*les davidiques dits*, i.e. the Psalms, and specifically Ps. cvi. 16: "For the wind passeth over it and it is gone: and the place thereof shall know it no more." *Quant du surplus*, i.e. *quant au reste*. Villon refuses to speculate on God's judgement of Jacques Cœur. Will He endorse that of the king's judges or of the Pope? Is Cœur destined to Hell, Purgatory, or Paradise. Villon leaves this to the *preachers*, to the preaching order of the Dominicans, i.e. the Inquisition. They should know.

p. 21, *Fils d'Ange portant diadème D'étoile*, etc. Villon is not a theologian (
he has just said), much less is he one of those Spirits born of the unic
of the fallen angels and women (Genesis vi. 2). The bestarred crow
seems a reference to the function (attributed by Aquinas to angels)
moving the celestial bodies.

*rebrassés collets*, i.e. *renversés* or folded back = the honest women
Paris, since a sumptuary ordinance of 1446 forbade *les ribaudes*
wear either such collars or silver chains. *Portant atours et bourrele*
Familiar from paintings and miniatures of the period. The *ato*
was a form of the tall double-pointed *hennin* but less fully drape
the *bourrelet*, "*balzo*, or huge stuff-roll which encircled the head turba
wise, came into vogue (first) in Northern Italy".

*Oui, ou tout vif aller ès cieux*. Allusion to Enoch and Elijah, or y
again to the Assumption of the Virgin.

p. 22, BALLADE DES DAMES DU TEMPS JADIS. The sub-title, like
others in the *Testament*, is that of Marot, who edited Villon in t
following century (1533). The *sorcellerie évocatoire* of this ballade is n
destroyed by some factual information on the poet's allusions.

The first stanza groups together as symbols of the beauties of an
quity a curious collection: the Goddess of Spring, who becomes *la be
Romaine*; Alcibiades – the error as to his sex arising from the freque
allusions to his beautiful person; Alexander's Athenian mistress, Th
the courtesan; and finally, Echo, the nymph of Greek mythologi
tradition. These 'incongruities' have their own charm in this context.

In the second stanza the story of Heloise and Abelard and that
Buridan and the Reine de Navarre would appear to have as their link t
fact that both concern famous figures of Medieval philosophy – pr
fessors (if one may use the term by anachronism in the first case)
Villon's own University. But while the story of Heloise and the sava
revenge taken by her father on Abelard is noble and pathetic and tr
the story of the Queen of Navarre (or Marguerite of Burgundy) a
Buridan is mere legend – that of a 'vamp' with its grotesque side in
wily Buridan's ruse for escaping the fate reserved for other lovers of
Queen – and the melodramatic setting capitalized by Dumas *père* in
*Tour de Nesle*. (The tower itself stood on the site of the Palais Mazar
now the Institut. At this point the left-bank fortification of Villo
Paris came down to the river.)

Stanza 3 is more dependent still on the varied association of nam
*La reine Blanche* could be either Saint Louis' imperious mother or

granddaughter Queen of Navarre. *Berthe* is Charlemagne's mother, the *au grand pied* a reminder of Adenet Le Roi's verse romance (*c.* 1275). The names of *Béatrice and Alix* may draw their poetic value no doubt from their vague, aristocratic, archaic air, but it is a fact that, in the poem just mentioned, Berthe is the niece of a Bietris, who is the daughter-in-law of an Alix. *Haremburgis*, i.e. Erembourg, daughter of Hélie, Comte de Maine, was the heiress who brought Maine to the house of Fulk le Réchin of Anjou (1100). She was thus the grandmother of Geoffrey Plantagenet and origin of part of the English claim to a French province. Thus, leading perhaps by easy association to *Jehanne la Bonne Lorraine.* The year of her burning at Rouen (1431) is that usually given as the date of Villon's birth. The whole milieu of Saint Benoît, where Guillaume Villon brought François up, was strongly anti-English and took a prominent part in the rehabilitation of Saint Joan.

*.* 23, LA VIEILLE EN REGRETTANT LE TEMPS DE SA JEUNESSE. This theme, treated in the same sort of way, is to be found in a once famous passage of the *Roman de la Rose*. But Villon gives his own historical individuality to it. The title is often given as *Les Regrets de la Belle Heaulmière*, and we know just who she was. She must have been born about 1375, and we first hear of her as the mistress of a Canon of Notre Dame, Nicolas d'Orgement, the then Bishop's brother, who installed the lady in a house within the cloister and was made to remove her. Nicolas came on evil days and died in prison (1416). *La Belle Heaulmière*, already 41, then fell into the hands of the brutal *garçon rusé* of Villon's verse, who ill treated and exploited her for about ten years. He died in 1426. The poor Heaulmière was thus over eighty when Villon writes. *Belle* or *belle fille* was the equivalent of prostitute in the parlance of the time.

*.* 25, BALLADE POUR PRIER NOTRE DAME. The legacy sequence of the *Testament* begins with leaving his soul to God (v. 832), his body to earth, his books to Guillaume Villon his *plus que père* and fourthly this ballade to his mother in the following lines:

> Item, donne à ma pauvre mère
> Pour saluer notre Maîtresse,
> Qui pour moi eut douleur amère
> (Dieu le sait) et mainte tristesse . . .

This prayer to the Virgin derives something from the combination of its solemn beginning (note the 'aureate' or latinized terms and the metre) and the later simplicity of the sentiments which Villon lends to his mother. Notice also the VILLON formed by the first letters of the lines

of the *envoi*, a form of signature often practised by him. *L'Egyptienne i*
St Mary the Egyptian, who spent forty-seven years in the deser
(345–421), *Theophilus* is the steward of Adana in Cilicia who sold hi
soul to the devil but got the Virgin to recover his bond for him. Th
story had enormous vogue in the Middle Ages and is the subject of
play by Ruteboeuf.

*Vierge portant, sans rompure encourir, Le sacrement.* Reference to th
dogma of Virgin Birth. *Le sacrement* is in terms of the other dogma c
Transsubstantialism the flesh and blood of Christ.

p. 26, BALLADE DES PENDUS. The sources give this poem inappropriatel
(it would seem) the title of *L'Epitaphe Villon*. Marot attempts to mak
this plausible by evolving the formula *L'épitaphe en forme de ballade qu
fit Villon pour lui et pour ses compagnons, s'attendant être pendu avec eu*
Not only is there no evidence for this but the very supposition implies
fallacy about the kind of experience likely to produce such a poen
If Villon's imagination has obviously dwelt on that once familia
public object-lesson, those grotesque, shapeless, half-mummified thing
shifting in the wind (like the stinking corpses of dead birds hanging in
fruit-net) it is no doubt partly because of fear and conscience an
because of those he has known who thus hang on a gibbet beside som
highroad. More profoundly, however, Villon has – in an age whe
artists, dramatists, and preachers strove with each other for the dis
covery of an ever more lurid *memento mori* – found precisely what alon
could justify this morbid obsession by making the dead outcast:
message express the need of all men, righteous or unrighteous, for God
mercy and forgiveness.

Stanza 2, v. 7: *âme ne nous harie.* Let no one torment us.

## Jean Lemaire des Belges (*1473–1525?*)

Born at Bavai in Hainault, Jean Molinet was his model and master. Studie
in Paris and Lyon. From the service of Pierre de Bourbon (whose death i
1503 he celebrated in *Le Temple d'Honneur*) he passed into that of Margare
of Austria, duchess of Savoy and later Regent of the Netherlands, and final
to that of Louis XIII and Anne de Bretagne. He was Margaret's librarian an
held a canonry of Valenciennes. Nothing is known of his last years, unles
we admit Abel Lefranc's identification of Raminagrobis in Rabelais' *Tier
Livre* as Lemaire. Apart from *Le Temple d'Honneur*, his works include (i
prose): *Illustrations de Gaule et singularités de Troye*, the gallican *Différenc
des schismes et conciles* and the *Concord des Deux Languages;* (in verse): *Tro
Contes de Cupidon et Atropos, Les Epîtres de l'Amant Vert.*

*œuvres complètes* ed. M. Stecher, 4 vols. (1882–91). See also P. Spaak, *Jean Lemaire des Belges* (1926) and H. Guy, *Histoire de la Poésie Française au XVIe siècle*, Vol. I.

28, NOTRE AGE, *v.* ed. Stecher IV, p. 335, where this poem is classed among the *Juvenilia*. Another four stanzas explain the possible symbolism of the *blason*. The ground *or* = *Vertu* or *Peu parler*; the blue = Heaven or *Bien besogner*; and the shield itself = *Noble cœur* or *Bien celer* [cacher]. It has seemed unnecessary to give this orgy of far-fetched meanings.

Stanza 1, v. 4. *qui tout voit* – the *qui* refers to *le temps*.

29, CHANSON DE GALATHÉE, BERGÈRE. From *Le Temple d'Honneur et de Vertu . . . à l'honneur de feu Mgr. le Duc de Bourbon.*

Stanza 2. *Sinople*, the heraldic term for green.


## CHANSONS FOLKLORIQUES

32, LA PASSION DE NOTRE SEIGNEUR JÉSUS-CHRIST. This *complainte* which was long used, especially in the West of France, as a *chant de quête* at Eastertide, goes back to at least the sixteenth century, and constitutes a curious link between folk tradition and the Church. (Cf. Davenson, *Le Livre des Chansons*, pp. 248–51.)

33, LE ROI RENAUD. Possibly the best known and certainly the finest of the *complaintes*, of unquestionable antiquity although not attested in written form until the nineteenth century. The theme is thought to be connected with Scandinavian folk-lore, akin to the ballad, treated by Leconte de Lisle in *Les Elfes* (see H. Davenson, op cit., p. 161). The air is probably of Gregorian origin:

The last three *couplets* are sung to a variant:

p. 36, LA BLANCHE BICHE. The animal metamorphosis theme of th
pathetic *complainte* suggests a Celtic origin, and it appears that the so
has been collected all over the West of France.

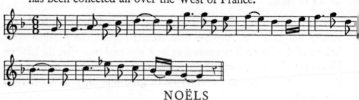

## NOËLS

p. 37, AU SAINT NAU. This Poitevin *Noël* (referred to by Rabelais) with i
dialect features illustrates in its third *couplet* the picturesque *fau*
*populaire* spirit which is part of the *Noël* tradition. (Compare Mar
p. 47 and note.) On the meaning of the term *Vau de Ville* (or *Voix-d*
*ville*) see Introduction, p. xxxvi.
duction, p. xxxvi.

p. 38, RÉVEILLEZ-VOUS, CŒURS ENDORMIS. The first *couplet* of th
*Noël* makes some play with the opening of several, more secular song
one of which is the basis of Clément Jannequin's well-known *Chant a*
*Oiseaux* with its enchanting 'imitations' of bird-song. The *Vau-de-vi*
character, is thus emphasized, i.e. new words to an old air.

## Mellin de Saint-Gelais (1487–1558)

The nephew or illegitimate son of Octavien de Saint-Gelais, poet, and Bish
of Angoulême. A man of some learning, he was among the first of a host
Frenchmen who studied at Padua or Bologna (in his case it was both). Frie
of Marot and sympathetic for a while towards the Reformation, he becam
however, chaplain to the Dauphin and later librarian at Fontainebleau. Wit
with varied talents (he sang, played the lute, corrected King Francis's ov
verses), Mellin was content to confine himself almost entirely to occasior
verses, and took little trouble to publish his poems. Special object of t
attack of the Pléiade, his attempts to discredit Ronsard seem to have be
countered by the indignant defence of Marguerite de Navarre. After th
storm the two poets were on better terms and Ronsard replaced Mellin at t
latter's death, as a kind of semi-official laureate.

*Œuvres* (ed. Blanchemain) 3 vols. 1872.

Consult: H Guy, *Histoire de la Poésie Française au XVIe siècle*, Vol. II.

p. 39, SONNET 7. *Il n'est point tant de barques à Venise*. This sonnet is i
spired by an Epigram of the neo-Latin poet, Marullus (*Epig*. lib I, f 1
  v. 2. *Bourg*, i.e. Bourg sur Mer (Gironde) just above the junction of t
  Dordogne and Garonne.
  v. 6. *Ni différends*, etc. Allusion to the proverbial *querelle d'allemand*.

v. 13. *une Sorbonnique.* The examination by disputation of the candidates
for the Doctorate of Theology.

TREIZAIN *Par l'Ample Mer.* See Introduction, p. xxxv.

## *Marguerite d'Angoulême, Reine de Navarre (1492–1549)*

A great niece of Charles d'Orléans, and elder sister of Francis I. 1509
married Charles, duc d'Alençon, who died in 1525 (the year of the Battle of
Pavia and captivity of Francis). The widow then found herself co-regent
with her mother, Louise de Savoie, and was largely responsible for the Treaty
of Madrid, her brother's release, and the subsequent Paix des Dames. 1527
married Henri, King of Navarre. Their daughter was Jeanne d'Albret,
mother of Henry IV.

Her protection of the first French Reformers, Lefèvre d'Etaples, Briçonnet,
Roussel – and in his youth of Calvin also – was of the greatest importance.
Her *Miroir de l'Ame Pécheresse* (1531) was condemned by the Sorbonne,
who were obliged by royal order to withdraw their censure. From 1534
when Francis I ceased to conciliate the Reformers, Marguerite lived less at
Court and more often in Navarre. Violently attacked by Calvin her religion,
mystical in feeling, drew her towards the so-called *libertins spirituels.* She also
patronized men of letters (in particular Marot, Des Périers and others – see
Introduction, p. xlii). The king's attitude towards Jeanne d'Albret's marriage
and the continued persecution may have made for a superficial estrangement,
but Francis' death was felt by her as a mortal blow, indeed she survived him
by only two years. The *Heptaméron* was written in Navarre in the middle
forties, and published after her death (1559), and her most mature poems
were only discovered and published sixty years ago.

*Les Marguerites de la Marguerite,* ed. Franck, 1873; *Dernières Poésies,* ed.
A. Lefranc, 1896; *Le Théâtre profane,* ed. Saulnier, 1946. P. Jourda,
*Marguerite d'Angoulême, étude,* 1930.

p. 40, CHANSON SPIRITUELLE, *Si Dieu m'a Christ pour chef donné.* On the
character of these *Chansons Spirituelles* both as expressions of the
'evangelical' religious outlook and as songs, see Introduction, p. xlii.
St. III, 2: *cendre,* i.e. her body.

p. 41, LES PRISONS I. The opening passage of this long poem (see Introduction, p. xliii).

*Amie tant aimée.* It should be noted that Marguerite maintains throughout the fiction that she writes as a man.

p. 43, *Fors un plaisant terrestre paradis.* Thirty lines here omitted describe
the 'prisoner' kissing his chains and making a deep reverence to the very
stones of the walls of his cell.

p. 45, CHANSON DE LA RAVIE DE DIEU, BERGÈRE. This song end
Marguerite's *Comédie jouée au Mont de Marsan* (1547). As Verdur
Saulnier has shown in his edition of the Queen's *Théâtre Profane, l*
*Ravie de Dieu*, represented as a peasant girl despised by *la Mondaine* an
*la Superstitieuse*, and misunderstood by *la Sage*, represents the ecstati
mysticism of Marguerite's spiritual master, Bishop Briçonnet. Th
*libertinisme spirituel* of Antoine Pocque gave this dogmatic form, an
was violently attacked (as also Marguerite) by Calvin. This is surely, i
essence, her reply.

## *Clément Marot (1496–?1544)*

Born at Cahors, though his father, Jean Marot, was of Norman origin. I
1506 Jean became, thanks to his talent as a versifier, secretary to Anne d
Bretagne, Louis XII's Queen. Clément's education was somewhat neglected
but his youth was spent in royal peregrinations from château to château. Lav
studies at Orleans and Paris. 1519–27: *valet de chambre* of Marguerit
d'Angoulême (later de Navarre). 1526 imprisoned for eating bacon in Lent
1527 *valet de chambre* of François I. 1532 publishes *L'Adolescence Clémentin*
(earlier poems), and (1533) edits Villon and translates Ovid, also first Para
phrase of Psalm in Marguerite's *Miroir de l'Ame Pécheresse*. After *L'Affair*
*des Placards* (October 1534) flight to Nérac (home of Marguerite), the
Ferrara, where well received by Renée de France, daughter of Anne d
Bretagne. At Ferrara meets Italian writers and studies Juvenal. 153
return to France, received back into favour after *amende honorable* at Lyon
1538 New Edition of Poems. 1539 First Collection of thirty Psalms dedicate
to King. 1542 takes fright after further publication of Protestant leaning
and seeks refuge at Geneva. 1544 accused (of card playing?), he flees t
Savoy and eventually Turin, where he died in poverty.

*Epîtres, Œuvres Satiriques, Œuvres lyriques, Œuvres diverses*, ed. Maye
(1958–66).

Consult: P. Villey, *Marot et Rabelais* (1923); J. Vianey, *Les Epîtres* (1935)
P. Jourda, *Marot, l'homme et l'œuvre* (1950).

p. 46, CHANSON 3. *Dieu gard' ma Maîtresse et régente*. See Introductio
p. xxxviii. Perfect example of the *rhétoriqueur* tradition, where the tinkling
titillating refinement of three different kinds of rhymes are successivel
employed. Stanza I, *rimes annexées: régente/Gente, façon/Son*, etc
Stanza II, *rimes couronnées: colombelle/belle, priant/criant*. Stanza II
*rimes enchaînées: me garde/Me gardant*. Thus, the poet himself achieve
in words *son de luth ou harpes doucettes*. The *rime enchaînée* is akin to

*jeu de syntaxe*, familiar in folk literature and children's rhymes, technically called in France *randonnée*. Marot continues this effect in the third stanza. The conclusion of each stanza is repetitive in idea. *Songer en amourettes* is charmingly vague. The *outrepasse* or supreme degree (of happiness) for which the *reclamant amant trépasse* is less so, and prepares us for the precision of the last stanza.

Stanza II: *cordelle d'elle*. Le cordeau de ses yeux, son regard.

p. 47, CHANSON 25 DU JOUR DE NOËL. Marot does little more than 'cash in' on the popular Noël vogue. See also the comic *ballade: Or est venue Noël avec son petit trac*, with its ac–ec–ic–oc–uc rhymes.

p. 48, ÉPIGRAMME 40 DU LIEUTENANT-GÉNÉRAL ET DE SAMBLANÇAY. Jacques de Beaune, Baron de Samblançay (1452–1527), was treasurer or *général des finances* from 1497, and *surintendant* from early in Francis I's reign. Tried for peculation in connexion with supplies to the armies in Italy and executed at the age of seventy-five on 9 August 1527. The inveterate hatred with which he was pursued by the Duchesse d'Etampes, as well as his courage, created considerable sympathy for him. Marot celebrated his virtues in an *Elégie* (22). It was Voltaire who, having defined the *épigramme héroique* as that rare thing, the presentation of *une pensée ou image forte et sublime, en conservant pourtant dans les vers la naïveté convenable au genre*, adds that this is, of all epigrams *dans le goût noble*, the one he prefers. It is possible to find that the run-on lines predominate and introduce too much looseness (or *naïveté*) into the poem.

ÉPIGRAMME 73, DU PARTEMENT D'ANNE. See Introduction, p. xl. Fifteen *Épigrammes* are addressed to Anne by name, of which three are here given: 73, 120, and 134. (See also *Étrennes* 7 and probably *Rondeaux* 38, 39, 40.) As 'poems of statement' these three pieces are instructive.

p. 49, ÉPIGRAMME 100, A LA BOUCHE DE DIANE. Lenglet Dufresnoy gives the date of 1524, but this is no doubt inferred from gratuitous identification of Diane with Diane de Pisseleu, Duchesse d'Etampes. On this (and the theme of *Nenni*) see Introduction, p. xxxix, and *Épigramme* 68 (*Un doux Nenni avec un doux sourire*) and *Épigrammes* 200 and 201 (*De Nenni; D'un Oui*).

p. 50, RONDEAU 26, D'UN QUI SE COMPLAINT DE FORTUNE. See Introduction, p. xxxviii. For the treatment of Fortune in medieval poetry see Siciliano, *Villon et les thèmes poétiques du Moyen Age*.

*Enfants nourris*, etc., i.e. less liberally (with some irony).

RONDEAU 43, DE TROIS COULEURS. Compare with Le Maire des Belges, *Notre Âge* (p. 27). This is very much still the *rhétoriqueur* imagination at work, but with a new economy of manner.

p. 51, RONDEAU, 62 DE L'AMOUR DU SIÈCLE ANTIQUE. Dated 1525 by Lenglet Dufresnoy. Good example of Marot's half-seriousness. The last line of La Fontaine's *La Volupté* (*Car trente ans ce n'est pas la peine*) would appear to be an allusion to this *rondeau*. The reply of V. Brodeau (d. 1540) may be given here:

> Au bon vieux temps, que l'amour par bouquets
> Se démenoit, et par joyeux caquets,
> La femme était trop sotte ou trop peu fine;
> Le temps, depuis, qui tout fine et affine,
> Lui a montré à faire ces acquêts.
>
> Lors les seigneurs étoient petits nacquets,
> D'aulx et oignons se faisoient les banquets,
> Et n'étoit bruit de ruer en cuisine,
>          Au bon vieux temps.
>
> Dames aux huis n'avoient clefs ni loquets;
> Leur garderobe étoit petits paquets
> De canevas ou de grosse étamine;
> Or, diamants, on laissoit en leur mine,
> Et les couleurs porter aux perroquets,
>          Au bon vieux temps.

ÉPITRE XXVI POUR PIERRE VUYART À MADAME DE LOR-RAINE. See Introduction, p. xxxix. Vuyart was *écuyer* to Claude, Duc de Guise. Madame de Lorraine is presumably his sister-in-law, Renée de Bourbon, and Monseigneur her husband, Antoine, Duc de Lorraine.

v. 28: *J'ai cette foi qu'il procéda*, etc. *il*, i.e. *le grand bonheur secret.*

v. 44: *demoiselle attournée*, i.e. *dame d'atours.*

v. 45: *un courtaud.* Horse with cropped ears and docked tail.

p. 53, PSAUME XXII, DOMINUS REGIT ME. The translation of the Psalms (begun about 1530) satisfied Marot's independence and his reformist sympathies but also the taste of Francis and his Court, where the singing of translated Psalms was for a time the fashion. Apart from MS. copies, one paraphrase was included in Marguerite de Navarre's *Miroir de l'Âme Pécheresse* (1537). In 1539 Marot presented to Francis his collection of *Trente Psaumes* (pub. at Antwerp, 1541). Its immediate adoption by the Reformers was an important element in Marot's second flight (1542). The paraphrases were probably based on the translations of Bucer (1527) or Olivetan, but it may well be that

## Maurice Scève

Marot consulted Vatable, the King's reader in Hebrew at the new Collège Royal.

The translation of Psalm 23 (*dominus regit me*) gives for the first time the imagery which we associate with this Psalm and which the Vulgate translation totally lacks.

## *Maurice Scève (c. 1500?–1560?)*

Born at Lyons, where his family had played an important part in municipal affairs, he himself avoided such obligations. In 1533, while studying law at Avignon, he discovered the supposed tomb of Petrarch's Laura, in the Église les Cordeliers. His first publication was the translation of a Spanish continuation of Boccaccio's romance, *Fiametta* (*La déplorable fin de Flammette*, 1535). Apart from his place in the humanist circle of Etienne Dolet and his participation (later) in the pageantry of Henri II's solemn Entry of 1549, all we know of Scève is in or through his publications. In 1536 two *blasons anatomiques* for Marot's competition, and an allegorical 'eclogue' *Arion*, which mourns the death of the Dauphin, who had just died in mysterious circumstances. In 1544 *Délie* brings the *summa* of Scève's amatory experience, centred round the young and talented Pernette du Guillet. In *La Saulsaye*, *Eglogue de la Vie Solitaire* (1547) Scève continues his confidences in a more picturesque and dialogued form. His encyclopaedic poem *Le Microcosme* (1562) may well have been issued after his death.

*Délie* and *Blasons* complete in *Anthologie poétique du XVI Siècle*, ed. Albert M. Schmidt (Bib. Pléiade); *Délie* (S.T.F.M.) also various selections (the latest by J. P. Attal is well illustrated). The Délie *of Maurice Scève*, annotated by Ian Mcfarlane (1965).

Aymard, *Les Poètes Lyonnais* (1924); A. Baur, *Scève et la Renaissance lyonnaise* (1906); A. Beguin, art. in *Fontaine* (Vol. VII, 1944, No. 36, 74–97); Pierre Boutang, *Commentaire sur 49 Dizains*, (1953); O. de Mourgues, *Metaphysical, Baroque and Précieux Poetry* (1954); also V. L. Saulnier, *M. Scève* (2 vols. 1949).

53, DÉLIE. The 449 *dizains* of *Délie objet de plus haute vertu* (1544) are interspersed at regular intervals by fifty emblematic woodcuts (see STFM reprint). Saulnier has shown that these are more probably an afterthought than some mysterious key to the structure of the whole. Though the poet follows the convention of recording (allusively) the time and place of the inception and the phases of his passion for Délie, this very process shows that the memory of a much earlier love affai adds its note to many *dizains*.

Why *Délie*? For Scève his beloved is the Delian Diana, sister of th poet's god Apollo, chaste goddess of the Morn. Pernette du Guille (the sixteen-year-old *inspiratrice* of the poems) refers in her own verse to Scève as *mon Jour*, while she is his mere shadow counterpart. Se further Introduction, p. xlvi.

On the alleged numerical symbolism, M. A. M. Schmidt declare *On n'ignore point que 5 désigne l'homme incarné, 9 la réintégration final 49 les étapes successives de l'initiation solitaire, 50 l'illumination suprêm 3 la Déité surprise dans les travaux de son activité trinitaire.*

p. 53, DIZAIN xlvi. *Si le désir, image de la chose.* See Introduction, p. xlv The emblem of the stag with the 'device' *Fuyant ma mort j'haste la f* appears in Délie as the theme of a later *dizain* (159). That, however, is wounded stag.

p. 54, DIZAIN c. *L'oisiveté des délicates plumes.* See Introduction, p. xlvi on this *dizain* and its echo of Leone Ebreo.

vv. 2, 3: *Lit coutumier*, etc. Constitutes a parenthesis addressed to h bed.

DIZAIN cxxix. *Le jour passé de ta douce présence.* See Introductio p. xlviii.

v. 14: *ténèbres d'Egypte.* The allusion is no doubt to the three days' dark ness over Egypt in Exodus X.

DIZAIN cxliii. *Le souvenir, âme de ma pensée.* See Introductio p. xlviii.

v. 14: *Son serpent élevé.* See Numbers 21, v. 8–9.

p. 55, DIZAIN cxliv. *En toi je vis, où que tu sois absente.* See Introductio p. xlix.

DIZAIN clxi. *Seul avec moi, elle avec sa partie.* Sa partie, i.e. h partner, her husband.

p. 56, DIZAIN ccxxxii. *Tout le repos, ô nuit, que tu me dois.* Compare th with Nos. 143 and 378, as complementary *dizains*.

DIZAIN CCXLIX. *De toute Mer.* The often banal theme of poetic im mortality is redeemed by the notion of its cost to him (vv. 5 and 9).

DIZAIN CCCXLVI. *A si haut bien de tant sainte amitié.* See Introduc tion, p. xlix. Construe *A tout le moins mon loyal persister – sinon devoir à si haut bien – te devrait inciter.*

p. 57, DIZAIN CCCLXVII. *Assez plus long qu'un Siécle Platonique.* See Intro duction, p. xlix (and O. de Mourgues, *Metaphysical, Baroque and Pre cieux Poetry*, p. 22).

v. 5: *Où l'empire est du conseil arrêté*. Délie's *front*, seat of her mind, is the source of the self-mastery which is visible in her every act, no doubt, but especially in the tender gesture of greeting which follows.

v. 6: *devins*, prophetic.

DIZAIN CCCLXXVIII. *La blanche Aurore à peine finissait*. See Introduction, p. l.

vv. 1, 2: The conventional opening almost seems to class the ordinary world of day as that of mere appearance compared with spiritual reality.

DIZAIN CCCCXLVI. *Rien ou bien peu faudrait*.

v. 2: The *vif* of this line is the *Esprit* of the following one.

v. 6: *Qui pour un temps périr*. The orthodox Christian view is still that the body perishes, but the immortality in the full sense, on which belief then set most store, was that which can only begin after corporal resurrection. No doubt this is at first sight a far cry from *Le soir d'ici est Aube à l'Antipode*, but it serves to mark the extra-temporal quality which Scève ascribes to his experience.

## *Pernette du Guillet (c. 1520–45)*

Born at Lyons, Pernette Cousine, gifted, beautiful, cultivated, original, seems to have met Maurice Scève in 1536 – he thirty-five, she hardly sixteen. Her admiration, his adoration are clear from her verse and his. Her attitude appears at once spontaneously charming and reserved. Pernette's family seem to have lost no time in marrying her off to Du Guillet (of whom we know little). Their mutual attachment remained. And although poor Pernette was to die so soon, she lived long enough to see *Délie* appear a few months before her death.

Les Rimes (1545), conveniently reprinted in A.-M. Schmidt, *Poètes du XVI<sup>e</sup> Siècle*.

See V. L. Saulnier, *Étude sur Pernette du Guillet* (*Bib. d'Hum. et Renaissance*, 1944).

p. 58, JÀ N'EST BESOIN QUE PLUS JE ME SOUCIE.

v. 5: *mon Jour*. Name for Maurice Scève, she the moon to his sun.

QUI DIRA MA ROBE FOURRÉE. *Daphnès* is Danae, won by Jove's golden shower, but she, Pernette, 'ne *sait* rien moins que cela'.

## *Charles Fontaine (1514–88)*

Son of a Paris merchant, Charles was a student of the Collège du Plessis and took his degree in 1530 at the age of sixteen. Like Marot, he was resident at

Ferrara and protected by Renée de France. Also travelled with Italian mission headed by le Maréchal d'Annebaut (1539). Subsequently lived at Lyon, where he married twice (1540 and 1544). Intervened in the Marot–Sagon quarrel in defence of Marot (q.v.). He also replied to La Borderie's *Amie de Cour* with his *Contre-Amie de Cour*. He was not the author of the reply to Du Bellay – *Le Quintil Horatien* – often attributed to him. Died at Lyon.

*La Contre-Amie de Cour* (1543); *La Fontaine d'Amour* (1546); *Les Ruisseaux de Fontaine* (1557 – N.B. Ronsard imitated).
See R. L. Hawkins, *Maître Charles Fontaine* (Harvard, 1916).

p. 59, CHANT SUR LA NAISSANCE DE JEAN. Written in 1544, this charming poem was published eleven years later in one of the author's whimsically named volumes (*S'ensuivent les ruisseaux de Fontaine*). Nothing could better illustrate how effective the simplest forms of repetition and antithesis can be. The tenderness and pride, the pathos and the humility, inherent in the subject no doubt, as well as the eight-line *ballade* stanza, are responsible for a certain timelessness.

## Pontus de Tyard (1522–1605)

Born near Mâcon, in later life Bishop of Châlons-sur-Saône. Close friend of Maurice Scève and the group of Lyon poets. *Les Erreurs Amoureuses*, mainly a collection of sonnets (1549), makes him the precursor of the Pléiade, on whom his Platonist philosophical dialogues also had some influence (*v.* Introduction, p. liv). From 1555 dates his *Vers lyriques*. Later the accident of a visit to Paris carried him into the literary *salon* of Madame de Retz. His renewed poetic activity, in the same Petrarchist vein as earlier, brought him some success alongside that of Desportes. His *Œuvres poétiques* appeared in collected form in 1573 (reprinted Marty-Laveaux 1875). *Œuvres poéteques complètes*, Ed. J. C. Lapp (S.T.F.M.) 1966

Abel Jeandet, *P. de T* (1861); Frances Yates, *The Academies of the French Renaissance* (1947).

p. 60, DISGRÂCE from *Les Erreurs Amoureuses* (see above, p. xlvi). The most Scèvian of Tyard's poems. Notice the *terza rima* form for which this poet had a fondness.

v. 1: *Idée* in the Platonic sense of ideal prototype which is here assimilated to the lady to whom the *Erreurs* are addressed.

v. 10: *Ciel Empyrée*. The Empyrean was the Eighth and remotest Sphere of Ancient Astronomy, the 'firmament' in which the fixed stars were carried round the Earth. It was also thought of as the abode of the Gods and the sphere of fire and light (as the name implies). The next two verses develop the metaphor.

## Louise Labé

v. 19: *L'harmonie. . . . des sept accords.* In his philosophical dialogue *Solitaire Premier* on the union of poetry and music, Tyard, following Ficino, presents the 'Poetic enthusiasm' as operating, 'by the well-accorded diversity of musical sounds', the first upward stage in the soul's progress. Here it jars against the music of the spheres.

v. 22: The Sun in eclipse sheds out an indirect light.

vv. 25, 26: The 'deity' who disposes of his destiny only affirms his future unhappiness.

vv. 28–31: See Introduction, p. xlviii. Loving another, his lady will bring to life another body than his.

SONNETS D'AMOUR. Published in 1573, possibly addressed to La Maréchale de Retz.

p. 62, SONNET 6. *Père du doux repos, Sommeil, père du Songe.* With its less abstract language this sonnet seems to show the influence on Tyard of his younger contemporaries.

> SONNET 16. *Le grand Esprit errant par la machine ronde.* The cosmological imagination of Tyard reappears, together with a conversational impetuosity.

## Louise Labé (*1524?–1565*)

Louise, daughter of Pierre Charly or Labé, born at Lyon, and married to Ennemond Perrin, *marchand cordier*, hence the name *La Belle Cordière*. She earned some notoriety by taking part in the mock siege of Perpignan (a kind of tournament) wearing man's dress, and seems to have been *une grande sportive* as well as a lively and beautiful intellectual. Of her lovers much tiresome stuff, both eulogistic and vituperative, was written by contemporaries. The only one who matters was the poet Olivier de Magny, who first visited Lyon in 1552 on his way to Rome. Apart from three elegies and twenty-four sonnets, Louise's writings include the *Dialogue de Folie et Amour*.

See Dorothy O'Connor, *Louise Labé, Sa vie et son œuvre* (1926) also Harvey Laurence, *The Aesthetics of the Renaissance Love Sonnet* (1962).

p. 63, SONNET 13. *Oh si j'étais en ce beau sein ravie.*

v. 6: *Euripe.* Strait or tide-race; such is the etymological meaning, and the word which the Greeks applied to the strait between Euboea and the Boetian coast was also used generically by them.

> SONNET 24. *Ne reprenez, Dames, si j'ai aimé.*

v. 9.: *Vulcain.* Do not forget V's marital connexion with Venus.

# Notes
## Pierre de Ronsard (1524–85)

Born at the small Château de la Possonnière, Couture, near Vendôme, in the year (old style) of the French defeat at Pavia. 1526–40, page successively o the Dauphin and his sister, Madeleine, wife (before Marie de Guise) o James V of Scotland, then of the two younger sons of François I, Ronsard saw the first and second of these royal personages die untimely deaths. He visited Scotland twice (on the second occasion with Madeleine's successor) and began a diplomatic career, cut short by illness resulting in deafness.

Received tonsure in 1543, remaining in minor orders. Poetic vocation encouraged by Jacques Pelletier du Mans, results in five years' intensive study with Lazare de Baïf (d. 1547), then at College de Coqueret under another Hellenist, Jacques Dorat, in company of Du Bellay and Baïf junior. 1549 Sebillet's *Art Poétique* provokes Du Bellay's *Défense* as manifesto of "la Brigade" (later "La Pléiade") and Ronsard's own *Quatre Livres des Odes*. Within two years followed *Les Amours de Cassandre* (with musical supplement). As French Pindar and Petrarch, Ronsard recognizably *le prince de poètes français*.

1553–54 – *Les Folastries*, *Le Bocage*, *Le 5e Livre des Odes*, show other aspects of Ronsard (*gaulois*, anacreontic and neo-latin inspiration) and other forms (as elegy and epigram). 1555: *Les Amours de Marie* reflect country pleasures and a simpler passion, but yet lyrical mode. From 1555 as official poet, composes *Mascarades et Bergeries* for Court entertainment (collected 1565). As such writes *Les Discours (sur les Misères de ce Temps)* 1562–63).

From 1562 to 1572 as Charles IX's almoner and *poète français du Roi*, his irksome responsibilities keep him much in Paris, but his five benefices in Touraine and Vendômois claim him for long periods (e.g. in 1568–69). The *Françiade* absorbs too much time and provokes unwelcome advice from his royal master. 1571–78: *Sonnets pour Hélène*. From 1578 resides at Collège de Boncourt when in Paris, but last two years at Croixval. Despite a painful arthritic affliction a 7th collected edition precedes by only a few months his death. The Paris funeral a national event.

Marty-Laveaux (1887–93) and Laumonier (1919) both reproduce text o 1584. Laumonier (S.T.F.M.) gives first edition texts throughout; se also ed. Pléiade (1951).

H. Chamard, *Histoire de la Pléiade* (1939–40); Lebègue, *Ronsard, l'Homme et l'Œuvre* (1950); D. B. Wyndham Lewis, *Ronsard*; F. Desonay, *Ronsard, Poète de l'Amour* (1952–59); Marcel Raymond, *Quelques aspects de la poésie de Ronsard* (in *Baroque et Renaissance Poétique* 1955); G. Gadoffre *Ronsard par lui-même* (1960).

# Pierre de Ronsard

p. 64, À LA FONTAINE BELLERIE (II, 9). The spring still exists close to the house at La Possonière. Compare Horace's Odes (III, 13) *O fons Bandusiae, splendidior vitro.*

p. 65, ODE À CUPIDON POUR PUNIR JEANNE CRUELLE. (III 19.) See Introduction, p. lvii. Str. 16: *Byblis . . . Crète.* This essentially antique and pagan ode ends by calling for Jeanne's punishment by inflicting on her some monstrous passion such as that of Byblis for her brother or of Pasiphaë for the Minotaur.

p. 67, ODE À MICHEL DE L'HOSPITAL, published in 1552 with the fifth book of Odes. By far the most ambitious of the Pindaric Odes. The immense reputation of Pindar, the great Theban poet (b. 522 B.C.), has survived throughout antiquity on the strength of the Epinicia or Odes in Commemoration of Victory at the Olympic Games. This public poetry, intricate in form, chorally declaimed or sung, with its antiphonally executed strophes each followed by an epode (or piece recited in movement), was obviously difficult to transplant. It is hardly fair to judge Ronsard without hearing an *Ode* performed with its music. This *Ode*, originally published with the music by Goudimel, has, however, a special interest in that Ronsard attempts, in the form of the freely constructed and elaborated 'myth' of Mnemosyne and her daughters, the Muses, to expound his whole poetic philosophy (see Introduction, pp. liii–lv). Note that the *Strophes* and *Antistrophes* are written in octo-syllabic lines, but the *Epodes* in seven-syllable lines.

Given the length of the poem (slightly abridged where indicated), it may be helpful to indicate the lay-out. For allusions see notes below text.

I. Birth of the nine little Muses, who at the age of seven wish to visit their father, Jupiter. Narrative of the journey to the sea-bottom, where Oceanus is entertaining the Gods. Apollo asks them to sing (Strophe I to Epode V).

II. The Muses' songs are three: *Sur la Chanterelle* (the highest string) the dispute of Minerva and Neptune; *d'une voix plus violente* a description of the nether regions, Tartarus; finally (Antistrophe VI – Strophe X) *sur la plus grosse corde*, the battle of the Gods and Giants. (Two complete Strophes with Antistrophes and Epodes have been omitted here.)

III. Jupiter invites his daughters to ask for a boon (Antistrophe X). Calliope, the Heroic Muse, asks for the power to please the Gods, to give a voice to Nature, and to inspire Poets, Prophets, and Oracles, to draw souls out of *le sale bourbier de leur corps*, as well as offering fame to Kings (Antistrophe and Epode XI).

IV. Jupiter, granting the request and bidding them farewell (abridged)
defines the nature and function of poetry, which depends on inspiration
never purely on art (human skill). The chain of divine enthusiasm runs from
Jupiter through Apollo to the Muses and thus to the poet, and takes four
alternative forms (Antistrophe XIII). Final leave-taking (also abridged) and
return (Epode XV).

V. Appeal of poet to the Muses (Strophe XVI).

VI. Different Ages of Poetry:

(*a*) Sybils and Prophets (Antistrophe and Epode XVI).

(*b*) *Les Poètes Divins:* Orpheus, Musaeus, Homer, Hesiod, revealing
the Gods to Man (Strophe XVII).

(*c*) *Les vieu Poètes humains* including the Greek dramatists and
Theocritus (Strophe XVIII).

(*d*) *Les prophètes romains*, a lesser race before ignorance invaded the
World and the Muses fled back to heaven (Antistrophe and Epode
XVIII).

VII. Jupiter summons the fates to spin the thread of Michel de
l'Hôpital's life (omission of Antistrophe XX to Strophe XXII, mainly
digression). Ronsard sounds his praises as the restorer of the Muses as
well as the pillar of Justice (Strophe, Antistrophe, and Epode XXIV
omitted, new digression in praise of Marguerite d'Angoulême).

p. 89, HYMNE À LA NUIT. (Originally Odes III 9.) This voluptuous piece of
writing is indeed almost a translation of the Italian Pontano's *In Noctem*
Among the tripping metres of many of the *Odes*, it shows already Ron
sard's extraordinary mastery of the long melodic line. It is indeed a
strophic conception which has sometimes been set out in a six-line
stanza. But the Invocation to Night strides boldly across all such
divisions, and englobes twenty-one lines almost in a single sentence. (It
may be compared in this with the 'conjuring-up' movement of one of
Du Bellay's *Antiquités de Rome* sonnets.) *Les idoles attaches*; echoes the
phrase of Apollonius Rhodius which presents the stars as habitations or
symbols of heroes. (Compare p. 117.)

AMOURS DE CASSANDRE. Cassandre Salviati, first seen by the poet on 21
April 1545, was to marry Guillaume de Pray within the year. On charac
ter of R's *canzoniere* and relation to Petrarch, see Introduction, p. lviii

p. 90, SONNET 20. *Je voudrais bien richement jaunissant.* The evocation of
Jupiter and Danaé (1–4), Jupiter and Europa (5–8) rendered *present* in
the final verse of each quatrain here permits the idealizing mode
adopted by Ronsard to rejoin and complete his more sensual tempera
ment. For any such mode the divine wooer (as on occasion the divine
wooed) is an almost inevitable symbol.

v. 8. *Elle va, fleur, mille fleurs ravissant.* Perhaps also some vague echo of Persephone. With Narcissus a third imagined situation clinches the connection with the universal folk-lore theme of the lover's metamorphoses (*Magali . . .* Irish folklore), but in a form which expresses the subservient obsession of the lover.

vv. 12–14. The final wish, no less universal, finds its most startling and economical expression in the French folk-song: *Ma belle, si tu voulais, nous dormirions ensemble . . . Dans le mitan du lit, la rivière est profonde/Tous les chevaux du roi y viennent boire ensemble/Et là, nous dormirions jusqu'à la fin du monde* (*v.* H. Davenson, *Le Livre des Chansons*, pp. 321–3).

SONNET 69. *Si seulement l'image de la chose.* Despite an initial pseudo-echo of *Délie*, this playful sonnet is closer to Marot.

. 91, SONNET 76. *Soit que son or se crêpe lentement.* A charming description of Cassandre and her golden hair, where the final disguise, in which she might be a boy or girl, serves to mark her youth and perhaps also an innocent ambiguity of sentiment. *Adoniser* is, of course, a coinage of Ronsard's own.

SONNET 86. *Ha, Bel Accueil, que ta douce parole.* Ronsard can still put the *Roman de la Rose* tradition to good use (cf. Introduction, p. xxiii). There it is Bel Accueil who is the lovers' guide. The last line echoes an epigram of Marot. *Faux Dangier* combines prudery (*Dangier*) and hypocrisy (*Faux Semblant*), both prominent in the *Rose*.

. 92, SONNET 102. *O de Népenthe et de liesse pleine.* Suppressed in later editions, when Ronsard was exercised to confer an emasculated, ultra-Petrarchan tinge on *Les Amours de Cassandre*, and this triumphant *action de grâces* seemed out of place.

v. 2. *deux heureux flambeaux*, sc. *les yeux de la femme aimée.*

v. 5. The metaphor of love's storm-tossed voyage is sustained to the end of the sonnet – with its final image of votive offering.

vv. 10–11. Amusingly far-fetched (and thus indicative of the tenderness), the allusion is to Venus Anadyomene (i.e., risen from the sea). Thus, its waves are the ancestors of Eros.

SONNET 139. *Je veux brûler pour m'envoler aux cieux.* Compare (and contrast) with Du Bellay, *Si notre vie . . .* (p. 45) and see Introduction pp. lviii, lix.

v. 3. *Le fils d'Alcmène*, Heracles, son of Zeus and Alcmene (see the many Amphitryon stories). The self-immolation of Heracles on the pyre he himself erected on Mount Oeta, followed the episode of the shirt of Nessus. His translation to Olympus is the vehicle of a metaphor which

assimilates fire and passion, alike in their purificatory power, its sourc[e]
the eyes of his beloved (v. 8).

v. 14. *L'autre beauté* . . . The Idea or prototype of all Beauty, of whic[h]
Cassandre's material beauty is a reflection.

p. 93, ODE À CASSANDRE. *Mignonne, allons voir si la rose.* First added, lik[e]
other *chansons*, to the 1553 edition of *Amours de Cassandre*, Ronsar[d]
later placed it among his *Odes*. To realize Ronsard's precise achievemen[t]
of simplification, one should re-read the more elaborate Idyll [of]
Ausonius:

> "C'était le printemps . . . Je visitais les roses riantes de Paestum[,]
> chargées de rosée au lever du jour . . . C'était l'heure où les bouton[s]
> naissants des roses allaient s'épanouir dans le même temps. L'un[e]
> verdoie coiffée d'un étroit chapeau de feuilles; l'autre se nuance d'u[n]
> mince filet que la pourpre rougit; celle-ci découvre déjà le somme[t]
> effilé de son cône, dégageant la pointe de sa tête pourprée; celle-[là]
> dépliait les voiles ramassés sur son front, rêvant déjà d'étaler un à u[n]
> ses pétales, et bien vite elle montre les beautés de sa jeune coroll[e]
> met au jour le pollen compact et doré qu'elle contient. Mais une autr[e]
> qui brillait tout à l'heure de tous les feux de sa chevelure, pâli[t]
> désertée par ses feuilles qui tombent. J'admirais les prompts ravage[s]
> du temps fugitif et ces roses vieillies sitôt que nées. Voici même qu[e]
> la chevelure rouge de la fleur écarlate se détache tandis que je parl[e]
> et la terre brille, jonchée de pourpre. Toutes ces formes, toutes ce[s]
> naissances et ces métamorphoses un seul jour les produit, les détru[it]
> un seul jour. Nous nous plaignons, Nature, que si brève soit la beaut[é]
> des fleurs; tu n'étales tes dons sous nos yeux que pour les rav[ir]
> aussitôt. L'espace d'un jour, c'est ce que vivent les roses; la jeuness[e]
> pour elles touche la décrépitude. Celle que l'astre du matin a co[n]
> templée naissante, à son retour, tard dans la vêprée, il la revoit tou[te]
> vieille . . . Jeune fille, cueille les roses, tandis que leur fleur est nou[
> velle et neuve ta jeunesse, souviens-toi qu'aussi vite ton âge v[a
> passer." (transl. Maury).

Note the admirable setting of *Mignonne* by Guillaume Costeley.

SECOND LIVRE DES AMOURS (1555). Often called *Les Amours de Mari[e.*
Most of the sonnets (which are interspersed with Lyrics) were inspire[d]
by Marie (Dupin?), of whom we know only that Ronsard met her [at]
Bourgueil en Vendômois, where he had friends, and that she had tw[o]
sisters. Peasant-girl or daughter of an inn-keeper, the circumstance[s]
explain the more rustic and also sensual note of the new *recueil*.

. 93, SONNET 8. *Douce, belle, amoureuse, et bien-fleurante Rose*. Compare this sonnet with the inferior original version. That text differs from this as follows:

v. 1. Douce, belle, *gentille*, et bien-fleurante Rose
v. 2. *à Vénus* instead of *aux amours*
v. 5. *La Grâce* pour son chef *un chapelet* compose
v. 6. *sa gorge* instead of *sa tête*
v. 7. Et mille fois le jour *la gaie* Cythérée
v. 8. De ton eau, *pour son fard*, sa belle joue arrose
v. 11. Dedans quelques jardins près d'un bois solitaire!
v. 14. Et son teint celle-là qui d'Amour est la mère.

*Cythérée* = Venus, whose special island was Cythera.

. 94, SONNET 19. *Ma plume sinon vous ne sait autre sujet*. No sonnet of the series shows better by its very movement the natural nobility of Ronsard's style.

v. 8. *tout mon rond*. The circle being the only 'perfect' figure.

v. 13. *Géryon*, etc. The giants respectively with three heads, a hundred heads (and eyes), and a hundred arms. The amusingly exaggerated allusion defines the half-playful tone in which the poet reasons his fidelity to one *qui m'est un millier*.

SONNET 27. *Marie, levez-vous, ma jeune paresseuse*. It has been remarked that Ronsard here revives something of the medieval *aube* or *salutation matinale* (and of the *reverdie* which celebrated the return of spring). Compare Herrick's *Corinna's going a-Maying*:

> Get up, get up for shame, the Blooming Morne
> Upon her wings presents the god unshorne . . .

. 95, CHANSON. *Bonjour mon cœur, bonjour ma douce vie*. See Introduction, p. lx. Cf. Marullus, Ep. I:

> Salve, nequitiae meae, Neara,
> Mi passercule, mi albe turturille,
> Meum mel, mea suavitas, meum cor,
> Meum suaviolum, mei lepores,
> Tene vivere ego queam relicta?
> Tene ego sine regna, te sine aurum
> Aut messes Arabum velim beatas?
> O prius peream ipse, regna et aurum!

SONNET 135. *Je vous envoie un bouquet que ma main*. Compare Rufinius (Greek Anth. V, 7):

"Je t'envoie, Rhodoclée, cette couronne qu'avec de belles fleur
j'ai moi-même tressée de mes mains: il y a des lis, des roses e
bouton, des anémones humides, des narcisses flexibles, des violette
au sombre éclat. Couronne-t-'en, et meure ta fierté: tu fleuris, tu t
meurs, ainsi que la couronne." (transl. Maury.)

Later *Sonnet retranché*, that is, the poet eventually suppressed th
piece entirely, no doubt since it seems too close to *Allons, Mignonne*
and other poems. It surely has a cadence all its own.

p. 96, HYMNE DE LA MORT. See Introduction, p. lxiv. Appropriately th
final hymn of the collection and dedicated successively to Pierre Paschal
and then to the protestant poet, Louis des Masures.

*Parnasse*. The mountain above Delphi with its Castalian sprin
rising between two cliffs (or 'mounts') should be distinguished fron
Mount Helicon, thirty miles south-east, which, with its two fountains
Helicon and Aganippe, was also sacred to Apollo and the Muses
daughters of Mnemosyne or Memory (p. 67). *De la Mort la non-di*
*louange:* in fact, the theme is hardly so original, since Cicero, Lucretius
and Ovid are echoed from time to time by Ronsard in what follows (a
indeed Lucretius in what precedes).

p. 100, *Platoniques*. Those philosophers more particularly who regard th
body as the prison of the soul (as in preceding passage).

*Tu me diras encore que tu trembles de crainte*, etc. Ronsard seems t
recall the facetious jeers of Cicero's *Tusculan Disputations* (I, 5) abou
pagan superstitions. Ronsard is not facetious, but his *Tu me diras* ca
hardly be taken very literally. *Des cruelles Sœurs*, the Furies.

p. 101, *t'affranchit en la Croix* ... Here 117 lines omitted, including a fabl
invented by Ronsard about Jupiter's creation of Death, brother o
Sleep, in reply to the entreaties of a human race tired of their origina
immortality.

*Vivre* ... *Mourir*. This eternal cycle of decay and regeneration is on
of the philosophical conceptions which most appeal to Ronsard.

When Pierre de Chastellard was executed in 1563 at Burntislan
for having a second time concealed himself in Mary, Queen of Scots
bedroom, he, in Brantôme's words, took to the scaffold his maste
Ronsard's Hymns, "*pour son éternelle consolation*", etc. (*Œuvre*
(Lalanne) VII, p. 452).

p. 102, À LA REINE D'ECOSSE. Published under title of *Elégie* in 1567 an
later with first book of *Poèmes*, the whole of which is dedicated to Mary
Queen of Scots (1542–87). This poem appears after a sonnet *Encore qu*
*la mer bien loin nous sépare*, and another long piece on the Queen's de

parture for Scotland after the thirteen years of her life spent in France (1548–61). The whole poem has the character of a poetical epistle. See Introduction, p. lxvi.

In Ronsard's study two portraits face each other, he tells the now distant Queen. One (which is also for ever inscribed in his heart) is of Mary, the other is of Charles IX, her brother-in-law – only twelve – but now King of France, and Ronsard's particular admirer.

Note the subtlety of the negative description, *Vous n'êtes . . .*, which emphasizes the simplicity of her widow's weeds after the death of Francis II. Queens of France wore a white mourning costume after their husband's death. The white veil from head to waist is familiar from more than one portrait, and Ronsard describes it here as billowing like a ship in sail. The passage which follows – no longer description of a portrait, but recollection of Mary as seen in the gardens of Fontaine-bleau – is an elaboration of the same metaphor, and the expression of movement underlies each part of it.

In a long passage, here omitted, Ronsard regrets that he, Charles, had not indeed been the husband of Mary (thus clearly indicating that the poem must have been written before 1565, when Mary married Henry Darnley).

p. 104, *Héro le sait . . .* The list of other *histoires tragiques* begins with the stories of Hero and Leander; Hellé who fell from the back of the Ram with the Golden Fleece and was drowned in the Hellespont.

. . . *et celle-là/Que le taureau . . .* Jupiter and Europa. The last verse alludes to the emblems of the three kingdoms of which Mary could claim to be or to have been Queen.

p. 105, CHANSON. *Quand ce beau Printemps je vois* (published 1563 with title *En faveur de Mademoiselle de Limeuil*). Written at a time when R. had begun to abandon the charming lyrical stanza forms which are a feature of the earlier *Odes légères*. Isabeau de La Tour, Mlle de Limeuil, was a *demoiselle d'honneur* of the Queen Mother, by whom the Prince de Condé had a child before she was married off to a rich Italian. As Laumonier has pointed out, in spite of reminiscences of Petrarch and Marullus, the spirit of the poem is that of a *reverdie*.

p. 109, SUR LA MORT DE MARIE. SONNET IV. The fourth of twelve son-nets which together with other verses on the same subject, Ronsard published in 1578. Several of those were certainly written of the death of the young Marie de Clèves, princesse de Condé (1574), so bitterly mourned by her royal lover, Henri III. What is the part of Marie Dupin in *Comme on voit* which at first sight seems so appropriate to the country girl from Bourgueil? No doubt, what gives these poems their depth of feeling is the memory of Marie l'Angevine whatever 'contamination' may have operated in the poet's mind.

If the octet appears devoted to the rose vehicle of Ronsard's favourite metaphor, the wording again and again (especially vv. 1–4) operates to keep the person of Marie herself before the mind. The long sentence, drawn out by intercalated clauses, the subtle symmetry, the imitative rhythms of vv. 7, 8, all these call for study.

The sudden *La Parque t'a tuée* may surprise by the unprepared introduction of classical allusion, but *La Grâce* and *l'Amour* (v. 5) are already there, equivalents of *Charis* and *Eros* (*N.B.* Ronsard singularizes *Grâce* and *Parque*).

*Ce vase plein de lait.* The rustic libation suggests such timeless survivals as the pagan gifts of provender for the journey to the other world.

*Roses.* The final word echoing the first verse rounds off a sonnet constructed on three rhymes.

General qualities suggest rapprochement with certain 'epigrams' of the Greek Anthology (cf. also Marcel Raymond's analysis in *Le Baroque et Renaissance Poétique*).

ÉLÉGIE 24 (1584). The title *Contre les bûcherons de la forêt de Gâtine* was first added in 1623. *Gâtine* is the generic term for a marshland, the tract in question lying between Loir and Loire in Lower Vendômois. In 1573 the future Henri IV, duc de Vendôme, sold part of the forest. It is said that at that time R. wrote a *Satire de la Dryade violée* which has not survived. The *élégie* may be part of it. (See *Ode* II 15 *A la forêt de Gâtine.*)

*Erisichton*'s story as indicated here is told by Ovid (Metamorphoses VIII). The fancifully exaggerated tone of the beginning (which is not without its underlying serious indignation and depth of regret) supplies the perfect introduction to the evocation of Nymphs and Dryads.

p. 110, *Calliope*, the epic Muse. *Euterpe*, the lyrical Muse.

p. 111, *De tableau et de fleurs*. The *tableaux* are votive panels.

*De Tempé la vallée.* In Thessaly.

*La matière demeure . . .* Cf. *Hymne de la Mort*, p. 101.

SONNETS POUR HÉLÈNE (published 1578). Hélène de Surgères, one of the *filles d'honneur* of Catherine de Médicis. It seems that Ronsard, wishing in 1571 or 1572 to compete with popularity of Desportes' new-love-poetry, chose in her a new 'Laura', more remarkable for her wit than for her beauty. Ronsard's heart was far too susceptible, however. "*Il y eut entre eux 'une double méprise'; elle crut que son poète s'entendrait à l'honnête amitié; lui, il se flatta qu'à défaut de jeunesse, son génie et sa gloire décideraient Hélène à tomber dans ses bras*" (Lebègue).

p. 111, I, 16. *Te regardant assise auprès de ta cousine.* Hélène de Surgères' first cousin on her mother's side was Diane de Cossé Brisac, who may be the *compagne* of II, 13. See Introduction, p. lxxvi.

p. 112, I, 20. *Quoi! me donner congé de servir toute femme.* Transferred from *Amours Diverses* in 1584. See Introduction, p. lxxviii.

I, 36. *Vous me dites, Maîtresse, étant à la fenêtre.* Compare II, 65 for Hélène's room at the Louvre; and Introduction, p. lxxvi.

v. : *Montmartre,* then celebrated for its Convent.

p. 113, II, 12. *Prenant congé de vous, dont les yeux m'ont dompté.* Transferred from *Amours Diverses* in 1584. See Introduction, p. lxxix.

II, 26. *Au milieu de la guerre, en un siècle sans foi.* Transferred from *Amours Diverses* in 1584. See Introduction, p. lxxix.

v. 11: *Une Thébaïde.* R. compares the fractricidal wars to the story of Eteocles and Polynices, sons of Oedipus, king of Thebes, who killed each other in single combat. (See Racine's *Thébaïde* or the Greek models on which it is founded.)

v. 12: *Palais,* i.e. *Palais de Justice.*

v. 13: *mon sac.* It would be a brief-case today.

II, 29. *Vous triomphez de moi, et pour ce je vous donne.* The conventional symbol of a clinging fidelity (the ivy) is transformed into something more evocative of physical reality. Note that *colonne* implies *coldness* as well as shapeliness. The contrast imagined in the *tercets* is with the living flesh, whose texture is suggested by *votre ivoire et vos roses.* Indeed, the whole development *Ne viendras point* is composed of imagined circumstances, each of which serves to express a psychological aspect of their love *as it might be.*

p. 114, II, 41. *Laisse de Pharaon la terre Egyptienne.* Note v. 4 *Ta Circé, ta Sirène* . . . are allusions to the fabulous entertainments of the first *ballets de cour* and probably to at least one rôle played by Hélène. Compare *Le soir qu' Amour vous fit en la salle descendre* (p. 115). No sonnet shows better how biblical and classical allusion are simply two *claviers d'orgue* on which the poet plays, and which here define a *solitude à deux* the richer in associations because recognized as condemned to remain imaginary.

II, 42. *Ces longues nuits d'hiver où la lune ocieuse.* See Introduction, p. lxxvii.

p. 115, II, 43. *Quand vous serez bien vieille au soir, à la chandelle.* See Introduction, p. lxxviii.

vv. 5–7: *Lors vous n'aurez servante . . . qui =* the meanest servant you may have will spring up . . .

II, 49. *Le soir qu'Amour vous fit en la salle descendre.* Again the *ballet de cour* setting.

p. 116, ÉLÉGIE. *Six ans étaient coulés, et la septième année.* The epilogue to Ronsard's attachment to Hélène de Surgères (published in 1584), in which the poet's love of books and nature, and life he led at his Abbey of Croixval, becomes – in the easy manner of which he had the secret – a self-portrait, but where too Hélène's name and the fountain in her honour are not forgotten.

p. 118, DERNIERS VERS. Six sonnets (Nos V and VI given here) together with the adaptation of Hadrian's farewell to life (*Amelette Ronsardelette*) were published under the above title a few weeks after the poet's death. Ronsard dictated them at his abbey of Croixval during the long-drawn ordeal of pain and insomnia which he evokes repeatedly. In Sonnet V he turns, however, from the suffering of the body to call upon his soul to respond with resolution to the Christian's great example.

# *Joachim du Bellay* (*1522?–1560*)

Born at La Turmelière near Angers. The name was then famous; a diplomat, a great captain, a cardinal, and a bishop rendered it illustrious, but these four brothers belonged to the younger branch of the family. Joachim became an orphan at an early age under the care of an elder brother who neglected his education, compromised the family fortunes, and left the poet to cope with guardianship of a nephew and troublesome law-suits. 1547, traditional date of meeting in a Touraine inn with Ronsard, and in that autumn Du Bellay joined Ronsard at the Collège de Coqueret. 1549 *Défense* and first edition of *L'Olive*. 1550–51 incapacitated by illness. 1553 leaves for Rome as secretary to his cousin, Cardinal Jean du Bellay. Period of Latin verse (*Romae Descriptio*, the Faustine poems). 1557 return via Ferrara, Venice, Geneva. 1558 publishes *Les Regrets, Les Antiquités de Rome, Divers jeux rustiques.* Concludes his law-suits successfully, receives benefices including canonry of Notre Dame de Paris, but totally deaf, dies of apoplexy 1 January 1560.

*Œuvres poétiques* (Chamard) 7 vols., 1908–31. *Poésies françaises et latines* (ed. Courbet) 2 vols., 1918. *Les Regrets et Autres Œuvres Poétique* and *Antiquités*, ed. Screech (Textes Litt. Fr.). *Jeux Rustiques* (Textes Litt. Fr.).

Consult: V. L. Saulnier, *Du Bellay, l'Homme et l'Œuvre* (1951), who gives complete bibliography. H. Weber, *La Création poétique au XVIe siècle.*

L'OLIVE.

Fifty sonnets written 1547–49, increased to 115 in the Second Edition of 1550. Themes of the lover's hesitations, the coldness of *la dame de ses pensées*, her beauty, his submission – which is her triumph – have as such little originality. A fair proportion derive directly from Ariosto and other Italian poets. But mastery of sonnet form maks a date. It is useless to ask whether one of the several cousins of the poet called Olive lends her name to the volume, whether compliment to Marguerite de Navarre (whose arms were the olive branch) or an anagram of a Mlle de Viole. The second edition (incurring a heavier debt to Petrarch) implies a 'story', jealousy of the lover, death of Olive, and a Platonist and religious final section.

p. 119, SONNET 45. *Ores qu'en l'air le grand Dieu du tonnerre.* The evocation of the violent upsurge of spring with its storms is thrown, as it were, on a larger screen by the allusions to Jupiter and Demeter (the Earth) which derive from a well-known passage of Virgil (Georgics II, 323–31), and thus emphasizes the emblematic picture of the poet prone beneath the tree which carries his beloved's name – and with winter in his heart.

*Entre les fleurs du sang amoureux nées.* The allusion is to the story of Adonis or of Hyacinthus, from whose life-blood sprang the rose and the hyacinth respectively.

p. 120, SONNET 98. *S'il a dit vrai, sèche pour moi l'ombrage.* The theme of the voice raised to calumniate Olive is the more effective just because nothing is explained. The 'if it is true' or 'if it is false' is what matters.

*Et tout péril conspire* – may it conspire. *Tout péril* sums up *la rage, les durs rochers . . ., les abîmes . . .* of the preceding verses.

SONNET 113. *Si notre vie est moins qu'une journée.* Imitation of the following sonnet of Bernardino Daniello (on which it improves):

> Se 'l viver vostro è breve oscuro giorno
>> Presso a l'eterno, e pien d'affanni e mali;
>> E più veloci assai che venti o strali
>> Ne vedi ir gli anni, e più non far ritorno;
> Alma, che fai? Che non ti miri intorno
>> Sepolta in cieco error tra le mortali
>> Noiose cure? E poi ti son date ali
>> Da volar a l'eterno alto soggiorno:
> Scuotile, trista, ch'è ben tempo omai,
>> Fuor del visco mondan ch'è si tenace,
>> Et le dispiega al ciel per dritta via:
> Ivi é quel sommo ben ch'ogni uom desia;
>> Ivi il vero riposo; ivi la pace
>> Che indarno tu quaggiù cercando vai.

Compare Desportes (*Si la course annuelle*), p. 114.

# Notes

p. 121, SONNET 21. *Pâle est la Mort: de pâleur est dépeinte.* One of twenty-nine sonnets published after the author's death, most of which have no clear connexion with each other beyond the noble melancholy of the Petrarchan tradition. The elaboration of comparison (octet) and contrast (sestet), between *Cette beauté qui sur toute autre excelle* and Death, with its repeated phrases, has the symmetrical complexity which particularly appeals to Du Bellay (*N.B.* his *sonnets rapportés*). It seems here to succeed so well perhaps because the *douce mort* of pining for her love and her embrace can only be – on the poet's showing – the result of some *spell.*

LES REGRETS. The 191 sonnets (published 1558 after return to Paris under a title inspired by the *Noie* of A. Pucci) show the new uses to which this compact form lends itself. Only the satirical sonnets take their cue from Berni (complete edition 1555) and his Italian disciples. But the confidential lyricism, the *papiers journaux* aspect of the work, is entirely novel. A third note is added by the many sonnets to fellow exiles and friends in France, another extends the field of satire to each stage on the journey home and the final sonnets celebrate the glories of Henri II and the house of Valois.

p. 121, SONNET 6. *Las! où est maintenant ce mépris de Fortune?* Echoes a passage of *Patriae Desiderium.*

SONNET 9. *France, mère des arts, des armes et des lois.* The first of a series of nostalgic laments (17, 25, 28, 30, 31) and perhaps one of the noblest. The single dominant metaphor (*agneau*) gives unity to the sonnet.

    *mère . . . des loix.* The reference would appear to be to France as the country where the revival of Roman Law was proceeding under Alciat and Cujas. H. W. Lawton (*Poems* 1961) shows echo of Petrarch on Italy: "Armorum legumque eadem veneranda sacrarum Pieridumque domus."

SONNET 31. *Heureux qui, comme Ulysse, a fait un beau voyage.* The rhythm and the repetition (*Quand . . . en quelle saison?* followed by the four *plus*) are what 'make' this poem. Nothing could reveal this better than the much longer, more diffuse and conventionally expressed Latin elegiacs which appear as its matrix. Of the eighty verses of *Patriae desiderium*, only the following eight couplets seem relevant and invite comparison:

Ast Ithacus, licet ipsa foret Laërtia tellus
    Et Bacchi, et Cereris muneribus sterilis,
In patriam rediit, reditum nec pulchra Calypso,
    Nec pulchra Alcinoi detinuit soboles.
Felix, qui mores multorum vidit, et urbes,
    Sedibus et potuit consenuisse suis.
Ortus quaeque suos cupiunt, externa placentque
    Pauca diu, repetunt et sua lustra ferae.
Quando erit, ut notae fumantia culmina villae,
    Et videam regni iugera parva mei?
Non septemgemini tangunt mea pectora Colles,
    Nec retinet sensus Tybridis unda meos.
Non mihi sunt cordi veterum monumenta Quiritum,
    Nec statuae, nec me picta tabella iuvat:
Non mihi Laurentes Nymphae, sylvaeque virentes,
    Nec mihi, quae quondam, florida rura placent.

In the immediately preceding verses Du Bellay alludes to the banks of
the Loire, its weirs, and forests, and earlier still to his Liré. The
*douceur angevine* of the last line (the climate rather than the accent,
surely) is contrasted with the wider air of the sea evoked in the opening
lines.

    *mon Loire*. Du Bellay like Ronsard frequently writes Le Loire, in-
fluenced by the Latin name: *Liger*.

SONNET 86. *Marcher d'un grave pas, et d'un grave sourcil.* Though not perhaps the most trenchant of Du Bellay's thumbnail sketches of Roman
Life, LXXVI strikes very near home, for it is visibly the satire of the
Italianized Frenchman whose attempt to ape the indigent magnificence
of the *courtisan Romain* ends as often as not in loss not only of money
but also of health.

    *la conquête.* From the invasion of Charles VIII in 1492 the French
expeditions to some part of Italy had been numerous.

    *Sans barbe.* The allusion is to syphilis, *le mal napolitain* of con-
temporary French parlance – and consequent loss of hair.

p. 123, SONNET 125. *Il fait bon voir, Magny, ces Couillons magnifiques.* Olivier
de Magny (1529–1560), disciple of Ronsard, was companion of Du
Bellay in Rome, where he was secretary to another French Cardinal,
Jean d'Avenson. Several of the *Regrets* are addressed to him. Du
Bellay's visit to Venice was made on his journey back to France. Each
detail of the picture of decadent Venice is relevant, from the immense
Arsenal to the ugly accent, the hats – familiar from Bellini's portrait ot
Dandolo – and the *ballottage* which had played so large a part in the

# Notes

establishment of the Constitution and continued to figure in state de-
cisions. The final sarcasm refers to the famous Ascension Day procession when the Doge was rowed out in his state barge, the *Bucentoro*, to
the lagoon and cast his ring into the sea with the words: *Ti sposiamo, o
mare nostrum, in segno di vero e perpetuo dominio.* Some twelve years after
this poem was written, Venetian courage (belying the rude *couillons* of
v. 1) and Venetian seamanship had the better of the Turks at the Battle
of Lepanto, flash in the pan though it was to be.

## LES ANTIQUITÉS DE ROME

The fascination of ruined Rome, of the ancient city of the past seems to have
found its first expression in the Latin verse of his *Romae descriptio*. Les
*Antiquités* deal with the past in its contrast with the present. These
sonnets are complementary to the series of *Les Regrets*; nothing – not
even the fact that many of them employ the ten-syllable and not the
alexandrine line – excludes the guess that both works were composed simultaneously during the long drawn-out months of Du Bellay's Roman exile.

p. 123, SONNET 6. *Telle que dans son char la Bérécynthienne.* Readers of the
Aeneid will remember the prophecy of Rome's origin and greatness
made in the Sixth Book where we read:

> En, hujus, nate, auspiciis illa incluta Roma
> Imperium terris, animos aequabit Olympo,
> Septemque una sibi muro circumdabit arces,
> Felix prole virum: qualis Berecyntia mater
> Invehitur curru Phrygias turrita per urbis,
> Laeta deum partu, centum complexa nepotes,
> Omnis cœlicolas, omnis supera alta tenentis.

It is thus with the *Magna Deum Mater* of the Ancient world – the
goddess variously called Cybele, Demeter, Ceres, whose cult had its
origins in Phrygia and one of its centres on Mount Berecynthus – that
Rome, mother of cities and peoples, is here compared as in Virgil.
*Turrita, couronnée de tous* refers to the 'mural crown' of various Roman
statues of the deity. It may be wondered whether the poet's evocation
of the Earth-mother has not the 'contaminating' association of the
'Diana of the Ephesians' to enrich it, for the Ephesian Artemis was also
represented as a many-breasted Oriental figure.

p. 124, SONNET 7. *Sacrés coteaux, et vous, saintes ruines.* The 'Triumph of
Time' is here isolated, yet also linked with the theme of *Les Regrets*.
The sonnet is adapted from the Italian (attrib. to Bald. Castiglione).

SONNET 15. *Pales Esprits, et vous Ombres poudreuses.* The annihilation of
ancient glories, the triumph of Time, is here given in the striking form

232

of an invocation to the spectres of those who raised Rome and changed her from brick to marble. They are summoned as by some sorcerer.

p. 125, D'UN VANNEUR DE BLÉ, AUX VENTS. The most famous of all Du Bellay's renderings of Navigero's Neo-Latin poetry. The six lines of the original are as follows:

> Aurae, quae levibus percurritis aëra pennis,
> Et strepitis blando per nemora alta sono:
> Serta dat haec vobis, vobis haec rusticus Idmon
> Spargit odorato plena canistra croco.
> Vos lenite aestum, et paleas sejungite inanes,
> Dum medio fruges ventilat ille die.

The *rusticus Idmon* (skilful peasant) speaks of himself as offering his garland and basket of yellow flowers, so that, while the Latin remains almost a votive inscription, the French is a song.

## Jacques Tahureau (1527–55)

Born at Le Mans, he died at the early age of 28.
*Poésies de Jacques Tahureau* (2 vols.) 1870.
H. Chardon, *La Vie de Tahureau*, 1885.

p. 125, SONNET. *En quel fleuve aréneux jaunement s'écouloit.* This, far the best of the sonnets in his *Premières Œuvres*, shows the kind of exquisite poem which even lesser men could achieve. Individually the terms of comparison for the lady's beauties are each well-worn and almost banal. Yet, by its rhythm and phrasing, by the *stretto* in which all the terms of comparison are repeated in two of the final lines, no poem of tender admiration could be more successful.

## Remi Belleau (1528–77)

Life little known. Of humble birth, he came from Nogent-le-Rotrou. After study at the Collège de Boncourt and contact with Ronsard and Du Bellay, he was attached to René d'Elbeuf, one of the Guise family, whose son he tutored. His translations of Anacreon (*Les Odes* of 1556) were accompanied by some *petits hymnes de son invention*. *La Bergerie* (1565), from which two of the texts printed here are taken, presents many charming poems in a rather artificial setting of picturesque prose description.

*Œuvres* (ed. Marty Laveaux), 1877 (2 vols.); *Les Amours et Nouvaux Echanges des Pierres Précieuses*, 1909. *La Bergerie* (Droz, 1954).
Doris Delacourcelle, *Le sentiment de l'art dans les Bergeries*, 1936.

p. 126, SONNET. *Lune porte-flambeau, seule fille héritière.* Displays something of Belleau's lush pictorial vein. *Divinités* (v. 11). See text of *La Bergerie* for this *troupe de Nymphes portant le crêpe d'or de leur chevelure, flottant et ondoyant sur leurs épaules etc.* (ed. cit., p. 124).

AVRIL. Shows that in certain qualities of charm and an elegance which combines something of the medieval *reverdie* with the concision of Anacreon on occasion Belleau could surpass Ronsard.

The allusion is to Endymion and the Moon goddess, Selene, identified by the later Greeks with Artemis (or Diana). Mount Latmos is in S.W. Asia Minor.

LES PIERRES PRÉCIEUSES. Belleau took up, in this collection, the medieval idea of the *lapidary*, convinced that each kind of gem focused and perpetuated some particular planetary influence. Thus all is not allegory in these descriptive pieces, whose link with the *blason* as well as with other forms of symbolism is evident.

p. 129, LA PIERRE DU COQ — A LA FRANCE. The *gemma alectoria* of Pliny (*Hist. Nat.* 37, 10) is a concretion found in the maw of a cock. With the legendary properties attributed to this 'stone' Belleau has constructed a new kind of *blazon* poem.

## *Étienne de la Boëtie* (1530–63)

(Pronounced *boîte-i.*) Born at Sarlat, but came from Médoc, the region north of Bordeaux, between the Gironde and the sea. Cut off at thirty-three, Montaigne's bosom friend left two series of love sonnets, one of which Montaigne published with the first edition of his *Essais*, the other in honour of Marguerite de Carle, his wife. One example of each is given here (Nos 22 & 24 in their respective series). Note how, in the second, particulars of time and place (the Wars and Médoc) give to this idyll its underlying touch of pathetic insecurity.

For La Boëtie's poetical works see the complete text in A.-M. Schmidt, *Anthologie du XVIe Siècle* (Pléiade), and Introduction, p. lxxiii.

P. Bonnefon, *Montaigne et ses Amis*, 1892.

## *Étienne Jodelle* (1532–74)

Parisian, of humble birth like Belleau, though he liked to be called Sieur de Limodin. While still with Belleau and Grévin at the Collège de Boncour, composed his *Cléopâtre Captive*, first French attempt at a neo-Greek tragedy. Youngest of *La Brigade*. After second tragedy, *Didon se sacrifiant*, he was responsible for organizing a disastrous *Entrée Royale* in 1558. The rest of his short life appears to be a story of expedients of all kinds to escape from a poverty increased by his ambitious and ill-ordered existence. A kind of French Marlowe — but who died a natural death.

# Jean-Antoine de Baïf

Jodelle's poems were published only after his death by D'Aubigné, who much admired his work and who arrives at something of his love of cross-rhythms. The 'roughness' of Jodelle's verse has led to a long-standing under-estimate of his real qualities, which are best seen in the sonnets addressed to the Maréchale de Retz (under the name of Diane).

*Œuvres Complètes* 2 vols. ed. Balmas, 1965–6. K. A. Herwath, *E. Jodelle*, 1932. E. H. Balmas, *Un poetà del Rinascimento Francese, E. J.*, 1962.

## LES AMOURS

p. 131, SONNET 2. *Des astres, des forêts et d'Achéron l'honneur.* The second of the series in honour of *Diane* (see above). Example of a *sonnet rapporté* (in which the three terms of one line correspond exactly with the three of the following). This trick (with Latin origins) can be effective when, as here, in the *Sonnet de la triple Diane*, the subject falls naturally into a threefold division. Diana, goddess of the moon; of hunting; and of the netherworld under the name of Hecate, is to be re-found under each aspect in each line of the sonnet. The *sonnet rapporté* is no more to be condemned absolutely as a literary form than one could condemn in general, say, the fugue as a musical form.

p. 132, SONNET 34. *Recherche qui voudra cet Amour qui domine.* This protest against the philosophizing and the mythologizing of love has a vehe-mence which extends to its very structure, and which is oddly at variance with the serenity of its conclusion.

SONNET 42. *Je me trouve et me perds, je m'assure et m'effroie.* The concision and the violent contrasts of this expression of *l'amour sans yeux* (see previous sonnet) announces D'Aubigné.

p. 133, SONNET SPIRITUEL 2. *Dieu (ce Dieu qui promet aux Français plus de bien.* Illustrates further the fondness of Jodelle for violently expressive rhythms, heightened by repeated words and internal rhythms, e.g. vv. 5, 6, 8, 11 and 14, features which suggest comparison with English Metaphysicals such as Donne.

vv. 3, 4 :Bold inversion: God should be the Christian's sole aim "by faith, by words, by senses, tongue and heart".

## Jean-Antoine de Baïf (1532–89)

The illegitimate son of Lazare de Baïf, ambassador at Venice where J.-A. was born. Pupil of Dorat with Ronsard, but eight years younger. Organizer of the Académie du Palais, he gave far too much time to experiments in *vers mesurés* in an attempt at Greco-Latin scansion. He also completed no less than three separate renderings of the Psalms.

*Œuvres en rime*, 5 vols. (ed. Marty Laveaux, 1881); *Amours de Francine*
   Ed. crit. 1966.

Henri Chamard, *Histoire de la Pléiade*, 1939–40. M. Augé-Chiquet. *La Vie*
   *les Idées et l'Œuvres de J.-A. de Baïf*, 1909.

p. 133, 4 SONNETS D'AMOUR. From *Amours de Méline* II No. 20: and *Amour*
   *de Francine* No. 1, respectively.

p. 134, CHANSONNETTE MESURÉE 8. Published with J. Mauduit's four-
   part settings. *Mesurée* means in this context not *mesuréé à la lyre* (*v.* p.
   cxi) but in quantitative classical metre. Contemporaries found these
   classical imitations excellent when sung, but dull and artificial when
   spoken. *A la Fontaine* seems to escape this judgement by not imitating
   any recognizable ancient metre and possessing a flavour of its own.

## Jean Passerat (1534–1602)

Born at Troyes. Taught as Regent in various Colleges of the University
of Paris, eventually at the Collège de Boncourt, where Ronsard and Baïf
were his pupils. Succeeded to Ramus's chair after the latter was assassinated at the Saint Barthélémy. One of the authors of the *Satire Ménippée*. A
good Latinist who wore his learning lightly. His *Adieu à Phœbus et aux Muses*
(1559) is an interesting satire on the abuse of classical mythology in poetry.

*Les poésies françaises*, ed. Prosper Blanchemain, 1880.
M. Raymond, *L'Influence de Ronsard* (Vol. II), 1927.

p. 135, SAUVEGARDE POUR LA MAISON DE BAGNOLET CONTRE LES
   REÎTRES. Bagnolet near Saint Denis, then a favourite *villégiature* for
   Parisians. *Les Reîtres*, the German mounted mercenaries introduced by
   the Huguenots (*Ritter*).
      *Empistolés*. With pistols in their hands.
p. 136, *Moncontour* (Vienne), near Loudun, where the Duc d'Anjou (future
   Henry III) defeated the Huguenot army commanded by Coligny.
      *Metz*. Allusion to the successful defence of M. by François de Guise
   in 1552 against Charles Quint.
      *Etourneaux étranges*. *Etourneau* is synonymous with scatter-brain,
   but the allusion is also to the black cloak of the *reîtres* (cf. D'Aubigné
   p. 156) and to the marauding flocks in which starlings are seen.

## Guillaume Saluste du Bartas (1544–91)

Born near Auch in Gascony. A Protestant, closely attached to Henry of
Navarre, as whose representative he came to Scotland. His *Muse Chrétienne*
(1574), to be followed four years later by his epic of the Creation – *La*

*emaine* (1578) – marked a new development in French poetry. Unfor-
nately his imagination and his capacity for a sustained and noble style were
ot served by a good ear or good taste, and much of *La Semaine* and almost
ll of *La Seconde Semaine* (1584) founders in a prosaic, didactic morass.
lis reputation throughout Europe was immense, however, and in Syl-
ester's translation his influence on Milton was not inconsiderable.

*he Works*, 3 vols., Chapel Hill, 1933–1940.
ee G. Pellissier, *La Vie et les Œuvres . . .*, 1882; A.-M. Schmidt, *La poésie
    scientifique en France au 16e siècle*; A. E. Crewe, article *M.L.N.*, 1940.

137, LA SEMAINE, LE PREMIER JOUR (*Toi qui guides . . .*). The opening
of *La Semaine* plays on the difference between the true God and his
attributes as opposed to pagan mythology (hence *vrai Neptune*, v. 2)
and to the atheist assumptions of the Ancient Atomism of Democritus
and Epicurus.

   *postillons d'Eole*. Cf. Introduction, p. lxxxiii.

   *Dieu de soi-même était et l'hote et le palais*. Compare Cowley's
imitation (*Davideis*, Book I), so often decried, but at least theologically
sound: "Full of himself, th'Almighty sat, his own/Palace, and without
Solitude alone." Nearly one hundred lines omitted here.

   *Non le fils tire-traits de la belle Latone . . .* Apollo, the sun-god
(according to Greek mythology son of Jupiter and the Titaness, Latona)
is contrasted with the true Apollo in the following line.

139, LA NUIT (Passage taken also from *Le Premier Jour*).
   *Et qui dans les fourneaux . . . sc. et (celui) qui . . .* The criminal condemned to the silver mines has just been mentioned; Du B. now speaks
of the grimy alchemist who seeks to produce from his sulphur what the
human heart would fain believe to be gold.


## Jacques Grévin (1538–70)

orn at Clermont-en-Beauvais. At Collège de Boncourt with Jodelle and
elleau. First known as a dramatist, he practised as a doctor. Became
rotestant and had to seek refuge in England. On his return (1561) attacked
onsard on religious grounds. Eventually found refuge in Turin with the
luchesse de Savoie. His best work is *La Gélodacrie* (meaning a mixture of
ughter and tears), a series of sonnets which often express the feelings of a
rotestant who, in A.-M. Schmidt's words, *étouffe de silence et qui enrage,
rsqu'il se résigne à s'exprimer, de devoir observer mille humiliantes précautions.*

*L'Olimpe de Jacques Grévin, ensemble des autres œuvres*, 1570; For reprint o
    *La Gélodacrie* (choix) see A.-M. Schmidt, *Anthologie du XVIe siècle*.
L. Pinvert, *Jacques Grévin*, 1899.

SONNETS DE LA GÉLODACRIE (unnumbered). See above.

p. 140, *Qu'est-ce de notre vie? un public échafaud*. It may be instructive t
    compare this sonnet with Sir Walter Raleigh's *What is life? A play o
    passion*.

p. 141, *Souffle dans moi, Seigneur, souffle dedans mon âme*.

# Philippe Desportes (1546–1606)

Born at Chartres, he came early to Paris, where he was a lawyer's clerk. Hi
rise to fortune came with his engagement as secretary by the Bishop of L
Puy and his residence in Italy, where he acquired a good knowledge of th
Italian poets. Apart from his *Imitations d'Arioste*, the unacknowledge
adaptation of the same poet in *Contre Une Nuit trop Claire* (p. 142) was on
of his early successes, and towards the end of his life a collection of his poeti
debts was published under the title of *Les Muses de France et d'Italie*.

On Desportes' return from Italy in 1567 he rapidly acquired a reputatio
at Court. The sonnet series *Amours de Diane*, *Amours de Cléonice*, *Amour
d'Hippolyte* (the last of these addressed to Marguerite de Valois on behalf o
an unknown lover who may have been Bussy d'Ambois) followed rapidly
Desportes accompanied the future Henri III on his Polish adventure, an
with his accession came to play an important part in patronage. He manage
to steer a successful course in the intrigues of the reign. His *Psaumes d
David* were, at least in part, prompted by the King's sudden crisis of piety
He kept sufficiently aloof, however, to survive into the next century as th
rich Abbé de Tiron, himself a patron of poets, and who generously thre
open his library doors to many.

*Œuvres*, pub. Michiels, 1858. *Les Amours de Diane* (1959), *d'Hippolyte* (1960
    *Elégies* (1961) etc., pub. by V. E. Graham.
Jacques Lavaud, *Un Poète de Cour . . . Philippe Desportes*, 1936.

AMOURS D'HIPPOLYTE. As mentioned above, this sonnet sequence w
    written to plead the suit of Bussy d'Ambois with Marguerite de Valoi
    then (1571–72) about to marry Henry of Navarre. The situation throw
    light on the first sonnet of the series: *Icare chut ici, le jeune audacieu*
    which seemed too hackneyed to include.

p. 141, *Autour des corps, qu'une mort avancée*. See Introduction, p. lxxiv.

p. 142, STANCES CONTRE UNE NUIT TROP CLAIRE. See above (p. lxxiv
    for the success of this early piece, which cleverly preserves and e

hances the amusing tone of Ariosto's *Capitolo VII* written in *terza rima*:

> O ne' miei danni piu che giorno chiara
> Crudel, maligna, e scelerata notte,
> Ch'io sperai dolce, ed or trovo si amara.

144, ÉPIGRAMME. The title is inappropriate, nor does this *vœu*, successful in its precise and picturesque evocation, resemble the other oddments with which it is printed.

ONNET SPIRITUEL 2.

144, *Si la course annuelle en serpent retournée.* Compare with Du Bellay's *Si notre vie* (p. 229), also note p. lviii) and Introduction, p. 120, for relation to B. Daniello.

## Robert Garnier (1545–90)

orn at La Ferté-Bernard (Sarthe). Studied at Toulouse. The only really uccessful dramatic poet of the age, Garnier's tragedies contain lyrical horuses which realize certain hellenist ambitions of Ronsard more fully han he ever did himself, as here in the chorus of Trojan Women from Act II of *La Troade.* The theme of disaster from the sea would appear to be a ecollection of a chorus of Seneca's *Medea.*

*Théâtre et Poésies*, ed. Pinvert, 1923.
). de Gourcoff, *Un Ami de Ronsard: Robert Garnier*, 1924.

## Agrippa d'Aubigné (1552–1630)

oldier, scholar, and poet, born near Pons (Charente Maritime), where his ather, a fervent Huguenot, owned a small property. The motherless child as something of an infant prodigy. As a boy of nine his father, taking him ) Paris over the bridge at Amboise, where the Protestant "conspirator"' eads still hung, adjured him on pain of his paternal curse to avenge them. fter a year in Paris with the learned Béroalde, shortly followed by the eath of his father, Agrippa was sent to study in Geneva. Two years of savage iscipline were enough for him. He escaped and enrolled at fifteen in the Huguenot army. At eighteen he fell in love with Diane de Talcy, niece of Ronsard's Cassandre, but her parents finally resisted his suit on grounds of eligion. The admirable poems addressed to her – *Le Printemps de D'Aubigné* were published only in 1874. The purest chance saved him from the St Bartholemew massacre in 1572, and a year later he became the trusted com-ade of Henry of Navarre, then a virtual prisoner at Court. With Henry he scaped to Gascogny in 1576 and was for twenty years his companion in

arms. While recovering from a wound in 1577 he wrote the first books o
*Les Tragiques*, his historical epic (published 1616). After Henry's abjuratio
D'Aubigné retired to Maillezais (Vendée), of which he was royal governo
As the most intransigent of Huguenots during the revolts and the intrigue
of the Regency, the most outspoken of historians of his time, D'Aubign
eventually had to spend the last ten years of his life in Genevan exile, wher
he was charged with reorganizing the defences of the city.

*Œuvres complètes* (ed. Réaume) 6 vols.; *Les Tragiques* (ed. crit. S.T.F.M.)
Le Printemps I (*Hécatombe a Diane*) and *II* (*Stances et Odes*) (ed
Gagnebin, Textes Litt. Français) also *Printemps*, etc. (ed. Weber).

M. Raymond in *Génies de France*, H. Sauerwein, A. d'A's *Les Tragiques* 195
H. Wéber, *La Création Littéraire*.

p. 147, LE PRINTEMPS. In the first of the *Stances et Odes* this startling trans
formation of familiar themes, caught up in a new torrential eloquence
the distinction of the following episodes may help the reader:

I (9 *stanzas*). Right readers and wrong readers. The imagined hermitage
place of refuge and retreat of rejected lovers.

II (4 *stanzas*), *La chambre d'os blanchissants*. As a *memento mori* Diana'
portrait framed by a skeleton (*anatomie*).

*III* (3 *stanzas*). Self punishment for having given his heart.

*IV* (10 *stanzas*). Melancholy which turns to Autumn and to scenes of
carnage as its natural climate. He himself, object of horror to Natur
prepares for death. *Massacre = ramure de cerf mort*.

*V* (7 *stanzas*). Final temptations. The devil's offer.

*VI* (5 *stanzas*). Last injunction to Nymphs and Satyrs. His tomb and in
scription in the living oak.

Thirteen of the fifty-one stanzas have been omitted.

p. 152, SONNET. Suzanne de Lézay was the poet's first wife whom he marrie
in 1583. She herself died in 1591. For Diane, already dead, see abov
LES TRAGIQUES. See Introduction, pp. xcv-ii.

p. 152, MISÈRES. The first of the seven books or *cantos* of *Les Tragiques* ha
been partly analysed and discussed (Introduction, pp. xciii-v).

... BARBARES EN EFFET, Vv. 191 et seq. A short passage of
twenty-two lines devoted to the Valois Kings has been omitted.

*Croix bourguignonne*. i.e. during the civil wars of Burgundians an
Armagnacs (1410–18).

i.e. The dragoon, having laid waste the countryside, is furious at th
famine which is the direct result of his own *ouvrage*.

*Des trois lustres passés*. The phrase indicates the passage as datin
from 1577, since the Wars began in 1562.

*J'ai vu le Reître noir* ... The passage refers to D'Aubigné's reco lection of the cruelties of the German mercenaries in Périgord during the 'third War' (1569).

p. 158, *Crache contre le Ciel.* Following on this passage D'Aubigné continues for another 110 lines his description of famine, and the resultant cases of cannibalism.

p. 159, JADIS NOS ROIS ANCIENS. See Introduction, p. xcv.

*Quand le sceptre du lys joindra le Navarrois.* The appeal to Henry of Navarre probably alludes to the events of the spring of 1589 when the heir to the throne, King of Navarre, came to the help of Henri III, driven from his own capital. (Henri III was assassinated in August of that year.)

p. 160, *France, puisque tu perds tes membres*, etc. The long apostrophe (in which two abridgements have been made) is conceived in stanza form. Although still in rhyming couplets, the rhythmic construction is conceived as a series of balanced quatrains which eventually (*France, tu t'élevais . . .*) spills over into the more complicated eloquence of a conclusion, directly inspired by the seventh chapter of Jeremiah.

p. 161, TU VOIS, JUSTE VENGEUR, LES FLEAUX DE L'ÉGLISE. *Misères* closes with the prayer proposed for the persecuted Protestant minority, seen as Israel pitted against Canaanite idolatry, and often in the very language of the Psalms with their antiphonal development and emphatic repetitions. The authentic spirit of the desert conventicles is here.

p. 162, *Ces verges . . . au feu.* The 'rods' which God's punishment of his unfaithful elect uses are themselves destined for burning. The distinction is developed in the following stanza (v).

*Babel.* The Babel of Genesis, identified with the Babylon of the prophetic books and regarded as the prototype of the Roman Church.

*fuie* = dovecot.

p. 164, *Soyent tes yeux adoucis . . .* Que tes yeux soient adoucies . . . To this stanza comes the counterpart two stanzas later (prayer for punishment of the wicked).

*N.B.* Single sentence: *Que ceux qui ont fermé . . . trouvent . . .*

p. 165, JUGEMENT (two hundred lines from last book of *Les Tragiques*). In its main lines the poet's vision of the Last Judgment is founded on the Apocalypse and its traditional elaboration. The most striking personal touch is D'Aubigné's vision of the Elements who accuse the persecutors of the Just and, no less, the treatment of their abolition so that they can no longer (even at the supplication of the Damned) act as the instruments of their punishment.

p. 166, *Les vivants sout saisis*, etc. Vivos et mortuos judicabit (Apostles Creed).

p. 167, *Quand vous auriez les vents* . . . Quand même . . .

> *Vous enceindre la mer, vous enlever* . . . = Quand la mer *tâcherai* vous enceindre, etc. *Se confrontant en mire*, comme en un miroir.

> *Toute étoile se meurt; les Prophètes fidèles/Du Destin*, i.e. Comet and meteors.

p. 170, *Qu'y a-t-il en ce lieu*, i.e. in Hell.

p. 171, PRIÈRE DU SOIR (from *Petites Œuvres Mêlées*).

> *Le cœur repose en patience.* The optative sense (may it rest, *Qu'* *repose*) is obvious from the preceding and the following *dorme.*

> *chevet* in the sense of bolster or pillow.

> *leur ciel*, i.e. *leur ciel de lit.*

> *les rideaux*, i.e. *rideaux de lit.*

p. 172, L'HIVER DU SIEUR D'AUBIGNÉ. The text of the first edition is preceded by the sub-title: "Allusion des Irondelles qui changent de demeure pour l'hyver aux désirs lassifs qui s'esloignent pour la vieillesse".

> *D'un seul point le soleil n'éloigne l'hémisphère* = ne s'éloigne de . . . *Hémisphère* seems to be used for 'horizon'.

p. 173, *Qu'encores il ne puisse allumer de ma cendre* = although it (*le soleil*) cannot light . . .

> *holocaustes* = sacrifice by fire. *Naphte* the 'naphta' of the alchemists was either sulphuric ether or acetate ether, both highly inflammable.


## Jacques Davy du Perron (1556–1618)

A Norman, but born of Protestant parents at Vorbe in the canton de Vaud, where the family had fled. Du Perron revealed his talents as an orator and the possesser of a phenomenal memory. This commanding personality knew how to use his learning to further his immense ambition. At Desportes' suggestion he abandoned his Protestantism, took orders, and eventually became Bishop of Sens and Cardinal. He preached Ronsard's funeral sermon, was nicknamed *le Grand Convertisseur* at the period 1594–1602 when so many Huguenots followed the example of Henry IV (Compare Introduction, pp. lxxxiii-v). At a later date he figured as *Capitaine Général de la Littérature*, though he himself had ceased to write poetry.

*Œuvres*, 1622 (Vol. III contains his poems).

Abbé Ferret, *Le Cardinal du Perron* (1877); Blondel, *Le Cardinal Davy du Perron.*

> 173, SONNET. *Au bord tristement doux des eaux je me retire.* From *Recueil des plus beaux Vers* . . ., Raphael de Petit Val, 1598. Compare with Desportes on the one hand and Sponde (*Amours*) on the other.

## Jean de la Ceppède

p. 174, CANTIQUE DE LA VIERGE MARIE. This splendid if highly oratorical piece first appeared in the *Recueil Bonfons* (1598) and was erroneously attributed to Bertaut. To some extent it corresponds with the ideas of Du Perron (see Introduction, p. lxxxiii) as expressed in the *Perroniana*. Metaphor could hardly be excluded from a hymn on the Assumption, but where it is richest, at the close, it would appear almost as a *cento* of the set symbolical phrases of the great mediaeval hymns to the Virgin (*C'est cette Myrrhe . . . ce jardin reclus . . . la branche de Jessé . . . l'aube du matin . . . l'astre des navigants . . . l'étoile de la mer*) – in which incidentally symmetrical repetition may well remind us of Charles Péguy. Closer study will show how the *Cantique* hovers between an emblematic and a pictorial type of imagination. The opening six stanzas represent the latter (*Dessus les Cieux des Cieux elle va paraissant . . . Elle est là-haut assise . . . Elle lui va ses mamelles montrant*). One might be reminded of a Caracci Assumption of the Virgin. In the following passage (*Elle lui ramentoit . . .*) we have less a description of the Crucifixion than a series of conventional but still pictorial symbols (the *glaive de douleur* or again *les clous* so often represented in the cult of the Sacred Heart). The stanza *Elle le voit meurtrir . . .* with its vivid present tense suggests a picture, but is balanced by the wonderfully abstract touch whereby it is *toute notre injustice et toutes nos offenses* which are displayed on the Cross – one of the finest things in the poem. Yet immediately afterwards *Elle serrait la Croix de ses bras précieux* and the whole stanza seems to move back to a symbolical representation – which in its evocation of exterior emotion appears to be later belied by the banal antithesis of *Seule entre tous les saints la Vierge fut constante* and the preceding stanza.

## Jean de la Ceppède (1550?–1623)

Born at Marseilles, died at Aix. Had a successful career as Conseiller and finally First Président of the Parlement d'Aix. He was one of a literary group patronized by Henri d'Angoulême while governor of Provence (1577–1585) and which included Malherbe, who later offered a eulogious sonnet for *Les Théorèmes*. La Ceppède published a collection of Paraphrases in 1595, and reissued them with the first part of his *Théorèmes* in 1613. The second part was published the year before his death.

*Le Livre des Théorèmes de Messire Jean de la Ceppède sur le Sacré Mystère de la Rédemption*, Part I 1613, Part II 1622.

See Selections by Jean Rousset (1947) and François Ruchon (Droz 1953); Facsimile edition, Droz (1966). Also H. Bremond, *Histoire Littéraire du Sentiment Religieux*, Vol. I, pp. 347–357.

The 515 Sonnets which follow Christ's Passion step by step are both *things seen* (by the mind's eye) and an exploration of the symbolical meaning attachable to each moment of the drama of the Passion. Hence the title. The Commentaries which are attached seek in the main to justify allusions to Scripture or Tradition. See Introduction, pp. c-cii.

p. 177, SONNET I, 5. *Vers la plage rosine où le Soleil se lève.*

> v. 2: *D'Acre et de Sion.* La C. explains in his commentary that these are both hills *within* the walls of Jerusalem: while, of course, the Mount of Olives and Calvary are outside.

> v. 4: *des honneurs du Minervé combat.* Olive trees. The Athenians attributed the name of their city to the competition of Poseidon and Athene (the *Minerva* of the Romans) as to which could produce the most useful gift to the city. The other gods found her olive tree more useful than his horse.

> v. 5: Olives as symbols of peace. *Débat* is here used in the older sense of contestation and conflict.

> v. 8: *Notre Amant*, i.e. Christ.

p. 178, SONNET I, 91. *Or sus donc, serrez fort, liez fort! ô canaille.* "Prière à J.C. au cas les Juifs se rendent indignes de sentir le profit de ses liens, de les profiter sur nous."

> v. 4: *griefs sujet de plainte* in original legal sense. That is rather 'griefs' than 'grievances'.

p. 178, SONNET II, 54. *Blanc est le vêtement du grand Père sans âge.* On the mantle which Herod caused to be put on Christ after Pilate's discharge of him and before the Flagellation. La Ceppède (typically) gives us chapter and verse for each element of this symphony in white. The Ancient of Days (v. 1) whose garment was white as snow is from Daniel's vision. The *blanche maison* of the New Jerusalem is a reminiscence of the Book of Tobias. The marriage of the Lamb in white linen (v. 6) and the victor's garment come from Revelation XIX, vv. 7 and 8 and III, v. 5 respectively. And the linen garment of the *old* High Priest is in Leviticus XVI, v. 11. *Courtisans* is a reference to Angels and the Elect who are before God's throne. White is Christ's *blason* since it expresses his innocence.

p. 179, SONNET II, 70. *Voici l'Homme, ô mes yeux, quel objet déplorable.* La Ceppède's *Ecce Homo* is as cruel as a Grünewald picture, and the colour notations of its close may remind one of Huysmans in their macabre precision. This is the 'realistic' side of *Les Théorèmes*.

p. 179, SONNET III, 22. *Du vrai Deucalion le bois industrieux.* The table entitles this sonnet: *Rapport mystique de l'arche de Noé et de l'arc en ciel, à la Croix et au Crucifié.* La Ceppède's notes claim that the Greek flood story of Deucalion (son of Prometheus) and Pyrrha is founded on Noah's flood, and Noah is in one sense the true Deucalion (compare Du Bartas who calls God: *vrai Neptune*, p. 137). But the ark is identified with the Cross, which is Mankind's true refuge, and thus *vrai Deucalion* is still more a reference to Christ.

v. 5: *Le vieux arc bigarré.* "L'arc en ciel est à mon avis l'une des plus propres et plus belles figures de la Croix et du Crucifié . . . Cet arc fut donné pour arrêter et finir le déluge des eaux; et celui-ci [le Christ] pour apaiser le déluge de l'ire de Dieu sur les hommes; cet arc est de couleur rouge, blanche et bleue (comme opale), de même le corps de Jésus Christ en Croix est rouge (c'est à dire tout sanglant), bleu (c'est à dire livide de meurtrissures) et blanc, pâle (de la couleur de la mort)."

p. 180, SONNET III, 23. *L'Autel des vieux parfums dans Solyme encensé.* "Autre rapport de l'Autel des parfums, du Serpent d'Airain, du Pressoir de la Vigne, et de l'Echelle de Jacob à la Croix."

v. 1: *Dans Solyme encensé.* Reference to the Temple ritual given in Exodus XXX. According to La Ceppède *figuratif de la Croix.*

v. 5: *Le vieux Pal.* "Figuratif aussi de la Croix décrit aux Nombres, Chap. 21, verset 8 et 9. Ainsi que le Serpent qui y fut mis sus était la figure de J. C. crucifié comme il le dit lui-même en S. Jean 8, verset 4" (La Ceppède).

v. 9: *La Vigne.* "Figuratif encore de la Croix en Isaïe Chap. 5, v. 1–2 et en S. Mathieu 21, v. 33."

v. 11: *vipères.* "nos péchés".

v. 12: *L'échelle.* Jacob's ladder (*v.* Genesis XXVIII).

SONNET III, 78. *Dès qu'il eut dit, J'AI SOIF, un Juif prend une éponge.* La Ceppède has previously devoted a sonnet (III, 9) to the incident in which Christ was offered by the *bourreaux* not the soporific *vin de Myrrhe* which was generally administered, but, by the malice of the Jews, a mixture of vinegar and gall which he refused after tasting it. It is clear that he interprets similarly the alacrity with which Christ is offered vinegar, and in his notes refers to Psalm 69, verse 21 ("and in my thirst they gave me vinegar to drink").

v. 8: *le vieil homme* = Adam.

v. 11: *lambrusque sauvage.* A reminiscence of Isaiah (V, 4) and Jeremiah (II, 21).

v. 14: *Accomplis.* Compare Saint John XIX, 28.

p. 181, VEXILLA REGIS. Of the Latin hymns of Venantius Fortunatus (540–600), Bishop of Poitiers, the two most famous and still in use as Passion hymns are the *Pange Lingua* and the *Vexilla Regis*, the latter familiar in English Hymnals as "The Royal Banners forward go". The text of Venantius is given below. The seventh verse is given in the version used by the poet.

vexilla regis prodeunt,
  fulget crucis mysterium,
  quo carne carnis conditor
  suspensus est patibulo.

confixa clavis viscera
  tendens manus, vestigia
  redemptionis gratia
  hic immolata est hostia.

quo vulneratus insuper
  mucrone diro lanceae,
  ut nos lavaret crimine,
  manavit unda et sanguine.

impleta sunt quae concinit
  David fideli carmine,
  dicendo nationibus:
  regnavit a ligno deus.

arbor decora et fulgida,
  ornata regis purpura,
  electa digno stipite
  tam sancta membra tangere!

beata cuius brachiis
  pretium pependit saeculi!
  statera facta est corporis
  praedam tulitque Tartari.

o crux ave spes unica
  hoc passionis tempore
  auge piis justiciam
  reisque dona veniam.

salve ara, salve victima,
  de passionis gloria,
  qua vita mortem pertulit
  et morte vitam reddidit.

## *Philippe du Plessis-Mornay (1549–1623)*

Born in Normandy, Mornay, a distinguished Protestant theologian and philosopher, became Henry of Navarre's right-hand man and was often called *Le Pape des Huguenots* (whom he never deserted unlike his royal master). His *Vindiciae contra Tyrannos* (1578) urged the right to rebel, and his *Traité de la Religion Chrétienne* was widely read. He was not a poet, but the sonnet printed here was sent by him in 1586 to a friend, Messe, who represented the King of France in Venice. Its bold concision and its religious feeling – and even the idea of contrary winds – may be compared to Sponde's *Sonnets de la Mort* (especially 9). On *le style coupé* see Introduction, p. lxxxix.

## *Jean de Sponde (1557–94)*

Born at Mauléon in the Pyrenees, son of a personal retainer of Jeanne d'Albret. His short career shows him first as a Hellenist scholar, resident in Bâle, where his *Homer* (Greek text, reprint of Latin translation plus copious, encyclopaedic notes) appeared in 1583. As agent of Henry of Navarre he had his period of greatest responsibility as Governor of La Rochelle (1587–92). Sponde abjured Protestantism a few months after his royal master, and launched himself into theological *apologiae*, which rendered him more odious in Protestant eyes. Nor did his change of denomination endear him to Henry. The *Essay de Poèmes Chrétiens* appeared in 1588 as appendix to *Quatre Méditations* sur les *Psaumes* (of a startling and sometimes Pascalian eloquence). The love poems were published posthumously (Recueil de R. du Petit Val, Rouen, 1599) with a reprint of most of the other poems.

A. Boase et F. Ruchon, *Œuvres poétiques*, Geneva 1949; *Méditations* (ed. A. Boase) 1954.
  Consult G. Natoli in *Figure e Problemi della Cultura Francese*, 1956, and G. Macchia in *Storia della Letteratura Francese*, 1961.

p. 182, SONNET 5. *Je meurs, et les soucis qui sortent du martyre.* See Introduction, p. lxxxv.

  v. 9: *Actéon* whose punishment for gazing at the bathing Diana is indicated.

  vv. 11, 12: Notice the bold *coupes* of these two lines. The extra emphasis imparted to *Qu'elle* by the *enjambement* makes the ear accept the grouping 2 + 8 + 2. The following line is an *alexandrin trimètre*.

p. 183, SONNET 6. *Mon Dieu, que je voudrais que ma main fût oisive.* The general theme of these 26 sonnets – reciprocated love and constancy in absence – is admirably illustrated in this poem with something of the *raisonnement passionné* which characterizes this poet.

## Notes

Sonnets de la Mort

p. 183, SONNET 1. *Mortels, qui des mortels avez pris votre vie.* Our forgetfulness of death paradoxically the proof of our immortality, the vision of the living as indissolubly linked to the dead, living in their houses, enjoying their riches, is seen on reflection to be no mere series of metaphors but literally true – and the sardonic humour of this is partly conveyed by the heavy repetition of certain words.

p. 184, SONNET 2, *Mais si faut-il mourir, et la vie orgueilleuse.* See Introduction, p. lxxxvi.

p. 184, SONNET 6. *Tout le monde se plaint de la cruelle envie.*
    vv. 1, 2. cf. Major pars mortalium, Paulina, de naturae malignitate conqueritur, quod in exiguum aevi gignimur, etc.
    (Seneca, *De Brevitate Vitae.*) Seneca's pessimism is transformed here by the thought of Eternal Life. The sextet may be usefully compared to Du Bellay's *Si notre vie* (see p. 120) and Desportes' *Que songes-tu mon âme* (see p. 144), but for the Idea of Beauty Sponde substitutes that of Eternity from which all platonic associations appear absent.

        SONNET 9. *Qui sont, qui sont ceux-là, dont le cœur idolâtre*
            Great fleas have little fleas upon their backs to bite 'em
            And little fleas have lesser fleas, and so *ad infinitum*
    or, as Seneca observes (*De Brevitate Vitae: Ille illius cultor est: hic illius: suus nemo est*). This is the link between the various expressions of Sponde's vision of worldly society, with its other opposition of appearance and reality.
    v. 7: *fumées de Cour* = Court flattery.
    v. 9: *louvoyeurs*, i.e. to tack against the wind may leave a ship farther from its destination.
    v. 10: *Hommagers . . . félons*, Homage is the act of a free man *par excellence*, by which he swears loyalty to his lord. Felonies are essentially breaches of contract between vassal and lord.

p. 185, SONNET 11. *Et quel bien de la Mort? où la vermine ronge.*
    vv. 9–11: *A quoi cette Ame . . . ces noeuds si beaux.* N.B. This is no ascetic medieval view turning his back on the body and the senses.
    v. 14.: *Hénoch ni d'Elie.* For Enoch see Genesis v. 24 and Elijah, Second Kings 2.

        STANCES DE LA MORT. See Introduction, p. lxxxix.

p. 187, *pour elle fut parfait.* Perfected, completed.

p. 188, *ta clarté.* Man's spiritual force defeats the purpose of its own immortal nature, just as a fire can turn to smoke.

p. 189, st. XVIII, 4–6. These lines show the use of the *rapporté* technique, so brilliantly employed in the final *Sonnet de la Mort* (*Tout s'enfle contre moi, tout m'assaut, tout me tente/Et le Monde, et la Chair et l'ange révolté*) – as also in Stanza XX.

## Marie de Jars de Gournay (*1566–1645*)

Chiefly known as Montaigne's *fille d'alliance*, we owe to her efforts what was until the present century the best edition of the *Essais*. She was the indefatigable defender of the 16th century against the new age, especially as the advocate of Ronsard against the followers of Malherbe. Her own 'essays' were collected in 1626 under the title of *L'Ombre de Mlle de Gournay*, but the sonnet printed and much of her verse was issued with a short story entitled *Le Promenoir de M. de Montaigne* in 1591.

*L'Ombre* (1626) or its reprint *Les Avis* (1634).

## Antoine Favre (*1557–1624*)

Born at Bourg and was once celebrated as an authority on Roman Law. Président of the Parlement de Dauphiné, he was the intimate friend of Saint François de Sales. He is perhaps better remembered today as the father of the grammarian, Vaugelas. His poems have never been reprinted.

*Centurie Première de Sonnets Spirituels*, Chambéry, 1595; *Entretiens Spirituels*, 1602.

## Jean-Baptiste Chassignet (*157?–1635?*)

Born at Besançon, where he studied law, and eventually became *avocat fiscal* (public prosecutor) at Gray. His life was uneventful so far as we know. His *Mépris de la Vie et Consolation Contre la Mort*, published in 1594, is a collection of over 400 *sonnets funèbres* – together with the longer pieces – which he claims to have written in a matter of six months. This must be taken with a grain of salt, no doubt. (See Introduction, p. civ.)

*Le Mépris de la Vie et Consolation Contre la Mort. Choix de Sonnets*, publié par A. Müller, 1953 ed. crit. complète, 1967 (Droz); *Paraphrase en vers français sur les douze petits prophètes*, 1601; *Paraphrases sur les cent cinquante psaumes de David* 1613.

## Jean-Baptiste Chassignet

A. Müller, *Un poète religieux du 16e siècle: J. B. Chassignet*, 1951; F. Ruchon, *J. B. Chassignet* (Bib. Hum. Renaissance), 1953.

LE MÉPRIS DE LA VIE ET CONSOLATION CONTRE LA MORT

p. 192, SONNET 79. *Nos corps aggravantés sous le poids des tombeaux.* Contrast with John Donne's *At the round Earth's imagined corners.* (See Introduction, p. civ.)

p. 193, SONNET 263. *Est-il rien de plus vain qu'un songe mensonger?* Note the unusual 'musical' character of the changes rung in the first line. The allusion to Pythagoras is far from clear, though his 'cavern' or secret room is mentioned by Iamblichus and his wanderings were a by-word.

    SONNET 389. *Quand le fruit est vieilli, la feuille ternissante.* The spirit is the very opposite of Ecclesiastes 12 of which some of the images (e.g. *amandier*) seem a vague echo.

p. 194, PARAPHRASE DU PSAUME 79 (*Qui regis Israel*). Chassignet's manner here heralds Malherbe, the earliest of whose paraphrases was not published until two years later (in 1615).

# INDEX OF FIRST LINES

## Index of First Lines

# INDEX OF AUTHORS